# 财经素养教育论纲

张男星　王春春　刘　琳　等著



中国财经出版传媒集团
中国财政经济出版社

**图书在版编目（CIP）数据**

财经素养教育论纲／张男星等著．-- 北京：中国财政经济出版社，2022.10
ISBN 978-7-5223-1665-9

Ⅰ.①财… Ⅱ.①张… Ⅲ.①财政经济—素质教育—研究—中国 Ⅳ.①F812-4

中国版本图书馆 CIP 数据核字（2022）第 161782 号

责任编辑：刘瑀泾　　责任校对：胡永立
封面设计：陈宇琰　　责任印制：张　健

中国财政经济出版社 出版
**URL**：http：//www.cfeph.cn
E-mail：cfeph@cfeph.cn

社址：北京市海淀区阜成路甲 28 号　邮政编码：100142
营销中心电话：010-88191522
天猫网店：中国财政经济出版社旗舰店
网址：https：//zgczjjcbs.tmall.com
北京中兴印刷有限公司印刷　各地新华书店经销
成品尺寸：170mm×240mm　16 开　18 印张　230 000 字
2022 年 10 月第 1 版　2022 年 10 月北京第 1 次印刷
定价：81.00 元
ISBN 978-7-5223-1665-9
（图书出现印装问题，本社负责调换，电话：010-88190548）
本社质量投诉电话：010-88190744
**打击盗版举报热线：010-88191661　QQ：2242791300**

# 前　言

随着我国经济、科技的快速发展，经济活动方式发生了巨大的变化。为保障国家经济高质量运行，提升全体国民的财经素养势在必行，尤其应通过学校对学生实施财经素养教育，及早培养他们树立正确的劳动观、合理的金钱观和正义的财富观，让他们成为知晓劳动意义、了解经济活动规则、理解财富管理责任的社会人。目前，我国财经素养教育仍处于起步探索阶段，主要存在四个方面的问题。

第一，缺思想，学校财经素养教育的理论指导较弱。随着财经素养教育日益得到重视，越来越多的学校开始自发探索财经素养教育实践，在取得积极成效的同时，也在不同程度上存在碎片化、浅层化和庸俗化的问题。有的财经素养教育在无形中成为金融机构及其产品的代言人；有的将财经素养教育窄化为“理财教育”“财商教育”；甚至有的还无意中偏离了正确的价值导向，认为财经素养教育就是“教人赚钱”，出现“只看见财，却看不见劳动与规则”“只知赚钱，却不知风险与责任”的现象。究其原因，就在于缺乏科学的理论指导。学校在实施财经素养教育时，应首先明确财经素养教育的概念内涵、基本理念、根本目标、学段标准、教学方式、考核评价等基本理论问题。目前，国内已有一些相关理论研究，但还有待深化，而且还需进一步在学校教学实践中落地生根。

第二，缺课程，学校不知如何有效实施财经素养教育。一些发达国家很早就在学校推行财经素养教育，如澳大利亚2005年就开始将财经素养相关内容融入国家课程。我国在这个领域的研究与实践都起步较晚，相关的理论研究、国际比较研究很少，加之缺少专门的政策依据，学校的财经素养教育实践探索基本属于自发行为，且与校长的热情、家长的素质、所在区域环境等偶然性因素直接相关；所运用的内容也多是零散的学科知识，做得稍好一些的学校有自编校本教材，但在内容上难免存在偏颇。

第三，缺师资，学校能够胜任财经素养教育的教师不足。财经素养教育专业师资匮乏，是国内外中小学校开展财经素养教育亟待解决的共性难题。财经素养教育涉及的内容较为广泛，且有一定的专业性，学校尤其是中小学校的学科教师普遍反映其难以胜任财经素养教育的教学任务。目前在中小学实施的财经素养教育，往往是多位老师协同上课，课程所涉及的内容多是学科中的财经内容，教学的方式是将财经素养教育与学科知识进行融合教学。

第四，缺资源，学校很难获得多种社会机构的教育资源。财经素养教育是生活性、实践性和专业性都很强的教育活动，不仅需要人力投入和经费投入，更需要将课堂空间延伸到家庭和学校以外的场所，尤其需要更多金融机构以及其他相关社会机构提供专业人员、场地、设备、道具等多方面的支持。目前，广东、上海、成都等地区的金融机构和一些社会组织，通过在学校建立试点或其他途径，为开展财经素养教育提供支持，起到了很好的示范作用，但由于其惠及群体较为有限，大多数学校仍然较难获得社会机构尤其是金融机构的正当有效支持。

尽管面临诸多问题与困难，我国部分机构和学校依然在推进财经素养教育方面做出了努力的探索。其中，中国财经素养教育协同创新中心（中国教育科学研究院协同高校、科研院所等单位于2016年成立，以下简称“中心”）走在国内前列。中心自2016年成立以来，一直致力于推进我国财经素养教育发展，目前已取得了一系列新进展。中心成立以来，深入研究财经素养教育基本理论，积极探索财经素养教育教学实践，充分发挥联动优势、汇聚各方力量，促进财经素养教育发展。中心编写和出版了《〈中国财经素养教育标准框架〉解读》《中国财经素养教育的学校实践》

和《国外财经素养教育述评》系列丛书，为财经素养教育教学实践奠定了坚实的理论基础；组织编写了覆盖全学段的财经素养教育学生用书和教师用书，为学校系统开展财经素养教育提供教材保障；探索和深化财经素养教育的学校实践，在广西成立财经素养教育协同创新区域联盟，在上海财经大学商学博物馆设立实验基地，在广东、四川、陕西、山东等省份设立256所实验基地校，形成了财经素养教育区域性发展的新格局。我们以这些理论研究及实践探索成果为基础，撰写了《财经素养教育论纲》一书，为上述问题的解决提供较为全面的参考。

# 目　　录

# 第一章

# 财经素养教育的缘起与发展

财经素养是现代社会公民必备的一种核心素养。它要求人们掌握应对经济生活所需的财经知识和理财技能，能理解自己所处的国内外经济环境与政策制度，具有正确的劳动观、金钱观、消费观、财富观和人生观，并能据此作出恰当的经济决策行为。财经素养关系个体幸福、家庭财务健康，更关乎社会稳定和国家经济安全。经济合作与发展组织（OECD）、亚太经济合作组织（APEC）等国际组织和美国、英国、澳大利亚、日本等许多国家都高度重视提高国民财经素养，尤其重视在学校实施财经素养教育。近年来，财经素养在国内也受到日益广泛的关注，财经素养教育研究日渐增多，财经素养教育相关政策不断颁布，财经素养教育实践在各级、各类学校广泛开展。

## 第一节　时代意义

开展财经素养教育，提高国民财经素养，提升国民参与现代经济社会的能力，是落实党和国家教育方针的重要途径，对促进社会经济文化健康发展，维护国际金融安全，全面建成社会主义现代化强国，实现共同富裕的目标，具有极强的战略意义和时代意义。

### 一、适应现代经济生活的迫切需要

提高财经素养是我国进入新发展阶段后老百姓管理财富的迫切需要。随着我国从站起来、富起来到强起来，老百姓家庭收入不断增加，收入来源逐渐多元化，资产性收入在家庭收入中的比重逐步增加，个人管理财富的基础和意识日益增强，对财经知识和相关技能的需求明显增加。人们迫切需要通过教育等多种途径使自身具有一定的财经素养，能够在日常生活中作出恰当的经济决策。

提高财经素养也是适应现代社会生活方式转变的需要。移动网络、信息技术、金融科技、人工智能、现代物流等都极大地冲击和改变了现代人的生活方式。丰富多样的商品、多元的销售渠道、令人眼花缭乱的促销手段、便捷的支付方式、随手可得的贷款资源、让人动心的理财产品等，人们在经济生活中时刻面临着多种选择，越来越需要具备一定的财经素养，从而做出理性的经济选择和行为。

## 二、保障民众经济利益的现实需要

提高财经素养是防范经济风险，保障老百姓经济利益的需要。现代经济生活在提供更多选择的同时，也使人们面临更多风险，老百姓越来越需要提高财经素养，增强风险识别能力和防控能力。近年来，社会上频频报道各类经济案件，特别是电信诈骗、网络诈骗、套路贷、校园贷、银行卡盗刷等问题及其引发的悲剧，严重损害了人民群众的利益，带来的教训十分深刻，迫切需要多措并举，从源头上加以解决。

政府部门除了应完善相关法律法规、加强监管外，更重要的是要全面开展财经素养教育，使人们掌握基本的财经知识和理财技能，了解国内外经济环境和政策法规，有效管控风险，避免上当受骗，维护自身合法权益。当前，尤其应注重对在校学生开展财经素养教育，从小培养其树立正确的劳动观、金钱观、财富观，能理性对待钱，理性看待“月光族”“啃老族”“精致穷”等现象，自觉抵制拜金主义、不劳而获、好逸恶劳、急功近利、过度借贷、过度消费、从众消费、虚荣攀比等不良观念和行为，践行社会主义核心价值观，形成勤俭节约、健康文明的生活方式和消费观念。

## 三、维护国家经济安全的战略需要

提高财经素养是规范个体经济行为，维护国家经济安全的需要。个体的经济行为与国家经济运行密切相关，个体经济行为可能变成群体性行为，进而影响国家经济社会运行。不当的经济行为会招致经济风险，诱发社会风险，甚至引发政治风险，因此必须加以重视。美国20世纪30年代的大萧条，2007—2008年的“次贷危机”，都是前车之鉴。中国及世界正处于“后疫情”时期的新经济发展格局中，对经济运行稳定与安全的需要比以往任何时候都更为迫切。

根据国际货币基金组织公布的数据显示，我国的国民储蓄率从20世纪70年代至今一直居世界前列，但近年来已经从51%左右下降到了44.6%。与此同时，还有数据显示，我国有5.6亿居民处于零存款状态。根据中国人民银行统计，截至2019年底，我国住户部门债务余额超过55万亿元，与2008年相比，增长了8.7倍。储蓄率的降低和负债率的上升也反映出人们的消费观念和投资理财观念在发生重要变化，需引起重视。通过财经素养教育，加强个体对经济活动的认识，引导人们对国家经济运行的了解和理解，减少个体参与经济活动时的盲目冒险与违规行为，可以有效防止群体性冒险或非理性行为，从而维护国家的经济安全与社会稳定。

### 四、提高广大国民素质的基本需要

财经素养是现代公民必备的一种核心素养。它能体现人们综合运用所学财经知识、技能参与社会经济生活，实现社会财富积累和价值创造的实践能力，能反映出个体的规划能力、自我发展能力、家庭责任感和社会责任感，尤其能反映出人们秉持的金钱观、财富观等核心的价值观，是检验国民素质和社会文明程度的一块“试金石”。

财经素养是人们立足当下面向未来的重要基石之一。改革开放40多年来，我国经济高速发展，财富不断积聚，人民生活发生了日新月异的变化。国际化、全球化、信息化发展及科技创新，在使生活更加便捷的同时，也使人们面临更多的风险和挑战，日益复杂的现代化生活越来越需要人们具备一定的财经素养。在新时代背景下，提高公民财经素养，是培养德智体美劳全面发展的社会主义建设者和接班人，培养适应新时代要求的时代新人，培养适应经济社会转型和国际竞争需要的应用型、复合型人才，以满足社会发展需要的内在要求和重要途径，也是在回应人民群众对于优质教育的迫切需要与殷切期望。开展财经素养教育，对于落实全面建设社会主义现代化对新时代国民素质的新要求，实现党的十九届五中全会提出的“国民素质和社会文明程度达到新高度”“人民生活更加美好，人的全面发展、全体人民共同富裕取得更为明显的实质性进展”等愿景目标，具有战略性、基础性的重要意义。

## 第二节　世界趋势

国际上，财经素养教育已被许多发达国家放在重要的战略位置。美国等发达国家及经济合作与发展组织（OECD）等国际组织的研究和实践表明，财经素养作为一项跨学科的综合素养，是个体最具生存与发展意义的核心素养。澳大利亚在国家战略中明确提出："能够自信地应对金融环境，并在金钱方面作出恰当决策，是每个澳大利亚公民需要的核心生活技能"。各国财经素养国家战略的部署以及财经素养标准的制定都表明，作为个体核心素养存在的财经素养，具有重要的社会意义和国家意义，面向全民的财经素养提升及研究已是国际趋势和迫切的现实需要。各国在推进财经素养教育方面的普遍做法主要有：制定财经素养教育国家战略；在政府部门主导下整合多方力量联手推动财经素养教育和培训；制定财经素养教育标准框架或能力框架；以学校为主阵地开展财经素养教育。

### 一、从国家战略层面重视提高国民财经素养

美国、澳大利亚、加拿大、英国、新西兰、新加坡、韩国、印度、印度尼西亚、马来西亚等多个国家都实施了财经素养国家战略，还有一些国家也正在制订财经素养国家战略。美国于 2003 年成立了财经素养教育委员会，并于 2006—2020 年先后出台 4 部财经素养国家战略。澳大利亚证券和投资委员会是负责提升国民财经素养的政府机构，2011 年以来发布了 3 份国家财经素养战略。部分国家的财经素养国家战略见表 1 – 1。

表1-1　　部分国家的财经素养国家战略

| 国家 | 发布机构 | 国家战略 | 时间 | 愿景 |
|---|---|---|---|---|
| 美国 | 美国财经素养教育委员会 | 《美国财经素养国家战略》 | 2020年 | 为美国个体和家庭提供可持续的金融保障 |
| 澳大利亚 | 澳大利亚证券和投资委员会 | 《财经素养国家战略》 | 2018年 | 确保澳大利亚人掌握过上最佳生活所需具备的财经素养 |
| 新西兰 | 新西兰财经能力委员会 | 《财经能力之国家战略》 | 2015年 | 让每个家庭都能在财经方面获得成功 |
| 加拿大 | 国家财经素养指导委员会 | 《加拿大财经素养国家战略——全民加入》 | 2015年 | 改善加拿大人和家庭的金融状况 |

## 二、发动多方力量全面提升国民财经素养

财经素养属于一种综合性素养，涉及经济、金融、财政、保险、国际贸易、法律等多个学科知识领域，是所有公民融入经济社会必备的一种核心素养。财经素养教育不仅仅是某一个部门的责任，而是需要政府相关部门、金融行业企业、社会机构、学校、家庭等多方面的共同发力。随着财经素养受到越来越广泛的重视，越来越多的机构开始开展财经素养教育，而且不同的机构面向不同群体，开展了更加具有针对性的财经素养教育。如美国联邦政府成立的财经素养教育委员会，负责协调包括教育部、财政部、美联储等在内的23个相关部门，统筹推进财经素养教育。此外，美国的一些非政府组织、消费者权益保护组织、用人单位、教育机构等也十分重视财经素养教育。根据美国消费者金融保护局统计，2013年美国各类公私机构在财经教育上的投入约为6.7亿美元，其中非联邦政府机构的投入几乎占了2/3。美国经济教育委员会、Jump$tart个人财经素养联盟等都具有较大的社会影响力。[①] 澳大利亚的行业财经素养计划、社会团体财经素

① 王春春．多方推进，全面覆盖：美国财经素养教育经验、问题及启示［J］．大学（研究版），2020（01）：24-29，16.

养计划、工作场所财经素养计划也都体现了社会力量的积极参与。[①] 在我国，开展财经素养教育的主体机构越来越多，针对性也越来越强。例如，中国人民银行和各类银行以及一些大中小学校，面向金融消费者、老年人、青少年学生等不同群体，都开展了形式多样的财经素养教育，以全面提升国民财经素养。

### 三、研制财经素养教育标准（能力）框架

一些国家和组织先后发布并不断完善、修订财经素养教育标准，以规范和提高财经素养教育质量，如澳大利亚、日本、新西兰、瑞典、英国、美国等国家。以美国为例，早在 1998 年美国 Jump$tart 个人财经素养联盟就发布了财经素养教育领域的第一份全国标准——《个人理财指导原则和基准》，此后更新过 4 次。其中，2015 年发布的《K－12 个人财经教育国家标准》（National Standards in K－12 Personal Finance Education），在美国影响深远。美国经济教育委员会研制的《K－12 国家财经素养标准》（National Standards for Financial Literacy，K－12 Standards）也成为各州制定各自标准的重要参考。澳大利亚是较早意识到财经素养的重要性并从国家层面整体推进财经素养教育的国家之一。澳大利亚的教育、儿童早期发展和青年事务部长理事会在 2005 年起草了《消费者和财经素养国家框架》[②]。2015 年，OECD[③] 财经素养教育国际网络也发布了《青年财经素养核心能力框架》（OECD/INFE Core Competencies Framework on Financial Literacy for Youth）。

---

① 龚玲玲，向俊．澳大利亚财经素养教育［J］．大学（研究版），2020（05）：71－78.

② Ministerial Council for Education，Early Childhood Development and Youth Affairs. National Consumer and Financial Literacy Framework［EB/OL］．（2018－10－30）［2021－09－21］．http：//www. curriculum. edu. au/verve/_resources/National_Consumer_Financial_Literacy_Framework_FINAL. pdf.

③ OECD：经济合作与发展组织，简称“经合组织”。

## 四、倡导以学校为主阵地提升国民财经素养

许多国家和一些国际组织在通过多种途径提高不同国民群体财经素养的前提下，特别倡导发挥学校的主阵地作用。OECD 提出："财经素养教育应当开始于学校教育当中。大众应当尽早地接受财经知识的教育。"亚太经济合作组织（APEC）指出："严格的、以学校为基础的系统学习以及经过专门培训的教师是开展财经素养教育的基础。"澳大利亚在财经素养国家战略中强调："尤其要通过正规教育，系统教育下一代。"澳大利亚从 2005 年就开始将财经素养融入国家课程，美国在 2011 年就有 46 个州将与个体生活相关的财经内容纳入了州教育标准。在我国，学校在财经素养教育中的主阵地作用也日益凸显，自 2012 年以来上海、北京、广东、广西、成都、西安等地陆续有越来越多的大中小学甚至幼儿园，开始重视并探索开展形式多样的财经素养教育。

# 第三节　发展历程

自2012年国际学生评估项目（PISA）测试中首次加入财经素养方面的内容以来，我国各界对学生财经素养以及财经素养教育的关注明显增多。近年来，有关财经素养教育的政策、研究和实践都越来越多，以下从政策演进、理论研究和实践推进3个方面梳理我国财经素养教育的发展历程。

## 一、政策演进

近年来，我国颁布了一系列相关政策，要求将投资者教育、金融知识、证券期货知识等财经素养教育的重要内容都纳入国民教育体系，这是保护金融消费者权益，维护国家经济安全，服务国家经济高质量发展的基础性战略举措，体现了国家层面对财经素养教育的重视程度，为学校开展财经素养教育提供了政策依据。近年来我国颁布的财经素养教育相关政策见表1－2。

**表1－2　　近年来我国颁布的财经素养教育相关政策**

| 时间 | 文件名称 | 要求 |
| --- | --- | --- |
| 2006年 | 《国务院关于保险业改革发展的若干意见》（国发〔2006〕23号） | 提出加强保险教育的若干要求 |
| 2006年 | 教育部、中国保险监督管理委员会《关于加强学校保险教育有关工作的指导意见》（教基〔2006〕24号） | 要求将保险教育纳入国民教育体系，增强全体学生的保险意识，拓宽保险人才培养渠道 |
| 2013年 | 国务院办公厅《关于进一步加强资本市场中小投资者合法权益保护工作的意见》（国办发〔2013〕110号） | 将投资者教育逐步纳入国民教育体系，有条件的地区可以先行试点 |

续表

| 时间 | 文件名称 | 要求 |
| --- | --- | --- |
| 2015 年 | 国务院办公厅《关于加强金融消费者权益保护工作的指导意见》（国办发〔2015〕81 号） | 建立金融知识普及长效机制；金融管理部门、金融机构、相关社会组织要加强研究，综合运用多种方式，推动金融消费者宣传教育工作深入开展；教育部要将金融知识普及教育纳入国民教育体系，切实提高国民金融素养 |
| 2015 年 | 国务院印发了《推进普惠金融发展规划（2016—2020 年）》（国发〔2015〕74 号） | 提出要建立与全面建成小康社会相适应的普惠金融服务和保障体系，要建立金融知识教育发展长效机制，推动部分大中小学积极开展金融知识普及教育 |
| 2016 年 | 中国人民银行发布《中国人民银行金融消费者权益保护实施办法》（银发〔2016〕314 号，“原办法”） | 金融机构应当建立健全金融消费者权益保护的各项内控制度，包括但不限于金融知识普及和金融消费者教育机制；金融机构应当开展金融消费者权益保护员工教育和培训，提高员工的金融消费者权益保护意识和能力 |
| 2019 年 | 中国证券监督管理委员会、教育部联合印发《关于加强证券期货知识普及教育的合作备忘录》 | 共同推动证券期货知识有机融入课程教材体系，提升教师队伍金融素养等 |
| 2020 年 | 中国人民银行发布《中国人民银行金融消费者权益保护实施办法》（中国人民银行令〔2020〕第 5 号，“新办法”） | 中国人民银行及其分支机构统筹开展金融消费者教育，引导、督促银行、支付机构开展金融知识普及宣传活动，协调推进金融知识纳入国民教育体系，组织开展消费者金融素养调查 |
| 2021 年 | 中国银行保险监督管理委员会办公厅、中央网信办秘书局、教育部办公厅、公安部办公厅、中国人民银行办公厅联合印发《关于进一步规范大学生互联网消费贷款监督管理工作的通知》 | 要求加大对大学生的教育、引导和帮扶力度；从提高大学生金融安全防范意识、完善帮扶救助工作机制、全面引导树立正确消费观念、建立日常监测机制等方面要求各高校切实担负起学生管理的主体责任 |

由上述政策的发展过程可以看到以下几个特点：①国家对财经素养及财经素养教育的重视程度越来越高；②落实政策的主体部门越来越明确，

数量越来越多；③关于财经素养教育的政策内容越来越具体、全面，针对性和可操作性越来越强；④教育主管部门的回应和参与逐渐增多；⑤部门之间的协同性在不断增强。

国家对财经素养教育的重视程度不断提高，相关政策不断得以升级、充实和细化。中国人民银行于2016年发布的《中国人民银行金融消费者权益保护实施办法》（银发〔2016〕314号，以下简称“原办法”）和2020年发布的《中国人民银行金融消费者权益保护实施办法》（中国人民银行令〔2020〕第5号，以下简称“新办法”），都是对2015年国务院办公厅颁布的《关于加强金融消费者权益保护工作的指导意见》的具体落实，“新办法”是在“原办法”的基础上进行的修订、增补。相比之下，“新办法”以人民银行令形式颁布，属于部门规章，“原办法”属于其他规范性文件，“新办法”的法律效力更高；“原办法”只是笼统提出金融机构应当建立金融知识普及和金融消费者教育机制；“新办法”则进一步明确指出中国人民银行及其分支机构要统筹开展金融消费者教育，引导、督促银行、支付机构开展金融知识普及宣传活动，协调推进金融知识纳入国民教育体系，组织开展消费者金融素养调查。

投资者教育、金融知识教育、互联网消费贷款教育都是财经素养教育的重要内容，在相关政策中先后得以体现。2019年印发的《关于加强证券期货知识普及教育的合作备忘录》（以下简称《备忘录》），是中国证券监督管理委员会和教育部对2013年国务院办公厅《关于进一步加强资本市场中小投资者合法权益保护工作的意见》（国办发〔2013〕110号，以下简称《意见》）的具体贯彻和落实。相比之下，2013年的《意见》只是提出要将投资者教育逐步纳入国民教育体系，有条件的地区可以先行试点；2019年的《备忘录》则进一步对开展投资者教育的课程教材、教师队伍和教学方式提出了更为明确的建议，对财经素养教育的主体和内容的规定都更为明确。

重视和落实财经素养教育的主体机构逐渐增多，且协同性不断增强。2015年国务院办公厅印发《关于加强金融消费者权益保护工作的指导意见》（国办发〔2015〕81号），对金融管理部门、金融机构、相关社会组织和教育部都提出了要求，但从政策后续落实情况来看，主要是中国人民银行在积极倡导和开展金融教育，教育部未予明确回应。2019年证监会和教育部联合签署《备忘录》，体现了两个部门之间的协同性。2021年印发的《关于进一步规范大学生互联网消费贷款监督管理工作的通知》则体现了银保监会、中央网信办、教育部、公安部、中国人民银行五部委的联动效应。

由上又可以看到，教育主管部门对财经素养教育的重视程度和参与程度逐渐有所增加，但与经济发达国家相比，我国财经素养教育尚缺少总体规划和专门政策，现有的相关政策内容较为分散，大多只强调了财经素养教育的某一个方面，如保险教育、消费者教育、金融教育、投资者教育、证券期货知识教育、互联网消费教育等，还不利于凸显财经素养教育完整的教育属性和教育目的。

**二、理论研究**

近10年，有关财经素养的理论研究成果逐渐增多。以“财经素养”为主题词和关键词对2010—2019年中国知网上的文献搜索统计发现，2010—2015年该领域的研究文献相对较少，2016—2018年该领域文献数量骤增，有学者认为这可能与一些关键事件的发生有关。例如，2016年11月由中国教育科学研究院、中国财政科学研究院、中央财经大学、西南财经大学、重庆课堂内外有限责任公司等9家单位联合发起成立的“中国财经素养教育协同创新中心”对此可能有较大的影响。2017年关于财经素养的研究文献约为2015年的8倍。2018年1月中国财经素养教育协同创新中心组织研制的国内首份各学段《中国财经素养教育标准框架》正式发布。2018 年，财经素养文献达到 59 篇，为近 10 年的年发文量顶峰。

对公开发表的财经素养相关研究成果进行统计分析发现，开展财经素养研究的机构以高校和科研院所为主，其中发文量较多的机构主要是中国教育科学研究院、南京师范大学、北京师范大学、中央财经大学等单位。对研究内容进行梳理发现，目前有关财经素养的研究主要聚焦于以下几个方面：财经素养的内涵、财经素养教育标准、财经素养教育政策、财经素养测评、财经素养教育的国际比较、财经素养教育的案例研究等。

“财经素养”这一核心概念是所有相关研究的基石。鉴于“财经素养”是对英语词汇“Financial Literacy”的一种翻译，国内学者一般都会先对财经素养的内涵进行本土化的界定，其中具有代表性的学者及其观点有以下四种。南京师范大学的庄舒涵和何善亮（2016）依据三维目标将财经素养要素划分为财经意识、态度、价值观，财经能力与方法，财经知识与信息三个维度，将财经素养概括为个体在获得财经知识的过程中形成的，以财经意识、态度、价值观为精神内核并形成良好的理财能力，获得有效解决实际问题方法的一种内在涵养。[①] 中国财经素养教育协同创新中心、中国教育科学研究院的张男星等（2018）基于我国学生发展核心素养的关键特质，结合经济合作与发展组织对素养的概括，认为个人的财经素养是其处理个体经济生活中财经问题所需的一种综合素质，主要包括基本的财经知识、财经思维方式、合理的理财技能、符合伦理道德的财富创造以及财富管理的观念、态度和价值取向，并指出财经素养教育包含但不限于金融教

---

① 庄舒涵，何善亮．财经素养概念的多维理解与本土建构［J］．现代教育科学，2016（08）：41－47.

育、财商教育、财经教育等生活中常见的概念。[①] 中央财经大学的辛自强等（2018）从多元人性观出发，将经济学的“经济人”假设和心理学的“社会人”假设深度整合，提出财经素养的三元结构并将财经素养界定为个体在应对财经事务、实现财经福祉时所具备的相关财经知识、能力和价值观。[②] 北京师范大学的苏凇等（2019）认为财经素养涉及财经相关知识、技能、态度和价值观等方面，使个体能够合理分析和判断其面临的财经问题并做出相应决策，以提升个体和家庭的福祉，适应社会发展需要，具有突出的实践连接性、显著的学科融合性、独特的发展外延性。[③]

从各方公开发布的研究成果来看，在开展财经素养教育研究的多家机构中，中国教育科学研究院开展的财经素养教育研究相对系统、持久和深入，研究成果也较为丰富，更成体系。中国教育科学研究院于 2016 年启动财经素养教育研究，2016 年 11 月联合高校、科研机构、行业企业等单位成立了“中国财经素养教育协同创新中心”。该中心以稳定国家经济安全为战略取向，以推广和提升我国财经素养教育及其质量为目标，以引领财经素养教育理论研究、搭建财经素养教育资源平台、引导财经素养教育实践、推动财经素养教育政策为使命。

中国财经素养教育协同创新中心成立以后，广泛动员各界力量，打造财经素养教育研究团队，研究并发布了一系列财经素养教育研究成果，引起社会各界广泛关注，尤其对学校实践产生了深远的影响。2018 年 1 月，该中心发布了历时 2 年研制，覆盖幼儿园、小学、初中、高中（含职高）、

---

① 张男星，王春春，刘次林，等. 中国财经素养教育标准研制的几个问题［J］. 大学（研究版），2018（01）：5－8.

② 辛自强，张红川，孙铃，等. 财经素养的内涵与三元结构［J］. 心理技术与应用，2018，6（08）：450－458.

③ 苏凇，黄四林，张红川. 论基于核心素养视角的财经素养教育［J］. 北京师范大学学报（社会科学版），2019（02）：73－78.

大学（含高职）5 个学段，我国首份《中国财经素养教育标准框架》，为各级各类学校开展财经素养教育实践提供了依据和抓手。2019 年起，该中心陆续出版了系列学术著作，包括《〈中国财经素养教育标准框架〉解读》《中国财经素养教育的学校实践》和《国外财经素养教育述评》系列丛书，为财经素养教育教学实践奠定了坚实的理论基础。2020 年，该中心组织编写的覆盖全学段的财经素养教育学生用书陆续出版。2021 年，该中心组织编写了各学段财经素养教育教师用书，为学校系统开展财经素养教育提供了教材保障。

## 三、实践推进

随着社会各界日益认识到财经素养教育的重要性，近年来我国许多地区已经兴起了形式多样的财经素养教育实践，开展财经素养教育的主体包括金融管理部门、金融机构、相关社会组织、大中小幼学校系统等，财经素养教育的对象包括金融消费者、投资者、在校学生、老年人等不同群体，财经素养教育的形式则包括实践体验活动、场景模拟、专题讲座、学科融合、必修课、选修课、社团活动、课外活动等。就我国学校开展的财经素养教育实践而言，近 10 年来，其体现出了从零星到区域、从被动到主动、从碎片化的摸索尝试到注重系统研究设计的发展态势。

1. 从零星到区域

从公开发表的文献和新闻报道来看，在 2016 年中国财经素养教育协同创新中心成立之前，北京、上海、广东、四川等地有一些学校在零零星星地开展财经素养教育探索。2016 年以来，在一些金融机构、研究机构和社会组织的推动下，特别是在中国财经素养教育协同创新中心的组织和推动下，一些地区已经打造了一批有优势的财经素养教育学校，发展了一些有特色的财经素养教育区域。例如，中国财经素养教育协同创新中心依托广西财经学院成立了广西分中心，依托中南财经政法大学成立了中南分中心，在广西成立了财经素养教育协同创新区域联盟，在上海财经大学商学博物馆设立了实验基地，在广东、上海、山东、陕西、四川等地设立了近300所财经素养教育实验基地校，形成了财经素养教育区域性发展的格局。

2. 从被动到主动

中国财经素养教育协同创新中心调查发现，学校对财经素养教育有一个逐渐接受、逐渐重视，由被动到主动的过程。最初主要是一些金融机构为了落实金融教育宣传普及政策，主动走进学校，为学生和教师开展讲座、知识普及活动。一些行业企业联合学校举办财经素养比赛，如 Visa 中国发起金融教育发展合作伙伴计划，开发财经教育内容，探索创新的教育模式；一些社会组织，如青年成就中国（JA 中国）为不同学校开展金融教育课程教学培训等。在这个过程中，学校主要是被动接受。调查还发现，一些学校和老师最初对财经素养教育持观望态度，少数老师甚至持抵制态度。随着财经素养及其教育日益得到重视，越来越多的学校和教师积极主动地参与财经素养教育实践探索中来。例如，2017 年以来，广东已有200多所大中小学和幼儿园主动参与到财经素养教育实践研究课题中，成为财经素养教育实验基地校。江苏、四川成都、陕西西安等地的学校对财经素养教育的参与也都呈现出同样的发展态势。

3. 从碎片化的摸索尝试到注重系统研究设计

根据公开文献可以看到，早些时候各地都零零星星有一些学校开展财经素养教育的实践探索，具体形式包括邀请在金融机构工作的家长进课堂开展讲座；与银行合作开展“走进银行”等主题活动，通过学习、实践和场景模拟，让学生了解银行日常工作，清楚业务办理流程，在帮助学生增长财经基础知识的同时致力于提高学生的财经意识和相关技能；有的学校通过组建财经类社团，举办爱心集市、跳蚤市场、职业体验等活动，开展财经素养教育实践；还有的学校探索在学科教学中渗透财经素养教育的元素。这些都是很有益的探索，但同时存在碎片化等问题。近年来，在中国财经素养教育协同创新中心等机构的推动下，越来越多的学校开始注重行动研究，在实践探索的同时更加注重开展系统的理论研究和科学设计。越来越多的学校参与到财经素养教育实践和研究过程中，依据《中国财经素养教育标准框架》开发校本课程或学科融合课程；依据教育规律和学生的身心发展规律，探究财经素养教育模式。例如，广东、广西等地通过组织大中小学和幼儿园开展财经素养教育课题研究，已经形成了一批高品质的财经素养教育研究成果，锻炼出了一支优秀的财经素养教育教师队伍，打造了一批有特色的学校，更重要的是大范围、大幅度地提升了学生的财经素养水平和综合素质。

# 第二章

# 财经素养教育的内涵与目标

新时代财经素养教育已成为我国经济战略的重要内容，是贯彻落实党的教育方针、实现立德树人根本任务、培养德智体美劳全面发展的社会主义建设者和接班人的必要路径。因此，财经素养既是个体问题，更是国家问题；财经素养教育既要基于个体，更要指向国家。在这样的背景和趋势下，财经素养教育不只是也不应只是一种局限于财经知识讲解、经济现象解读、理财技能传授等事实性活动，而一定要有基于并超越这些事实性活动的教育目标。如何构建这个目标是当前我国财经素养教育的重大理论与实践问题。

## 第一节　概念要素

有关财经素养概念及财经素养教育内涵的理解在世界范围内并不具有统一性。例如，经济合作与发展组织认为财经素养是“关于财经概念和风险的知识与理解，是应用该类知识和理解的技能、积极性与信心”，提高财经素养的目的是使人们能够在各种金融背景下制定有效的决策，提高个人和社会的金融福祉，并使人们能够参与经济生活。澳大利亚证券和投资委员会认为，财经素养是根据个人情况作出合理财经决策，用于改善金融福祉必要的财经知识、技能、态度和行为的组合。国际组织和其他国家对财经素养的理解偏重西方国家的文化传统和个体发展特点，而我国更多存在不对“财经素养”进行界定的情况，并且时常与财商、金融素养、消费素养、理财能力等相关名词交叉混用。[①]

### 一、财经素养教育的内涵

如何对财经素养及相应的财经素养教育下定义，我们认为需要从我国

① 张男星，岳昌君，楚晓琳，等．《中国财经素养教育标准框架》解读［M］．北京：科学出版社，2019：6.

国情和社会主义核心价值观的视角来认识与理解。我们坚持个体与社会、国家经济活动密切关联的观点，将财经素养视为个体化素养，更视为一种关系型素养，在强化公民关注自身的同时强调个体应关注自己与社会、国家关系的价值导向。进而，我们将财经素养理解为“个体在财经生活中必备的财经知识、理财技能、财富观念与信念等基础修养总和”，其间的个体就是“个体—社会”“个体—国家”的关系型个人，即个体的财经素养不仅与个体的经济活动相关，也是个体对社会活动、国家发展的知晓、理解、把握与判断。

我们认为，提高财经素养不仅是个体的自我诉求，更是个体对国家的一份责任。财经素养教育要高度注重关系化的个体发展，强调中国优秀文化、制度特色对个体的影响和内在要求，重视引导学生超越“小我”形成“大我”，突破个人的利益计较，在认识个体与经济生活关系的同时，充分认识并理解国家乃至世界经济活动，知晓个人财务与国家安全发展之间的关系，进而形成有助于个体、家庭、国家经济安全与稳定发展的大财富观。

尽管中国学生在 PISA 测试中取得了财经素养方面的优异成绩，但并不能说明我国学生的财经素养水平就很高。毕竟测试题更偏重考查学生理解题意、运用数学技能解决问题的能力，较少涉及财经素养的观念和价值层面。从现实情况来看，我们仍会发现中国学生的财经素养有所欠缺的情况。例如，不知劳动的艰辛，出于攀比心理的非理性消费；不懂规则与制度的约束，希望以最少的努力“一夜致富”等。为此，我们要引导个体从关系的角度处理经济问题，使个体在财经活动中学会处理人与人、人与国家、人与社会的经济和道德关系，在今天与明天的价值权衡中做出符合理性和德性的取舍。我们倡导在财经素养教育中，不仅要让个体了解基本的财经知识，学会参与社会生活里的经济活动，还要从经济学的角度认识社会、体验社会，更要形成正确的观念，将财富与幸福生活，与社会的公平、正义、责任联系起来。为此，中国财经素养教育协同创新中心秉持“学生为本、国家为重”的财经素养教育初心，以促进个体进步、维护国家发展为根本目的，致力于推动基于学生、面向国家的财经素养教育，站在国家高度推进学校培养具有财经素养的社会化人才。我们强调，要通过财经素养教育去引导个体从关系的角度去认知和了解财经活动的常识，从中学会理解和处理人与人、人与国家、人与社会的经济关系及道德关系，将财富与个人的幸福生活、个体的社会责任统合起来，形成具有中国优秀文化底蕴和符合国家现代化要求的财经素养结构，优化并提升个体的综合素质。

因而，财经素养教育不只是单一或专门化的财商教育、金融教育、消费者教育、财经教育，它是培养个体应对经济生活所必备的财经知识、理财技能、财富观念、人生信念等基础素养总和的活动。财经素养教育以劳动教育为起点和手段，以德育为目标和方向，是劳动教育、生活教育、思想教育和情感教育的集合。相较其他概念，财经素养教育更具有基础性、普适性、一般性，也更具有萌芽特性。

## 二、财经素养教育关系辨析

进入 21 世纪后，世界迈入了经济全球化时代，人们进入了与经济全面关联的状态，学生也概不例外。学生周遭的生活都在不同程度地以经济的形态、经济的标识、经济的元素所表达，甚至借助现代化的手段以“不得不”的方式让人们去适应、去接受、去习惯、去“离不开”。这种学生与经济生活关联的状态，会让经济生活中实时出现的不良现象，像空气一样影响着学生的思想和行为，让从前那种将社会信息过滤后呈现给学生的家庭教育和学校教育措手不及。例如，学生群体中出现了高额打赏主播、攀比高消费、违法贷款等行为。那么，该如何重新看待学生，看待学生应对经济生活所必需的核心素养及教育，尤其是财经素养及教育，成为非常需要关注的紧迫问题。①

从学校教育体系来看，0—18岁学生覆盖的学段有幼儿园、小学、初中和高中，包括普通高中和中职。如果从中国家庭中子女与父母在经济往来、大学学习等诸多方面非独立的紧密关系而言，这个“学生”的所指范畴至少还可以延伸至大学学段，存在着“后18岁儿童”的大学生“儿童”。所以，关于“学生与经济生活关系”的视角讨论，可以辐射到幼儿园、小学、初中、高中、大学五个学段的学生，关系到其与经济生活关系的理解。我们把这些学段的学生放置在“社会人”的概念下，统一观察并讨论财经素养教育对于他们何以所需以及以何应需。

### （一）财经素养教育的起点——学生与真实经济生活的关系

1. 学生的三种关系状态

我们可以从家庭、国家、社会三个角度来看学生以及学生与外界环境的关系。

（1）成人保护的学生。我们时常将学生与成人作为两个对立主体来看待。学生是未完成的成人，成人是完成了的学生。成人对学生的保护，是成人监护未成年人之职责必需，也是长者关爱幼小之道德自觉，还是长大了的学生对自己内心学生世界的珍视与期盼。正是这样的职责、道德、情怀等因素，使学生始终处于成年人的保育、爱护、呵护之下，并没有真正从社会意义上完成生命的“第二次断乳”。于是，以父母为首要呵护者代表的成年人，不遗余力在学生与经济社会之间架构起一堵墙，试图不让孩子接触或者少接触真实的经济社会，尤其是那些被成年人认

---

① 张男星，谭俊英．财经素养教育：何以所需？以何应需？——学生与经济生活的关系视角[J]．大学（研究版），2020（06）：35－40.

为属于“非类”的活动或现象。在此保护下，学生往往被放置在经济生活的“墙外”。

（2）制度保障的学生。国家通过立法的形式为学生成长提供制度保障。《中华人民共和国未成年人保护法》是保护未成年人健康成长的基本法，从家庭保护、学校保护、社会保护、司法保护四个层面对未成年人保护作出了规定。2020年5月28日正式通过的《中华人民共和国民法典》，为未成年人撑起了“保护伞”。比如，将一个人受保护的起始点前移到胎儿，继承权从胎儿开始算起；16周岁以上的未成年人以劳动收入为主要生活来源，视为完全民事行为能力人，其劳动行为受到保护等。国家通过不断完善相关法律制度，为学生的健康成长保驾护航。当学生因成年人的关系被带入某个经济生活事件时，比如某个经济纠纷、教育纠纷等，学生就会被动参与到经济生活的某个范畴。在此保障下，学生与经济生活的关系方式多是事件式的接触。

（3）社会消费的学生。随着信息化的迅猛发展，学生不用走出家校，社会的经济特性就已经以无处不在、无所不有的方式挤进其学习与生活之中，须臾不离。这是以往任何时代的学生不曾有过，至少是不曾强烈有过的生存环境冲击。如今的学生早早就被社会作为消费对象暴露在真实的经济生活中了，消费主张乃至消费主义倾向的经济元素，更是通过科技支撑的现代化设备与服务，全面影响着学生的思想与行为，所谓远离社会的学校“象牙塔”更像是“皇帝的新衣”。于是，面对一直在经济社会中的学生，对其最好的保护就是让他们尽早与经济社会“和解”，尽早地知晓身边的经济社会，尽早地去适应、去接纳这个未来他们必定要全面融入的经济生活。

应该说，三种状态或关系对学生的成长而言都是必需的，通常我们更重视前两种状态以及学生与家庭和国家的关系。成人对学生的精心呵护，国家法律对学生的制度保护，都是学生健康成长的必需和必要条件，缺少任何一方的支撑，对学生而言都是致命的缺失。这两类关系共同的意向都是将学生送入学校，通过过滤、避免或减少的方式，将社会对学生的负面影响挤压到最低限度。就一定程度和范围来说，学生被轻放在家庭、学校的“真空”里，圈养在真实的经济生活之外。但在今天的经济全球化时代以及“后疫情”世界经济时期，学生与社会尤其是与经济生活的关系，需要予以重新审视，也更迫切需要关注、重视和强调。让学生具有财经素养就是关注、重视和强调的有效手段。

2. 财经素养对学生经济生活的意义

全面参与社会经济生活是学生成长的必然条件。财经素养就是学生参与经济生活所必备的财经知识、理财技能、财富观念、人生信念等基础素养的总和。它为学生形成并优化应对经济生活所必需的综合储备提供了良好途径，包括价值观、思维方式、知识视野、应用能力、积极心理等素质储备。获得财经素养是学生认知与参与经济生活的重要手段。

财经素养可以保障学生拥有经济生活的权利。①有权利成为经济生活的思考者，而不只是旁观者。通过财经素养教育，学生能够有意识突破简单的家庭、学校空间关系，通过观察自己和身边人的经济活动，认识并知晓社会的经济生活状况，进而逐步理解个人与国家、社会经济生活的关联。例如，通过了解父母的工作进一步了解经济分工及其意义等。②有权利成为经济生活的创造者，而不只是消费者。财经素养教育在使学生能够力所能及作为一个商品、服务的正能量消费者的同时，通过个体探索或团队行动等方式参与创造经济生活，改善并引导经济生活的方式与思想。例如，为垃圾分类制作特殊标识等。③有权利成为经济生活的护卫者，而不只是受保护者。财经素养教育使学生能够在安全的范围内发表意见，提出质疑和评判，保护并捍卫清正、廉洁、正义的经济生活。例如，学生参与环境保护、贫困资助等。应该说，学生的财经素养之于社会经济的影响力可能是微小的，但却可能是深远的。

财经素养是学生未来全面融入经济生活的原初根芽。它引导着将要成为成年人的学生群体在面对无限诱惑时，还能在未来某些时刻稳稳地持有对经济活动规范与正当、理性与安全、信用与责任的价值及行为坚守。那些未来某些时刻的坚守就是现在财经素养教育之于学生经济生活的全部意义释放。

## 第二节　理念与目标体系

### 一、基本理念

财经素养教育目标的构建依据是其重大的时代意义。

1. 财经素养教育是落实国家重大战略的重要举措

2015 年和 2016 年先后发布的《关于加强金融消费者权益保护工作的指导意见》（国办发〔2015〕81 号）和《推进普惠金融发展规划（2016—2020 年）》（国发〔2015〕74 号），要求教育部将金融知识普及教育纳入国民教育体系，切实提高国民金融素养，并建立金融知识教育发展的长效机制。2017 年，党的十九大报告提出，要坚决打好防范化解重大风险、精准脱贫、污染防治的攻坚战。围绕国家攻坚目标，教育一方面要培养能够有效化解金融风险和推进金融扶贫的高素质人才；另一方面要普遍提高公民财经素养，尤其要注重提高经济欠发达地区特别是贫困地区人口的财经素养。这是落实"扶贫同扶志、扶智相结合"理念的重要举措，也是阻断贫困代际传递，实现全体人民共同富裕的一个重要途径。2019 年，证监会与教育部联合印发《关于加强证券期货知识普及教育的合作备忘录》，提出在学校教育中大力普及证券期货知识，对于推动全社会树立理性投资意识，提升国民投资理财素质，维护社会和谐稳定具有重要意义。

2. 财经素养教育是贯彻国家教育方针的重要路径

在 2018 年举行的全国教育大会上，习近平总书记指出，在党的坚强领导下，全面贯彻党的教育方针，坚持马克思主义指导地位，坚持中国特色社会主义教育发展道路，坚持社会主义办学方向，要立足基本国情，遵循教育规律，坚持改革创新，以凝聚人力、完善人格、开发人力、培育人才、造福人民为工作目标，培养德智体美劳全面发展的社会主义建设者和接班人，加快推进教育现代化、建设教育强国、办好人民满意的教育。实施财经素养教育就是在贯彻落实党的教育方针，落实立德树人根本任务。财经素养教育是促进学生德智体美劳全面发展的重要路径，它以劳动教育为起点和手段、以德育为目标和方向。财经素养教育涉及财富获得、财富管理、财富传承等，而劳动是创造社会物质财富和精神财富的源泉。通过财经素养教育，可以纠正人们对劳动的偏见、成见和狭义理解，使学生更清晰地认识到劳动创造财富的本然，懂得只有通过诚实且有智慧的劳动才能创造并获得财富。同时，财经素养教育倡导以适当方式让学生参与或模拟参与社会生活里的经济活动，从中感知社会、体验社会，将财富与幸福生活、社会的公平正义、个体对国家的责任统一起来，坚决反对唯利是图、拜金主义、物质至上的不良金钱观和财富取向，从而使学生在更深层次上体悟劳动的伟大，通过诚实的劳动获取收入最光荣，以此落实立德树人的根本任务。

3. 财经素养教育是学生立足当下面向未来的重要基石

教育要面向现代化，面向世界，面向未来。财经素养教育是培养学生立足当下，适应未来社会发展能力的重要基石。改革开放40多年来，我国经济高速发展，财富不断积聚，人民生活日新月异，日益复杂的现代化生活越来越需要人们具备一定的财经素养。

基于以上认知，财经素养教育对于提升学生综合素养，促进学生全面发展具有重要意义；对于维护社会和谐稳定，促进经济社会发展，保障国家经济安全，亦具有重要意义。中国财经素养教育目标的构建，其出发点就是基于“学生为本、国家为重”的教育本然。中国实施财经素养教育与其他国家最大的不同点就是，它不仅要教会学生如何面对自己进入经济社会的理财问题，更要教会学生在经济生活中如何关照自己的经济事务，以及如何处理与国家经济活动的关系问题。所以，中国的财经素养教育要以促进个体进步、维护国家发展为根本目的，建构起基于学生、面向国家的具有中国特色、世界视野的财经素养教育目标。

## 二、目标构建

以“学生为本、国家为重”为旨归的财经素养教育目标要思考，财经素养教育应培养学生树立什么样的观念，养成什么样的行为；通过培养学生的观念与行为，可以让学生成为什么样的有利于国家经济发展与社会稳定的人。依循中国财经素养教育标准研制的思想与特点，我们建构了中国财经素养教育“三九五体系”目标（见图 2-1）。①

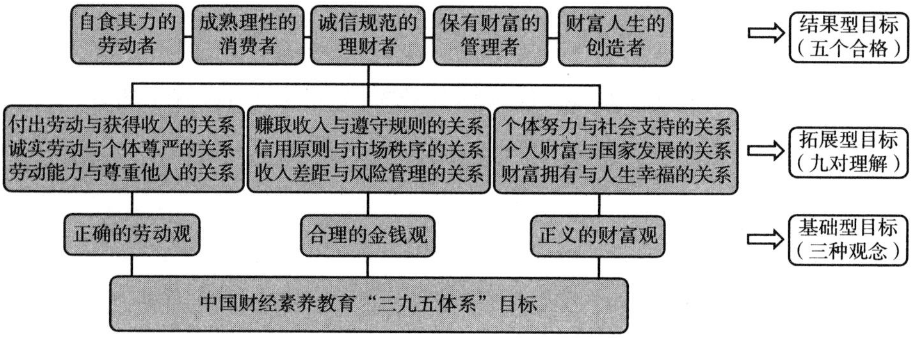


**图 2-1　中国财经素养教育“三九五体系”目标**

“三”即“形成三种观念”，包括劳动观、金钱观和财富观，这是财经素养教育的基础型目标。财经素养教育以劳动为起点，以德育为目标指向。它要让学生树立正确的劳动观，通过自己的辛勤劳动去获取收入，创造财富；有了收入，需要有合理的金钱观，理解金钱对于生活的正当意义，处理好“利”与“义”的关系，既不能成为金钱的奴隶，也无须轻视

---

① 张男星，王春春，张运红，等．中国财经素养教育的目标建构及阐释——基于“学生为本，国家为重”的教育本然［J］．大学（研究版），2019（03）：14-25.

金钱，理解劳动与生活意义；在不断累积与创造财富的过程中，要具有正义的财富观，知道财富的创造既是个体能力和努力的体现，也是社会支持的结果，懂得财富创造的社会责任。“三种观念”从“劳动付出—获得收入—累积财富”这一经济活动过程逐一展开并覆盖，为学生未来从事经济活动形成基本的财经素养底色。

“九”即“理解九对关系”，这是财经素养教育的扩展型目标。财经素养教育要教会学生集中理解这些关系，包括从付出劳动演绎出的付出劳动与获得收入、诚实劳动与个体尊严、劳动能力与尊重他人三对关系；从赚取收入演绎出的赚取收入与遵守规则、信用原则与市场秩序、收入差距与风险管理三对关系；从累积财富演绎出的个体努力与社会支持、个人财富与国家发展、财富拥有与人生幸福三对关系。通过对这些关系的理解，将财经素养教育的基础型目标——“形成三种观念”予以深化和具体化。

“五”即“成为五个合格者”，这是财经素养教育的结果型目标。财经素养教育的最后目标是要让个体进入社会经济生活时成为五个方面的合格者，助力其成为社会主义合格建设者和可靠接班人。“成为五个合格者”包括成为合格的劳动者，做一个自食其力的劳动者；成为合格的消费者，做一个成熟理性的消费者；成为合格的理财者，做一个诚信规范的理财者；成为合格的管理者，做一个保有财富的管理者；成为合格的创造者，做一个财富人生的创造者。这些“合格者”是个体在经济生活中或将承担的不同角色，这些角色具有不同的存在价值和能力要求，其间的关系主干是层层递进与提升的。“成为五个合格者”的财经素养教育目标，旨在帮助个体在不同人生阶段胜任经济生活中的不同角色，为个人幸福、家庭福祉、国家稳定和社会发展发挥应有的作用。

## 第三节 目标分类

如果用一棵树来比喻财经素养教育"三九五体系"目标，基础型目标——"形成三种观念"就是树干，支撑着整个财经素养教育的根本价值导向；拓展型目标——"理解九对关系"就是树叶，丰富并细化着财经素养教育的基本内容范畴；结果型目标——"成为五个合格者"就是果实，标识着财经素养教育的预期达成效果。

### 一、基础型目标："形成三种观念"

财经素养教育的基础型目标是"形成三种观念"：劳动观、金钱观、财富观。这三种观念的构建既是在延续中国文化传统的历史基因，也是在应对当前经济社会中的现实问题，更是在践行中国特色社会主义核心价值观、落实中国学生发展核心素养。因而，财经素养教育的基础目标是促进学生形成新时代所应该具备的三种观念。

#### （一）正确的劳动观

劳动是财经素养教育的逻辑起点，因此财经素养教育必须着眼于培养学生树立正确的劳动观。这是学生成为有用社会个体的关键。正确的劳动观意味着能够尊重劳动本身及他人劳动，尊重诚实的劳动以及懂得珍惜劳动的成果。

劳动是获得人类生存物质条件的前提。一个人只有树立了正确的劳动观，才能自觉强化"辛勤劳动最光荣"的意识，用双手和智慧去创造人生，实现自己的理想，并对人生观、世界观的形成起到积极的作用。[①] 第

---

① 艾立起．树立正确的劳动观［EB/OL］．（2015－04－28）［2021－09－27］．http：//ts.wenming.cn/gxzhg/201504/t20150428_2582742．shtml.

一，学生只有在理解劳动与财富收入之间抽象的逻辑关系的基础上，才能对劳动的价值具有深刻的理解，进而尊重劳动本身以及他人劳动。第二，正确的劳动观要培养学生的契约精神和守法意识，使其学会诚实劳动。理性经济人的特征使人们在劳动中惯于追求利益的最大化，极易逾越道德底线，产生投机取巧的行为，甚至不惜铤而走险以致误入歧途。因此，应当通过财经素养教育让学生学会尊重劳动、诚实劳动。同时，财经素养教育要让学生学会尊重劳动成果，懂得所有形态的成果都是劳动者的辛苦付出所得，社会财富由这些成果积累而成，要尊重并爱惜劳动成果。

### （二）合理的金钱观

财经素养教育不回避金钱问题。合理的金钱观意味着能够正视金钱对于生活的正当意义，处理好“利”与“义”的关系，并懂得通过合法方式赚取金钱。此外，还要认识到金钱不是生活的全部，人生意义也并非全部由金钱来衡量。

中国儒家文化在义利关系上是重义轻利，甚至耻于谈利、言商、说钱。孔子建立的以“仁”为核心的伦理思想体系中就提出了“义以为上”（《论语·阳货》）的道义原则，为后世儒家的价值观和义利之辨提出了方向，[①] 从而形成了崇义轻利的价值传统。孔子之后，崇义轻利的思想被后世儒家学者进一步继承、放大，进而确立了轻利重义、以义抑利的义利观。但中国传统文化中仍然有一股力量在强调“君子爱财，取之有道，用之有度”的合理金钱观。《易传·乾文言》率先提出“利者，义之和也”的义利观，把“义”置于“利”的基础，并且以“义”统御“利”。[②] 如今我们倡导的财经素养教育是要尊重个体正当的利益诉求，在此基础上实

① 谢明德．传统文化中的义利观——崇义轻利［EB/OL］．（2019－06－15）［2021－09－27］．http：//www. sohu. com/a/149129949_380930.

② 刘次林．财经素养的基础在于尊重劳动［N］．光明日报，2019－03－19（014）．

现义利的协调统一。财经素养教育要教会学生在尊重社会规则的前提下，通过合法途径获取正当经济收入。同时，也要让学生明白，金钱是获取生存物质保障的基础，但它只是实现人生价值的手段而不是目的，我们不能成为金钱的奴隶，更不能为获得金钱或更多财富去做违法害人的不义之事。换言之，不因利害义，不为义耻利。

**（三）正义的财富观**

货币本身不等于财富，金钱原本也无好坏之分，但金钱的赚取过程以及财富的使用方向却具有一定的价值偏向。尤其是在人类社会的关系网络中，财富不单单体现为人与金钱的关系，更包含着人与人、人与群体、人与人类等诸多关系乃至其集合。当众多关系与财富交织在一起时，财富观念就具有了正义与非正义的区别。正义的财富观意味着在财富的赚取、累积、传承、使用的过程中充分考虑到了人与自己、人与人、人与群体、人与社会、人与人类的众多关系。首先，财经素养教育要让学生懂得金钱财富的获取与个人努力及其才能相关。孔子曾说："富与贵，是人之所欲也，不以其道得之，不处也；贫与贱，是人之所恶也，不以其道得之，不去也"（《论语·里仁》），又说："不义而富且贵，于我如浮云"（《论语·述而》）。这实际上指出了财富的获得要靠自己的努力，任何投机取巧的方式都为人所不齿。中国古人对于财富获取的正义立场应当在财经素养教育中得以体现并被继承和发扬。同时，个体财富的获得总是以社会资源的消耗为代价。财经素养教育要让学生明白，财富虽然是自己的，但是获得财富所消耗的资源却是社会的。无论赚钱多少、与否，都是在不同程度地运用、消耗社会资源。可以说，个体获取财富的资源都来自社会，个体获取的财富越多，消耗的社会资源也就越多，因而个体对于社会所应承担的责任也就越大。正义的财富观要让学生明白，个体财富的获得与社会资源及制度系统的支持是分不开的，要懂得感恩社会、回馈社会。

财经素养教育上述“三观”之间存在相互联系、彼此递进的逻辑关系。劳动是创造财富的起点，在劳动中要处理好“义”与“利”的关系，坚守基本的“义”，鼓励正当的“利”，使劳动换取财富成为一种水到渠成的自然过程，避免对金钱的非理性追求和过度狂热。最终，财经素养教育还要使学生明白，财富的获取与社会的支持是分不开的。财富属于自己，但资源来自社会。个体所拥有的资源量与其社会责任应成正比。

## 二、拓展型目标：“理解九对关系”

在引导学生形成正确的劳动观、合理的金钱观、正义的财富观这些基础型观念的过程中，需要进一步深化财经素养教育的目标，将相对抽象的概念内涵以不同的逻辑关系串联在一起，进而形成九对关系化范畴，构建出财经素养教育的拓展型目标，即“理解九对关系”。

### （一）理解劳动及其相关关系

#### 1. 付出劳动与获得收入的关系

财经素养教育要让学生理解劳动付出与收入获得的关系。一方面，理解只有付出劳动才能获得收入。劳动是人类社会生存和发展的基础，劳动有分工，分工形成了各种职业；社会劳动者以职业身份从事劳动，进而获得经济收入，以维持个体生存及家庭生存的需要。为此，个体只有通过劳动才能获得收入，包括付出体力劳动或脑力劳动，简单劳动或复杂劳动。市场经济过程中那些做出贡献的资本、技术、经营管理等要素，依据其所有权取得的收入是合法的。仅从这个意义上说，不存在“不劳而获”。另一方面，理解付出了劳动就应该有收入。劳动者付出的劳动都应获得相应的劳动报酬，即经济收入，这是劳动者的基本权利。为所付出的劳动索取收入是正当的。

#### 2. 诚实劳动与个体尊严的关系

财经素养教育要让学生理解诚实劳动与个体尊严的关系。一方面，对于有劳动能力者，只有依靠诚实的劳动来自食其力，个体才是有尊严的人。诚实劳动就是要求个体在遵守国家法律法规的前提下，用自己的体力劳动或脑力劳动来为社会创造财富并获取收入。习近平总书记在同全国劳动模范代表座谈时指出：“人世间的美好梦想，只有通过诚实劳动才能实现；发展中的各种难题，只有通过诚实劳动才能破解；生命里的一切辉煌，只有通过诚实劳动才能铸就。”另一方面，诚实劳动者享有个体尊严。每个人都自觉做一名诚实劳动者，同时，每一个人都自觉尊重诚实劳动者，诚实劳动者在此双向过程中享有应有的个体尊严。国家及社会形成保护诚实劳动者的政策、制度及文化环境，是诚实劳动者秉持诚实劳动的觉知、意识、价值、尊严和信念的重要基础。

3. 劳动能力与尊重他人的关系

财经素养教育要让学生理解劳动能力与尊重他人的关系。一方面，理解每个人的劳动能力是不一样的。个体的劳动能力有大小之分，这种个体间能力的差异，可能是主观努力程度造成的，也可能是客观的或先天的因素引起的。劳动者往往是根据自己的能力并在自己的能力范畴内选择适合的劳动职业，创造不同的劳动成果。另一方面，理解无论个体能力大小，只要个体是在靠自己的诚实劳动创造财富，都是值得尊重的。所有劳动者具有平等的地位和人格，他们在诚实的劳动过程中，都付出了自己能力所承载的劳动（投机取巧者没有诚实劳动，不在此列）。因而，无论劳动者从事何种职业、参与何种形式的劳动，只要是通过诚实的劳动对社会产生了积极意义，不管其劳动成果的社会贡献大小，都值得尊重。我们要抛弃社会上存在的鄙视简单劳动、体力劳动的不良偏见，防止劳动等级化、高低贵贱化，防止把某些劳动形式看得比别的劳动形式更重要。①

① 何云峰．尊重劳动是当代青年必备的基本品格［J］．青年学报，2017（03）：24－29.

### （二）理解收入及其相关关系

1. 赚取收入与遵守规则的关系

财经素养教育要让学生理解赚取收入必须正当合法，而正当合法的收入只有通过遵守规则的劳动才能获得。一方面，规则是经济活动得以开展并维持的必要条件。只有形成并遵守规则，大家才能在公平的经济活动中获得各自应得和正当的收入。另一方面，规则不是一成不变的，任何规则的形成都是社会群体彼此妥协、达成共识、共同推进的结果。随着经济社会的发展，人们赚取收入的方式会发生变化，赚取收入的活动规则也需要不断加以补充、修改和完善。

2. 信用原则与市场秩序的关系

财经素养教育要让学生理解，秉持信用原则才能稳定市场秩序，守住经济活动的安全底线。信用是建立和规范市场经济秩序的重要保证。一方面，要维护个体信用与市场秩序的一致性。当个体遵循信用原则、运用正当手段、通过合法途径追求市场利益时，便能维持并稳定信用与市场秩序的一致性。个体一旦违背信用、破坏规则，就必然会影响正常的经济行为，引发冒险违法活动，导致市场失序、社会交易成本增加，个体自身也难逃风险。另一方面，要把信用原则的经济意义根植于内心。当个体的市场行为纯粹受经济利益驱使时，极易因追求利益的最大化而与信用价值产生冲突，使个体做出损害市场秩序的行为。所以，持久的信用是将规则不仅作为一种经济活动的外在原则来看待，更是将其当作经济行为安全的内在约束来理解并践行。个体越遵守信用，行为越遵守规则，市场越遵守秩序，人与人之间越安全。

3. 收入差距与风险管理的关系

财经素养教育要让学生理解，社会个体间的收入差距可能因自身能力、生存环境等个体原因以及历史阶段、国家政策等社会原因而客观存在。不论是个体还是国家，都需要预判和应对因市场波动、规则破坏、信用丧失、操作失误、政策变动、自然灾害等多种原因导致的各种经济风险。一方面，个体要正确看待收入差距存在的原因及结果，应以满足正当生活需求为经济目标，对自己的收入进行合理增值以及实施相应的风险管理。尤其在从事股票、期货交易等金融活动时，更要具有高度的风险意识和基本的管理预案。另一方面，国家通过税制改革等方式，不断深化改革，完善制度，从宏观层面加强风险警戒线的管理，公正缩减个体间的收入差距，使每个人都能更多享受到劳动创造财富的收益。

**（三）理解财富及其相关关系**

1. 个体努力与社会支持的关系

财经素养教育要让学生理解财富的创造同时需要个体的努力以及社会的支持。一方面，个体财富的赚取需要个体的才能与努力，社会的每一份财富都是每位个体体力与智力的劳动付出所成就的。一般而言，善于赚取财富的人是善于运用智力、捕捉社会资源的人，也是勤奋工作的人。正如习近平总书记指出的那样，“人世间的一切幸福都需要靠辛勤的劳动来创造”[①]。没有个体的努力，就没有社会财富的创造与积累。另一方面，个体财富的创造也需要社会系统的支持，包括社会资源的供给、经济制度的安排、经济政策的利导等。其中，社会资源还包括有限的自然资源、资本资源、人力资源等。正是在这些社会支持系统的支撑下，个体才能赚取收入、不断积累财富。

2. 个人财富与国家发展的关系

正是因为财富创造同时需要个体的努力以及社会的支持，所以财经素

① 习近平．人民对美好生活的向往，就是我们的奋斗目标［M］//十八大以来重要文献选编（上），北京：中央文献出版社，2014：70.

养教育要让学生理解每个人的财富获得都与国家发展息息相关。一方面，只有国家强大了，才能促进个体财富的快速增长。改革开放40多年来的巨大成就充分表明，只有国家发展强大了，才能为每个人提供稳定的经济环境和有效的激励机制，激活个体赚取财富的动力，不断累积社会财富。另一方面，个体赚取财富的活动也是推动国家经济可持续发展的过程。国家的经济活动是由众多个体的经济活动集合而成的，个体在财富赚取的过程中不得损害国家利益以及国家秩序。此外，当个人财富积累到一定程度后，个体更能深刻地理解富有、理解贫穷，要通过多种途径来回报社会、反馈国家、兼济天下。

改革让一部分人、一部分地区先富起来，他们拥有带动和帮助落后地区和人群的责任。习近平总书记指出："现在，我国大部分群众生活水平有了很大提高，出现了中等收入群体，也出现了高收入群体，但还存在大量低收入群体。"① 在着眼消除国内贫困，打赢脱贫攻坚战的同时，习近平总书记进一步提出，"消除贫困是人类的共同使命"，呼吁要"为共建一个没有贫困、共同发展的人类命运共同体而不懈奋斗"②。

3. 财富拥有与人生幸福的关系

财经素养教育要让学生理解，财富拥有的程度与人生幸福的程度肯定有关联，但不一定是正比关系，或至少不总是正比关系。一方面，物质财富的拥有是能带来人生幸福的。当一个人能够赚取和拥有物质财富时，不仅可以为个体及其家庭的生活安全提供保障；也证明了个体的经济才能，体现了个体的劳动付出得到了有效回报，其自食其力的劳动价值得以展

---

① 习近平．在河北省阜平县考察扶贫开发工作时的讲话［M］// 做焦裕禄式的县委书记，北京：中央文献出版社，2015：15.

② 习近平．携手消除贫困，促进共同发展［M］//十八大以来重要文献选编（中），北京：中央文献出版社，2016：723.

示；还可以减少国家负担，反哺社会，彰显个体的自我社会价值。为此，财富的不断积累是幸福的。另一方面，以货币为表征的金钱并不是财富的全部，更不是人生幸福的全部。人生的财富包括物质财富和精神财富。通过正当手段获得的物质财富能够为人们的生活提供生存保障，提高人们的生活质量，但物质财富不能成为人生追求的唯一目标，人生还需要基本物质条件满足之后的更多精神财富。

## 三、结果型目标："成为五个合格者"

### （一）自食其力的劳动者

财经素养教育要培养学生成为自食其力的劳动者。通过对劳动与金钱、财富、人生意义之间关系的理解，筑牢学生尊重劳动、热爱劳动、善于劳动的基本素养，从而形成"人应该自食其力"的本源性观念。拥有这种自食其力的本源性观念，学生便能够在自己的成长道路上自觉克服困难、努力拼搏，以实现自立自强的目标；自觉地不断拓展、提高、丰富自食其力的能力，不断在新的水平和层次上践行自食其力的劳动价值观，成为一个善于劳动的社会个体。这样自食其力的劳动者，在与经济社会交互的过程中始终能做到"流自己的汗，吃自己的饭"，以一个能自己养活自己的姿态生存、生活。

### （二）成熟理性的消费者

财经素养教育要培养学生成为成熟理性的消费者。通过对劳动的本质、劳动与财富的关系、财富与社会资源的关系等方面的认识与感知，学生能够理性看待消费行为，把握消费对于个体生存的适切度；能够正确平衡自己的收入与消费，即合理评估自身消费条件或能力，不炫耀攀比、不挥霍浪费，做到消费行为首先是在自我收入条件和能力范围之内的，以满足基本生存和发展的需求。量入为出，包括目前收入的现时量，也包括自身能力所能创造出来的潜在量，都是消费行为需要遵守的经济底线，越过此经济底线产生的过度消费、虚高消费，都是非理性的消费，会引发道德与法律的问题，也会引发个体、家庭和国家的问题。成熟理性的消费者能够理解自己的消费行为与家庭经济的息息相关，不“啃老”也不“害老”，始终持有“日吃三餐、夜眠七尺”的消费需求底线；同时，能够看到消费在国家经济发展中的作用，自觉将个体消费行为置于国家规限之中。

### （三）诚信规范的理财者

财经素养教育要培养学生成为诚信规范的理财者，能够对投资理财平台进行有效鉴别，能够对投资项目或产品进行深入分析，能够遵守相应的规则规范，诚实守信地进行理财。诚实规范的理财者始终坚持从事正当合规的理财活动，能够在各种理财活动中做到诚实守信；诚实规范的理财者会注重收益和风险的平衡，会平衡好短期和中长期投资，不会盲目追求高收益；诚实规范的理财者不会因短视行为影响未来发展，能够不为钱去冒险，包括不为钱违法、不为钱生事、不为钱害人。

### （四）保有财富的管理者

财经素养教育要培养学生成为保有财富的管理者。保有财富并不是指对财富的永久持有。从根本意义上而言，每个人赚取的财富都是对社会财富在某个时间段的保存和使用。因而，保有财富的管理者能够知道理财活动带来的风险，能够适当预判风险、规避风险，实现财富的保值增值和可持续增长。更为重要的是，保有财富的管理者能够区分生存和发展的财富获取需要，充分考虑物质财富与精神财富的共有，不盲目，不偏激，善于合理规划，懂得在自己的风险承受范围内从事财富赚取与增值活动。

### （五）财富人生的创造者

财经素养教育要培养学生成为财富人生的创造者。通过对劳动的意义、财富创造的价值及其与资源环境、社会支持的关系等方面的理解，学生能够在进入经济社会的时候保持三个“力”，即保持自己的劳动创造力，不以年龄为界限和约束，在有生之年的不同阶段保有和付出不同的劳动能力，努力创造更多的财富，成为一个对自我、家庭、社会和国家有用的人；保持财富积累与社会责任的平衡力，不因财富的直接创造者是个体，就忽略和无视个体在创造财富时所消耗的有限社会资源，较好地在财富创造和社会责任之间寻找平衡，在财富的创造积累过程中适当、适度地回馈社会；保持财富的创生力，不以金钱的获得与积累作为财富的全部和终点，既能不断赚取金钱，更能持续获得金钱之外的财富，如意义、志趣、情意、快乐等。

综上所述，构建并实现财经素养教育的“三九五体系”目标，可以帮助学生带着正确的劳动观、合理的金钱观、正义的财富观进入经济社会，参与经济活动，从事经济事务，为国家的经济稳定与发展发挥正向作用。他们能够知晓个人财务与国家经济之间的关系，充分理解国家乃至世界的经济活动，在财富赚取与保有中既彰显个体经济能力，实现自我价值，又享受创造财富带来的社会价值与人生意义，成为能在国家经济、政治生活中负责、守法的公民。财经素养教育的“三九五体系”目标符合我国的社会主义核心价值观，有利于落实立德树人根本任务，有助于培养出符合学生发展需求、符合国家发展需要的社会主义建设者和接班人。

# 第三章

# 财经素养教育的理论与传统思想

财经素养教育作为一门新近形成并仍处在发展中的知识体系，其概念虽然是全新的，但它早已从众多相关学科中汲取了“养分”，以丰富自身的理论体系。与此同时，中国传统文化中也蕴含了大量有关“义”和“利”的思想启蒙，成为如今财经素养教育的文化“遗产”。那么相关学科为财经素养教育提供了哪些理论滋养？传统文化又给我们的财经素养教育带来了哪些启示？本章将重点挖掘财经素养教育的学科理论根基与文化传统渊源。

## 第一节　财经素养教育的学科理论

财经素养教育作为一门正在迅速形成和发展的系统化知识体系，它并非横空出世，而是早就孕育于各个学科之中。经济学、教育学、心理学、社会学、政治学等众多学科，直接或者间接地为财经素养教育提供了其学科发展所需的观点、知识、思维，从而推动了财经素养教育的系统化。

### 一、教育学理论

财经素养是个体经济生活中必备的财经知识、理财技能、财富观念与信念等基础素养的集合，关系到个人、家庭、社会的可持续发展与繁荣稳定。加强青少年财经素养教育，是实现国家人才强国战略的一项重要策略，是立德树人根本任务的具体落实。[①] 当前，财经素养教育的重要性已经获得越来越广泛的共识，财经素养教育开始兴起并逐渐成为一个新兴的领域。但是，财经素养教育的理论建设还比较单薄。作为整个教育体系的基础性理论学科，教育学为财经素养教育提供了最为基本的理论基础，使

---

① 楚晓琳，刘文权．如何理解与开展财经素养教育——访“中国财经素养教育协同创新中心”专家［J］．大学（研究版），2017（01）：4－23.

财经素养教育成为一个学科交叉的新领域。

**（一）人的全面发展思想提供了财经素养教育发展的必然性**

人的全面发展一直是教育学领域的一个极其重要的思想。从古希腊时期亚里士多德主张的“和谐教育”，到捷克教育家夸美纽斯在《大教学论》中提出的“泛智教育”，皆是希望人人都能够得到完善的教育，成为全面发展的个体。其后，法国启蒙思想家卢梭所提出的自然主义教育思想，同样是主张促进人的自然天性全面发展。马克思在前人观点的基础上，从分析人和现实的生产关系入手，指出了人全面发展的条件、手段和途径。在马克思看来，人的全面发展最根本是指人的劳动能力的全面发展，即人的智力和体力的充分、统一发展。同时，它包括人的才能、志趣和道德品质的多方面发展。

从古希腊亚里士多德的“和谐教育”到夸美纽斯的“泛智教育”，再到卢梭的自然主义教育思想，古代这些著名的教育家们实际上早就提出教育的范畴要尽可能地涵盖并对应生活与工作的实际需求。自进入现代社会以来，人类的经济活动空前活跃，每个人终其一生都必须面临各项财经事务。正因如此，人的全面发展的现实张力也必将覆盖到个体对于财经的知识、技能和态度。可以肯定地说，财经素养作为个体经济生活中必备的财经知识、理财技能、财富观念与信念等基础性的素养，自然是人的全面发展的应有之义。因此，人的全面发展思想为财经素养教育提供了目的归依与逻辑基础。在人的全面发展思想理论关照下，人们将财经素养教育与科技素养、人文素养等共同理解为人的全面发展的基本内核。实现人的全面发展最核心的就是要将人从机器大生产的附庸中解脱出来，让人回归生活并享受生活。这种发展的目的观照应了财经素养教育的目的观。财经素养教育的结果型目标之一就是把人培养成为成熟理性的消费者，使其能够管理财富并享受生活。从这个意义上来讲，人的全面发展早已为财经素养教育指出了功能性方向，也即人不断进行自我发展与拓展，最终还是为了更全面地享受生活赋予我们的全部意义，从而实现完整的人生意义。

总体而言，在今天这个知识呈现指数增长的时代，人的全面发展思想使财经素养教育作为一类正在形成中的知识体系能够逐渐顺利地被现代知识体系所接纳，并日益成为教育交叉领域中异军突起的一股力量，进入人们的视野。如果没有人的全面发展思想所提供的接纳性框架，财经素养教育将很难在知识体系中找到归依。

**（二）“五育”并举为财经素养教育提供知识框架**

在知识架构方面，教育学为财经素养教育的知识体系提供了知识归类的基本标准与框架。德智体美劳是对人的素质定位的基本描述，也是人类社会教育的趋向目标。德智体美劳全面发展是马克思主义关于人的全面发展内容的具体化，我国教育一直以此作为实施全面素质教育的基本知识框架。究竟具备哪些素质才算是全面发展？显然，回答这个问题是很困难的，但是我们可以从类别上来对人的全面发展所需的知识做一个划分，从而形成了“五育”的教育思想。在“五育”当中，德智劳为财经素养知识体系纳入教育系统提供了知识的容器。

首先，德育就是培养学生树立正确的人生观、世界观、价值观，让学生具有良好的道德品质和正确的政治观念，形成正确的思想方法的教育。财经素养教育要教会学生如何认识财富、获取财富、管理财富。这里面很重要的一点，就是价值引导。财经素养所有的知识体系都是围绕着实现学生的财经素养“三观”来组织的，即正确的劳动关系、合理的金钱观、正义的财富观。学生要通过自己的辛勤劳动去获取收入，创造财富；有了收入，需要有合理的金钱观，理解金钱对于生活的正当意义，处理好“利”与“义”的关系，不能成为金钱的奴隶；在不断累积与创造财富的过程中，要具有正义的财富观，知道财富的创造既是个体能力的体现也是社会支持的结果，懂得财富创造的社会责任。[①] 因此，财经素养教育的价值引导在德育这里获得了理论支撑。

其次，智育就是授予学生系统的科学文化知识与技能，发展学生智力和与学习有关的非智力因素的教育。从这一定义上来讲，财经素养教育属于智育的一种。顾名思义，财经素养教育就是要教授学生财经方面的知识，这些知识体系来自经济学、金融学、会计学、财政学、企业管理学、保险学、国际贸易学等多个财经类相关学科的基本结构与核心内容，并在此基础上梳理、提炼而成。因此，从知识体系上来看，财经素养教育本质上就是智育的具体化和体系化的延伸，智育为财经素养教育知识体系的形成提供了框架基础。

最后，劳育，即劳动技术教育，是使学生初步掌握基本的劳动技术知识和技能，培养学生形成正确的劳动观点，养成良好劳动习惯的教育。劳动技术教育在过去一段时期内为我们所忽略，从而产生了种种消极后果，并且偏离了我们培养人才的最初设想。为此，现在从国家高度层面又重新重视了起来。财经素养教育的基础性目标之一就是培养学生树立正确的劳动观。劳动是财经素养教育的逻辑起点，因此财经素养教育必须着眼于培养学生树立正确的劳动观，这是学生成为有用社会个体的关键。正确的劳动观意味着能够尊重劳动本身及他人劳动，尊重诚实的劳动以及懂得珍惜劳动的成果。[②] 劳育为财经素养教育指出了实践的方向，而财经素养教育又在价值观上对劳动技术教育予以强调和实现。

### （三）实用主义引导财经素养教育回归生活本源

如果说人的全面发展的教育观和德育、智育、劳育只是在观点和知识

①② 张男星，王春春，张运红，等．中国财经素养教育的目标建构及阐释——基于“学生为本，国家为重”的教育本然［J］．大学（研究版），2019（03）：14－25.

层面为财经素养教育奠定了理论基础，那么实用主义教育思想则是从思维领域引领财经素养教育的发展，使财经素养教育得以丰富和立体地呈现。

美国著名的教育学家杜威在他的《民主主义与教育》一书中系统阐述了其实用主义的教育思想。杜威的实用主义教育思想主要着意解决三个重要问题：一是教育与社会脱离；二是教育与儿童实际脱离；三是教育理论与教育实践脱离。因此，杜威在他的实用主义教育思想中突出强调教育即生活，打破了人们长久以来在教育与生活之间形成的无形屏障。教育本身源于生活，最初的教育都是关于生存技能的劳动教育。后来伴随着生产力的发展，教育才单独分离出来。因此，强调教育即生活，实际是指出了教育是实现生活的抓手和手段，生活才是教育的最终落脚点，它在呼吁人们找回教育的初心。与教育的本质就是生活这一思想理念相对应，杜威还进一步强调了教育即生长、教育即经验的不断改造这两个方面。

实用主义教育就是一种学以致用的教育，本质上强调不能因教育忘记生活，这为财经素养教育提供了思维引领。财经素养教育就是关于个体在经济生活中所需的知识、技能、观念的教育，从这个意义上来说，财经素养教育并非一种可有可无的装饰，而是一种实实在在的、具有明确现实生活指向的教育。首先，从目的观来看，实用主义教育思想认为教育的目的就是促进个体本能性的生长，也就是他们所倡导的教育即生长。从这一带有现实意义的目的观出发，财经素养教育找到了其根本性的使命，即如何通过获取个体发展所需的资源，促进个体自由发展。如果说财经素养教育本身就带有很强的实践性指向的话，那么它自身并未回答实践的意义，即获取财富的目的是什么。在这个价值观的问题上，实用主义教育思想为财经素养教育指出了存在的意义和价值，即获取财富是为了个体能够自由发展。其次，从过程观来看，实用主义教育思想认为，不能把教育与生活进行二元分割，教育就是生活本身的一部分。实用主义教育提出的教育即生活的思想，等于把所有教育与生活连为一片，教育不再是准备性的工作，教育本身就是生活的一部分。这样一来，财经素养教育的生活性价值和意义就获得进一步凸显。最后，从方式来看，实用主义教育思想强调让儿童在实践中不断增长经验知识，也即所谓的“在做中学”。这一理念有其积极性意义的一面，指出教育不是“两耳不闻窗外事”那样的死读书，而是要在生活实践、工作实践中学习知识、掌握技能。这为财经素养教育的实践性提供了重要依据。财经素养教育在教会学生如何获取财富方面，必然要强调劳动与财富的关系，只有通过劳动才能获取财富。从这个层面来讲，财经素养教育首先就是要强调劳动实践的重要性，而在实用主义教育思想那里，实践的重要性早已成为共识。虽然杜威对于实践的强调有些过头，但是从根本上来讲，从实践中获取知识是有其合理意义的。

实用主义教育思想的提出虽然过去了半个多世纪，但是其基本精神和核心思想依然在影响着当代教育学的发展，并且很多合理的思想成分被继承了下来。实用主义教育思想的精髓成为滋养财经素养教育的源泉，使财经素养教育能够更快、更好地得以发展，两者共同强调现实生活的价值。实用主义教育思想更多的是从理论的角度对教育与生活的关系进行了理想化的阐述，这为财经素养教育的实施与推进奠定了理论上的基础。同时，财经素养教育更为深入地嵌入生活之中，并沿着实用主义教育描绘的道路有了全新的开拓。

**二、经济学理论**

经济学是研究人类行为及如何将有限或者稀缺资源进行合理配置的社会科学，而财富便是一种稀缺的资源，因此经济学为财经素养教育提供了最为扎实与丰富的学科基础。尤其是在当前，宏观经济学正在从研究“生产之事”转向研究“生活之人”，强调研究的场域转向生活场景，关注人内心的自由与幸福，这直接影响到财经素养教育的内容建设。

### （一）经济学思想为个体经济行为与能力的改变提供支撑

受社会、历史、阶级等因素的影响，经济学研究的对象不断发生着变化，但不管怎么变化，研究财富与人的关系始终是经济学的重要研究对象之一。从古希腊罗马思想家色诺芬的《经济论》，到产生并流行于15—17世纪中叶的西欧的重商主义，财富与人类的关系始终是经济学研究永恒不变的主题。这与财经素养教育研究如何获得财富、管理财富、使用财富的出发点是一致的。因此，经济学诸多重要的观点、思想均能够为财经素养教育的推广普及提供思想基础。从经济学研究的主要对象出发，我们可以分别推导出与财富和人相关的两大理论，即消费者理论和人力资本理论，它们均对财经素养教育的发展具有重要的战略意义。

1. 消费者理论与财经素养教育

消费者理论（The Theory of Consumers）是指在市场经济条件下，消费者的消费活动与为生活消费而进行的购买、使用商品或接受服务的活动，对社会生产、再生产的基本经济问题所具有的重要作用，以及重视消费者和保护消费者等方面理论的概括与综合。消费者理论包含的内容比较丰富，其中处于核心地位的是消费者对基本经济问题重要作用的理论。由于消费者理论在经济学中的重要地位，马克思也对消费者理论进行了研究。他在《资本论》一书中提出“生产直接也是消费”“消费直接也是生产”。这就是说，从生产与消费同一的关系维度来看，生产就等于是消费，即消耗劳动力和生产资料；同理，消费也就等于是生产，即生产劳动力和物质财富。因此，从本质上来讲，消费者行为理论研究的是消费者的消费行为及其相关问题，它能投射出个体消费中对财富的使用情况。从这个意义上来讲，消费者理论对于财经素养教育具有重要的启示和推动作用。

马克思主义消费者理论阐明了消费行为的客观性和规律性，形成了一个完整的理论体系，不仅具有较高的学术价值，而且具有极强的实践价值。这反映到财经素养教育的理论上就是消费者理论的理论性价值对财经素养的目标系统产生了直接的影响。具体而言，财经素养教育就是要培养个体成为“五个合格者”，即自食其力的劳动者、成熟理性的消费者、诚信规范的理财者、保有财富的管理者和财富人生的创造者。其中，影响最大的就是“成为成熟理性的消费者”这一目标。财经素养教育要培养学生成为理性的消费者。通过对劳动的本质、劳动与财富的关系、财富与社会资源的关系等方面的认识与感知，学生能够理性看待消费行为，把握消费对于个体生存的适切度。[①] 同时，消费者理论的实践性价值对财经素养的实践也产生了直接的影响。消费者理论强调，消费者在消费中至少应该考虑生态与资源的现状、经济发展水平、文化传统、伦理与道德、消费习惯等。这实际上为财经素养教育的实践操作发展指明了方向。财经素养教育就是要培养个体养成良好的消费习惯和正确的消费态度，不炫耀、不攀比、不挥霍浪费，做到量入为出。因此，消费者理论为财经素养教育贡献了重要的思想基础。

2. 人力资本理论与财经素养教育

人力资本（Human Capital Management，HCM）理论最早起源于经济学研究，该理论认为，人也是一种资本，即人力资本。人力资本表现为蕴含于人身上的各种生产知识、劳动与管理技能以及健康素质的存量总和。人力资本理论为财经素养教育目标中培养正确的劳动观的合理性奠定了基础。既然人本身是一种资本，那么每个人的劳动都具有价值，都值得尊敬。因此，在财经素养教育中我们强调要树立正确的劳动观，尊重每一个不同职业、岗位的劳动者，从人力资本理论的视角来看，他们均为社会的

① 张男星，王春春，张运红，等．中国财经素养教育的目标建构及阐释——基于“学生为本，国家为重”的教育本然［J］．大学（研究版），2019（03）：14－25.

发展创造了价值，都值得我们尊重。从这个意义上来讲，人力资本理论使不同性质、不同层次和不同类别的劳动具有了价值基础，使财经素养教育中尊重劳动价值的理念有了理论依托。

### （二）经济学知识体系直接引入财经素养知识体系

财经素养教育要教授给学生财经方面的知识体系，包括经济学、金融学、会计学、财政学、企业管理学、保险学、国际贸易学等多个财经类相关学科的基本结构与核心基础，其核心架构就来自经济学或者跟经济学相关的学科知识。因此，从知识体系上来看，财经素养教育的“五维三标”知识体系均来自经济学领域，经济学为财经素养教育提供了核心的知识架构体系。

1. 收入与消费

收入与消费是经济学最核心的部分，由此形成了经济学的两大基本理论（即生产者理论和消费者理论），两者共同构成了微观经济学的重要核心内容。财经素养教育借鉴微观经济学的这两个重要内容，将收入与消费作为财经素养教育五个维度中的第一个维度。通过财经素养教育，要让学生了解家庭收入的来源以及影响个人收入的因素；能够对家庭收入进行归类，并列举选择工作时应该考虑的要素。在个人消费方面，能够养成合理的消费行为与消费习惯，善于规划、合理消费。此外，还要培养学生养成关心政府收入与支出的良好习惯，让学生初步认识国家财政收支的内容、来源及作用；能够认识国家税收的本质是“取之于民、用之于民”，培养学生未来成为纳税守法的好公民。可见，收入与消费这一经济学的最基本内涵，已经成为财经素养教育中重要的内容。

2. 储蓄与投资

储蓄就是将钱存到银行等金融机构的经济行为。投资就是输出资金以获取相应回报的经济活动，严格来讲，储蓄也是一种投资。储蓄和投资均对经济的发展起着重要的作用，两者均是重要的经济活动。财经素养教育借鉴经济学的这两个重要活动，将储蓄与投资作为财经素养教育五个维度中的第二个维度。通过财经素养教育，让学生初步了解利率、汇率、通货膨胀等，并能够认识到这些经济现象对我们生活的影响。在储蓄与信贷方面，要让学生们知道金融机构的构成与业务、储蓄的作用、银行的分类、贷款的类型等，能够对经济行为的后果进行预判，维护良好的个体信用。此外，在投资与收益方面，要让学生认识常见的金融产品及其收益和风险，对成本的概念有比较清晰的认识，并能够对投资成本进行简单估算，形成任何事情都需要付出成本的概念并养成个人成长长效投资的观念态度。总之，储蓄与投资作为一种经济互动的两个方面，是学生财经素养教育中必须掌握的重要知识内容，对财经素养教育意义非凡。

3. 风险与保险

风险是指劳动目的与劳动收入之间的不确定性，是一种损失发生的不确定性状态。由于人们对于风险存在客观性的预判，因此产生了相应的风险管理行为。与风险管理相对应，于是保险就产生了。从经济学的角度来看，保险就是分摊意外损失的一种财务安排。财经素养教育将之引入内容体系，使之成为教学内容的重要维度之一。通过相应的财经素养教育，要让学生掌握一般风险类别以及风险偏好与投资选择，能够识别生活中的风险（尤其是财经领域的风险）及其可能导致的损失，增强风险防范意识。通过学习，了解商业保险和社会保障的基本含义，能够在具体的理财中做到“不把鸡蛋放到一个篮子里”。在观念与意识层面，能够自觉运用商业保险对抗风险损失，对社会救助、社会优抚等国家制度有比较全面的认识和把握。因此，通过风险与保险知识体系的讲授，学生能够客观看待并理性认识生活中可能出现的风险，并能够提前运用相应社会政策工具做出应对。

4. 制度与环境

制度与环境是两个比较宽泛的概念。这里主要是指经济运行的制度和宏观环境。两者也是经济学中十分重要的概念。财经素养教育将制度与环境作为重要的知识内容，由此也构成了财经素养教育中一个重要的维度。通过财经素养教育，要让学生对经济制度与体制有一个基本的认识，能够对我国的银保监会、证监会等金融监管机构的职能有所认识，对《中华人民共和国劳动法》《中华人民共和国合同法》《中华人民共和国消费者权益保护法》等法律的重点内容有基本的认识，懂得运用法律手段维护经济权益，熟悉相关的维权渠道。与此同时，在国际贸易与全球化方面，能够了解贸易顺差、逆差等内容，对主要的国际经济组织和发达国家的主要金融机构有所认识，具有世界视野，熟悉经济全球化背景下的一些国际贸易规则。总之，通过制度与环境的学习，学生对我国经济的内容、运行制度和外部环境均有一个清晰的认识和把握，培养其成为具有全局观念和国际视野的未来人才。

5. 财富与人生

财富泛指对人有价值的东西，一般分为物质财富和精神财富。“财富”出自《史记・太史公自序》，“布衣匹夫之人，不害于政，不妨百姓，取与以时而息财富”。虽然财富的定义纷繁复杂，但是提到财富我们首先想到的还是经济学意义上的财富。财经素养教育将财富作为一个重要的研究对象，由此形成了财富与人生这一重要的内容维度。财经素养教育要做到如下几点。首先，财经素养教育要让学生能够了解财富与个人家庭的关系，让学生认识财富对于美好生活的重要意义，同时要教会学生做财富的主人，并超越对于财富的狭隘理解。其次，财经素养教育也要教会学生理解财富与国家、社会发展的关系，懂得赚取财富的最终目的，并能够用赚取的财富去回馈社会、实现社会价值。再次，财经素养教育要让学生认识财富与自然的关系，懂得财富的创造不能以牺牲环境为代价，认识资源的有限性和经济增长的极限。最后，财经素养教育要培养学生成为财富人生的创造者，保持自己的劳动创造力、财富积累与社会责任的平衡力以及财富的创生力。

**（三）经济学研究方向决定财经素养发展方向**

如今的宏观经济学正在从研究“生产之事”转向研究“生活之人”，强调研究生活场景，关注人内心的自由与幸福。这一学科发展思维与财经素养教育的内容建设立场一致，那就是依循人进入经济生活的轨迹，提炼教育主题；依据学生的生活空间范畴，实施教育主题活动。宏观经济学强调人在经济生活中的主体地位，深刻地影响了财经素养教育的发展思维，使财经素养教育最终落脚到财富与人生的内容维度上，即所谓由研究“生产之事”转向研究“生活之人”。

随着科技的进步、生产力的发展以及社会物质极大丰富，经济学中的生产问题已经得到阶段性解决。在这样的背景下，作为经济生活的主体——人的需求被广泛关注，个体管理财富、使用财富的需求变得日益迫切。为了与这一趋势相适应，迫切需要有一门专门的系统知识，能够教授学生如何管理财富、使用财富，并最终享受高质量的财富人生。财经素养教育在这种学科发展思维的转型下应运而生，其重心就是处理财富与生活的关系，关注“生活之人”本身的需求与发展。

**三、心理学理论**

心理学是专门研究人的心理及其行为规律的一门科学。财经素养的主体是人，人的财经素养必然受到心理活动规律的影响，从而表现为一定的行为。因此，心理学对财经素养教育的理论和实践发展均具有重要的基础性贡献。

### （一）认知关键期实施财经素养教育的意义

心理学的相关理论为财经素养教育的发展提供了理论上的支撑，成为财经素养教育发展的一条暗线。心理学的关键期理论和认知理论使财经素养教育的实践既是必要的又是可能的。

心理学的关键期理论为财经素养教育的及早开展并介入学生个体的发展提供了理论上的指引。1935 年，奥地利著名生物学家昆拉多·洛伦兹通过观察刚孵化出来的小鹅的认母行为，发现动物的这种能力与特定的生理时期密切相关。洛伦兹将这一现象发生的时期叫作“关键期”，由此他大胆推断几乎所有的哺乳动物都存在关键期现象，人类身上也存在类似的关键期。于是，他提出了人类心理发展的关键期理论。关键期理论认为，人类的某种行为和技能、知识的掌握，在某个特定的时期发展得最快，一旦错过这一时期，将需要花费数倍的时间精力才能弥补或者永远无法弥补。例如，3 岁左右是幼儿开始自我约束、建立规则意识的关键期。因此，财经素养教育要从幼儿园就开始，运用幼儿个体身心发展的不平衡性，在个体发展的关键期实施财经素养的基本教育，养成幼儿良好的财经习惯、观念和态度，为未来的财富人生打下基础。

如果说关键期理论为财经素养教育的发展提供了必要性，那么心理学的认知发展理论则为财经素养教育的发展提供了可能性。皮亚杰对认知发展理论的研究为早期儿童对经济学概念理解的研究准备了理论基础，此后产生了大量将皮亚杰的认知发展理论与儿童经济学认知发展相结合的研究成果。这些研究侧重于儿童对经济教育交易现象的理解、儿童对经济不平等的认知等方面。其中，较有代表性的人物是伯蒂（Berti）和博比（Bombi），他们围绕着儿童对工作、货币、商品、产品等的认知展开系统的研究。根据研究结果，他们将儿童对经济学的认知发展分成了 4 个阶段。儿童经济学认知的发展阶段见表 3－1。

表 3－1　　　　儿童经济学认知的发展阶段①

| 年龄 | 阶段 | 特征 |
|---|---|---|
| 3—6 岁 | 第一阶段：概念的前运算阶段 | 知识与经验受限，缺乏基本的经济学知识 |
| 6—7 岁 | 第二阶段：概念的直觉水平 | 开始能够区分不同货币和不同商品的价值大小 |
| 7—10 岁 | 第三阶段：概念的具体运算阶段 | 能够更加准确地了解买卖和工作 |
| 11—14 岁 | 第四阶段：概念的形式运算阶段 | 能够表征抽象的概念，开始具备协调其所明辨的经济角色的关系的能力 |

### （二）心理学的方法与内容影响财经素养教育的发展

心理学为财经素养教育的发展提供了方法论指导。财经素养概念的形成与流行，跟经济学与心理学的交叉所形成的新学科有关，它可以说是不同学科融合的内在逻辑的延续。最初，心理学试图采用一种现实主义的态度来描述真实的经济行为，在这一过程中，心理学与经济学相互影响从而形成了一门新型学科，即经济心理学或行为经济学。经济心理学对经济行为的研究，更注重描述实际经济行为背后的心理过程以及影响它的主客观因素（如个体的有限理性和环境信息的不充分）。② 同时，在经济学内容的分支中，现代行为经济学作为一门实用的经济学逐渐兴起并获得认可，它将行为分析与经济运行、心理学等有关知识有机结合，对传统经济学进行修正、补充和完善。无论如何，它们都属于心理学和经济学的交叉学科。正是在这种学科交叉的背景下，经济学家才能考虑到心理因素，才能讨论"经济人"理性的来源和限度，才能真正将财经素养的研究提上日程。正如奥尔特曼（Altman）指出的"消费者和投资者所犯的明显错误都可归因于财经素养的缺乏。与传统的新古典经济学不同，行为经济学为认识财经

① 刘璐．实施儿童经济教育的行动研究［D］．重庆：西南大学，2011.

② 辛自强，张红川，孙铃，等．财经素养的内涵与三元结构［J］．心理技术与应用，2018，6（08）：450－458.

素养对决策的重要性打开了分析之门”[①]。因此，心理学为财经素养教育的发展提供了方法论上的指导，为推动财经素养教育走向系统化、体系化、条理化发挥了重要作用。

除了提供方法论上的指导，心理学还直接影响并推动了财经素养教育的内容发展。首先，心理学直接影响到财经素养教育的内容。心理学者山内（Yamauchi）和坦普勒（Templer）在1982年编制的“金钱态度量表”早已被广泛使用。“金钱”是财经活动的核心，人们如何看待金钱与权利、名望的关系，对金钱的获取和使用持什么样的看法和体验，这些都是金钱态度的重要体现。另一位心理学家根据人们关于金钱的认知、情绪和行为特征，编制了金钱伦理量表，并根据测试结果将人们区分成金钱拒斥者、金钱冷漠者、金钱粗心者、金钱崇拜者（Tang，1992）。[②]《中国财经素养教育标准框架》中所述“五维三标”的每一个维度，都有一个培养学生形成某种观念与态度的财经素养教育目标。其出发点，首先就是要在知识与技能层次之上，将财经素养上升到思想的高度，使学生形成一种稳固的心理状态。其次，财经素养教育的根本目的就是增加财富对于个体和社会的福祉。从这个意义上来说，财经素养教育应该培养人们树立正确的价值观、财富观、金钱观。心理学对于价值观的研究最早可以追溯到20世纪20年代，德国人格心理学家斯普兰格的著作《人的类型》中将价值观划分为六种类型。财经素养教育的基础型目标是“形成三种观念”，即劳动观、金钱观、财富观。将财经类价值观作为一般价值观系统中的因子之一，是财经类价值观研究的重要开端，其重要贡献在于认识到了个体行为意义解释系统中财经类价值观的存在及其重要性和必要性，一定意义

①② 辛自强，张红川，孙铃，等．财经素养的内涵与三元结构［J］．心理技术与应用，2018，6（08）：450－458.

上启发了后续对财经价值观中特定因子如物质主义、金钱态度等的进一步深入研究[①]。总之，价值观教育作为财经素养教育的重要组成部分，对财经素养教育培养人才的未来发展走向起着方向性的作用，因此，心理学对于财经素养教育内容的影响作用重大。

### （三）心理学对人性的认识成为财经素养教育的方法论

心理学不断探索人的内心世界规律和外在行为规律，由此形成了对人的不同认识和假设，这些也为财经素养教育的发展作出了重要贡献。心理学和管理学研究中先后出现过四种比较有代表性的人性假设观。①“经济人”假设。这种观点认为人的一切行为都是为了最大限度地满足自己的利益，工作动机是为了获得经济报酬。②“社会人”假设。这种观点认为人不仅有经济方面的需要，更重要的有社会和心理方面的需要，社会性需求的满足往往比经济上的报酬更能激励人。③“自我实现人”假设。这种观点认为人们有一种想充分发挥自己的潜能、实现自我价值的欲望。只有人的聪明才智充分表现和发挥出来，人才会感到最大的满足。④“复杂人”假设。这种观点认为人是复杂的，不仅因人而异，而且一个人本身在不同的年龄、地点、时期也会有不同的表现。对人性假设的研究，推动了人们对于人的需求差异性和多维性的认识，使人们对人性的认识更为全面和客观。这直接影响到财经素养教育目标的设定，使财经素养教育更加关注个体目标的差异性，致力于让每一个人都能够通过财经素养教育享受财富人生。

马斯洛的需求层次理论也为财经素养教育的发展提供了重要的启示。美国心理学家亚伯拉罕·马斯洛将人类需求像阶梯一样从低到高按层次分

---

① 辛志勇，于泳红，辛自强．财经价值观研究进展及其概念结构分析［J］．心理技术与应用，2018，6（08）：472－483.

为五种，分别为生理需求、安全需求、社交需求、尊重需求和自我实现需求。根据马斯洛的需求层次理论，人的需求并非均质化的，而是体现出阶段性、顺序性和不平衡性的特点。物质方面的需求只是人类需求的最基本层面，当基本的需求得以满足之后，人类将一步步由低向高，追求更高层面的需求，直至自我实现需求的满足。心理学上的需求层次理论直接影响了财经素养教育的方向。财经素养教育不仅是要让学生学会运用财富获取美好的生活，更重要的是在此基础上追求人生的价值和意义，并学会站在人类可持续发展的视角上处理人与财富之间的关系，追求财富的非物质价值。

## 四、社会学理论

人与人之间的相互联系和交往，就构成了我们生活的社会。社会学就是研究人的社会性与群体行为的学科，早在 19 世纪 30 年代就已经形成。人与人之间的交往不可避免地要牵涉利益的连接，其中必然涉及经济利益，而财经素养教育能够教会社会个体利益交往的规则。因此，如果说财经素养教育是在教授处理人与人之间利益关系的方法，那么社会学就是这种方法背后的方法论基础。

### （一）社会区隔理论加剧财经素养教育发展的紧迫性

社会学的相关理论、思想为财经素养教育的推动与实施提供了理论上的指导。社会公平是一个常谈常新的话题，社会学运用区隔理论对此进行了阐释。“区隔”一词是布迪厄（Pierre Bourdieu）创立的一种复杂的社会空间理论，用以阐述个体在社会场域中的分布[①]。如果社会区隔不能被打破，那么个体的社会发展轨迹将被固化，社会流动性就会减弱，最终将会形成社会阶层的固化。财经素养是一种最为实用的素养，从不完全意义上

① 张运红．美国中小学 STEM 教育中性别区隔问题研究［J］．上海教育科研，2019（01）：37－41，36.

通俗地讲，它是关于我们如何赚钱、如何管钱、如何花钱的能力素质。如果不通过教育体系的安排，将这一重要的生活化技能素质教授给每一个社会个体，那么社会就会在原有的发展轨迹上不断固化，社会流动性将会减弱，社会公平将难以体现，最终导致社会区隔的形成。

因此，财经素养教育的研究者和倡导者认为，推动财经素养教育与现有教育体系的结合，将会使社会在更高水平上实现公平。近年来，关于财经素养教育的研究越来越多，财经素养教育在学校教育中的重要性也不断被重新认识，我国的财经素养教育也开始迎来了崭新的发展机遇。2019年，证监会、教育部联合印发了《关于加强证券期货知识普及教育的合作备忘录》，共同推动证券期货知识有机融入课程教材体系，提升教师队伍金融素养。财经素养教育将在更加具体的政策层面进入学校教育系统，这是国家层面对学校财经素养教育的高度重视。

**（二）社会问题使财经素养教育有的放矢**

社会学领域的一些重要理论如社会病态理论、交换理论（理性选择理论）、风险社会理论等，直接或者间接地影响着财经素养教育内容的设计和知识架构的呈现，使财经素养教育的社会针对性更强。

1. 社会病态论

社会病态论主要受到英国社会学家斯宾塞（Herbert Spencer）的社会有机体论的影响。首先，社会问题是违背社会道德期望的现象，或者社会本身就是不道德的社会。其次，社会问题产生的原因主要在于个人和社会两个方面。例如，该理论认为是“不道德的社会制造了不道德的人”。最后，关于解决社会问题的办法，早期社会病态论者多侧重于从社会道德的重整以及个人品德的陶冶方面来解决。

改革开放40多年来，我国在经济建设方面取得了举世瞩目的伟大成就，但是在社会管理发展方面却出现了一些病态的现象，至今没有得到很好解决，这导致整个社会肌体遭受病态折磨。突出反映在财经领域，由于社会和个人财富迅速增加，而我们在财经素养领域还没有系统地开展相关教育实践，结果由财经而导致的社会问题非常突出。近几年出现最多的就是关于年轻人的过度消费、校园不良贷等问题。结合网上曾流行的《伪精致，正在掏空中国年轻人》一文，我们不禁要问：这个社会究竟怎么了？实际上答案是明确的，那就是这个社会已经生病了，病因就是没有处理好财富与人生的关系，人沦为了财富的奴隶。实施财经素养教育就是为了诊治业已病态的社会，反映到财经素养教育实践中就是要培养学生去认识和理解财富与劳动之间的关系。一方面，只有付出劳动才能有收入。劳动是人类社会生存和发展的基础，劳动有分工，分工形成各种职业；社会劳动者以职业身份从事劳动，进而获得经济收入，以维持个人生存及家庭生存的需要。为此，个体只有通过劳动才能获得收入，包括付出体力劳动或脑力劳动、简单劳动或复杂劳动。另一方面，理解付出了劳动就应该有收入。劳动者付出的劳动都应获得相应报酬，这是劳动者的基本权利。

2. 风险社会理论

风险社会理论是社会学里的一个重要理论，它对财经素养教育的内容产生了重要影响。社会学家对于风险社会的定义各不相同。例如，在贝克（Ulrich Beck）那里，现代性的特征被称为“风险社会”；吉登斯（Anthony Giddens）在对现代性的分析中引入了时空特性，他认为现代性与前现代性区别开来的明显特质就是，现代性意味着社会变迁步伐的加快、范围的扩大和空前的深刻性。也有一些人认为，风险社会是由某些突发事件导致或引起的社会灾难。由风险社会产生了风险管理的理念，并被应用到了财经素养教育之上。

受到风险社会理论的影响，财富安全成为财经素养教育的主要内容。财经素养教育的重要维度之一就是风险与保险。该维度就是要在风险社会理论基础之上，培养个体的风险意识和识别风险的能力，使其能够对财经领域的风险有所把握，并且使其能够运用相应的保险制度去对抗财经领域可能出现的风险，形成良好的风险意识和风险习惯，最终能够有效地管理个体财富、实现财富增值。

## 五、政治学理论

政治学是一门以研究政治行为、政治体制以及政治相关领域为主的社会科学学科。它最早可以追溯至古希腊时期。政治学的一些观点、知识以及思维等对财经素养教育的发展也起到或将起到重要的推动作用。

### （一）财经素养教育的方向受政治制约

教育的根本任务就是培养人，但是培养什么样的人、为谁培养人（特别是培养出来的人应该具备什么样的政治方向和思想意识）则是由政治制度决定的。它体现着政治对教育的要求和规定。因此，政治制度决定着教育的目的，并最终决定人才培养的规格（即培养什么样的人）。培养什么样的人，是教育要解决的首要问题。习近平总书记指出，我国是中国共产党领导的社会主义国家，这就决定了我们的教育必须把培养社会主义建设者和接班人作为根本任务，培养一代又一代拥护中国共产党领导和我国社会主义制度、立志为中国特色社会主义奋斗终身的有用人才。这是教育工作的根本任务，也是教育现代化的方向目标。[①]

与单纯的政治教育不同，财经素养教育遵循着政治对教育的制约规律，但是又不完全等同于纯粹的道德灌输。它在技术层面上增加了德育的意蕴，使财经素养教育中渗透了政治教育的方向性。也正因为如此，我国财经素养教育的定位是以“学生为本，国家为重”。财经素养教育最终是

---

① 中新网．新时代如何立德树人？习近平为中国教育划重点！［EB/OL］．（2018 - 09 - 11）［2021 - 09 - 30］．http：//www. chinanews. com/gn/2018/09 - 11/8623775. shtml.

要把国家对于人才在财经领域的要求，通过教育的形式加以实现。从这个意义上来讲，财经素养教育受到政治制约，并体现着政治对人才培养目标的要求。

### （二）政治学产生了财经素养教育发展的需求

1. 个体消费能力的释放需要维护政治稳定

生产与消费作为社会发展的“一体两翼”，对于维护国家政权稳定具有重要意义。从这个角度而言，财经素养教育培养理性消费者的目标不仅关乎经济发展，更关乎政治生态。在计划经济时期，我国的工业化发展高度依赖国内农业生产的积累，由此导致我国的消费需求被长期抑制。改革开放以来，生产力日益提升，社会产品极大丰富，并且随着我们对消费重要性的认识以及国家在消费政策上的不断改革和人民消费能力的提升，长期处于压抑状态的消费需求得以彻底释放，我国居民的消费生活开始转型。我们惊奇地发现：我国的消费形态已经悄然发生变化，大众消费向个体消费转型；消费重心也已开始变化，从对使用价值的消费转向对符号价值的消费；消费观念也已形成了从工具性到目的性的转化。消费领域发生的一系列巨变孕育了众多的不确定因素，并有可能使消费成为发生犯罪的重点领域，由此诱发社会不稳定因素，导致违法犯罪事件频发。如果不能站在政治稳定的高度来看待消费问题的政治性，将有可能使消费者群体异化为社会稳定的破坏者，进而危及政权的合法性。因此，将社会个体通过标准化的教育模式，培育为社会理性的消费个体，是增加社会稳定因子、维护政权声誉、保持社会稳定的客观需要。

2. 个人安全与国家安全的需要

经济安全是国家安全的一部分。它包括个人安全和国家安全两个层面。财经素养教育能够提升个体的财富管理水平，从而维持整个国家的财经稳定，这对于保持国家政治稳定具有重大意义。伴随着我国社会主义市场经济发展，中国的财富在迅速增加。与之形成强烈反差的是，社会群体中的一些人存在个人主义、拜金主义、享乐主义倾向，严重毒化社会风气。不少国家把财经素养教育置于国家战略的高度，就是希望能够借助教育，使国民懂得只有通过诚实且有智力的劳动才能创造财富，知道如何依法保护和增加自己的财富，理性又可持续地使用财富，在确保自身幸福生活的同时，在财经知识、行为、价值观等各方面为国家营造稳定、有序、安全的经济制度环境，降低财经生活的国家管理成本。[①] 其中，美国就是一个典型的代表。美国将财经素养教育的目标确立为：公民养成良好的理财习惯，承担个人理财责任，能够作出理智的经济决策，降低国家的经济风险。如果社会中每个公民的财经素养水平都提升上去了，那么由此带来的正外部性将使整个国家受益，国家经济的风险将得以控制，政治的稳定性也将得以保障。

3. 对传统学校思想政治教育的升级和改造

思想政治教育是学校教育的政治性在教育领域的体现，是学校教育的重要组成部分。教育部推出了《基础教育课程改革纲要（试行）》，其中指出必须“加强课程内容与学生生活以及现代社会科技发展的联系，关注学生的学习兴趣和经验，精选终身学习必备的基础知识和技能”[②]。从中小学生本身的需求来看，这个时期他们的认知水平开始趋于成熟，对生活中的经济情况和经济现象有一定的认识和兴趣，但并不全面深入。传统的思想政治教育内容所涉及的财经素养方面的知识比较零碎、不够系统，对学生学习兴趣的调动不足。因此，财经素养教育正好弥补了这一缺憾，将学校的思想政治教育推向了一个新的发展阶段。

---

① 刘次林．财经素养 学校德育的时代内容［N］．中国教育报，2018－01－11（008）．

② 中华人民共和国教育部．教育部关于印发《基础教育课程改革纲要（试行）》的通知［EB/OL］．（2001－06－08）［2021－09－30］．www. moe. gov. cn/srcsite/A26/jcj－kcjcgh/200106/t20010608_167343. html.

# 第二节　中国传统文化中的财经素养教育思想

我国当前正处于社会主义现代化的关键阶段，经济建设发展急需一大批“经济公民”，财经素养逐渐成为21世纪“经济公民”的核心素养之一。经济合作与发展组织大力倡导财经素养教育的重要性，国内近几年也刮起了财经素养教育之风。财经素养教育并非“舶来品”，在中国的历史发展中一直有迹可循。我们以中国传统文化教育为线索，深入发掘中国古代经济伦理思想和传统道德教育，找寻中国财经素养教育的根基所在，以追根溯源，重树文化自信。

## 一、中国经济生活的哲学

### （一）两种关系的论证

中国传统文化有四种思想最为重要，它们可称之为“四个支柱”思想：一是阴阳五行思想，二是“天人合一”思想，三是中和中庸思想，四是修身克己思想。① 这四种思想所蕴含的深刻文化精神和教育精神是中国传统文化与经济生活的坚固内核，也是中国文化精神的基因与血脉，更是中国人自古以来参与经济生活的哲学。

中国传统经济社会所提及的这四种思想支柱论证了两种最为重要的关系，分别是人与自然的关系以及人与人的关系。一是人与自然的关系，阴阳五行思想是中国古代各个领域的哲学根基，是中国人认识自然和万物规律所提炼的哲学精华，在阴阳五行消长变化的思想指导下，中国人认识世界、认识自然，于是便产生了“天人合一”的思想。“天人合一”即重视

---

① 戚万学．道德教育的文化使命［M］．北京：教育科学出版社，2010：133.

人和自然的和谐统一，中国人一向敬畏自然、尊重自然，希望与自然和谐相处，与此相对应的是中国的“人文精神”和“人道主义”。西方文明则与之相反，以“个人本位”自居，欲求征服和改造自然，于是便有了西方的“科学精神”和“功利主义”。中国人自古以来便敬畏、顺应、感恩自然，这是中国人一直以来进行经济生活的价值观基础。二是人与人之间的关系，中国人既重视与自然的和谐统一，也重视人际关系的和谐，素有“以和为贵”“家和万事兴”“和气生财”之说。“中和中庸”“修身克己”都是中国人致力追求的一种社会境界，也是中国人处理人际关系的态度和准则。这种动态的和谐与博弈，多样的统一与平衡，长久以来指导着中国人去认识社会问题、处理人际关系，提升自我价值和自我认同。

### （二）“天人合一”的伦理价值

“天人合一”是以古代儒家文化为代表的天理世界观，是古人认识人与自然关系的概括和提炼。“天”是化生万物的本源，“人”是天工造化之物。所谓“天人合一”就是人与天道本质的生养、转化、共运的关系，即人与自然的统一、协调、有机联系。[①] 究其来源，一般认为“天人合一”思想主要源自道家的老庄之学。北宋张载第一个明确提出“天人合一”的命题，这一思想一方面使人们认识到“天命不可违”；另一方面在现实人生中人们必须要做到“为天地立心，为生民立命，为往圣继绝学，为万世开太平”[②]。

儒家所阐述的“仁”的境界是一种天生自然而成的礼乐精神，表现为《易经》思想中天、地、人之道的回归，因此“天人合一”需要回归到对传统文化“道”的探讨上来。古人对于宇宙时空即“天道”的思索、体验

① 戚万学．道德教育的文化使命［M］．北京：教育科学出版社，2010：134.

② 马和民．从“仁”到“人”：社会化危机及其出路［M］．北京：北京师范大学出版社，2006：39.

与玄想，在思想世界中积淀了一个大体成型的观念性框架，即人类生活在一个由“道”“阴阳”“四时”“五行”“八卦”等整饬的概念构筑起来的，天、地、社会、人类同源同构的宇宙之中。在这个宇宙之中，一切都是相互关联的，一切都是流转不居的，有序的运转是正常的，同类联系的感应是正常的，在这一秩序中体现的“天道”，是一切的最终依据，也是一切的价值来源。[①] 在古人看来，天是道德之天，人是道德之人，甚至草木皆有情，都具有德之品性。这种“天人合一”的文化观念使中国人自古亲近自然、敬畏自然，以人与自然亲和为文化基础。这里的“天道”不仅包含自然万物的运行规律，也包含“人道”（即社会秩序运行的一般规律）。因此，儒家文化主张“仁者爱人”，讲究“以和为贵”，更有“孔融让梨”的教育故事代代相传。

“天人合一”不仅是古人的世界观和价值观，更是现代经济生活应当回归的精神家园。众所周知，20 世纪 20 年代，中国文化和社会面临着严重的危机甚至上升到了“古今中西”之争，到底是原地踏步还是“师夷长技以制夷”，让那时代的中国人迷茫且彷徨。时至今日，“面对科技理性的膨胀、人文价值的失落、意义的迷失、道德的危机、人际关系的疏离和人与自然之间的紧张对立，现代新儒家的基本思路是从‘旧内圣’开出‘新外王’，即以‘仁’和‘良知’为核心的儒家道德理想主义开出‘科学精神’，采取返回原点进行启蒙而重新出发的策略，力图将现代性内化为中国‘文化生命’的基本价值目标”[②]。回归绝非偶然，实属必然。西方市场经济和商业模式对我们的影响，使人们在市场经济中以利益最大化为根本人生准则，“一切向钱看”“金钱至上”等思想观念成为部分人的价值观归

---

① 葛兆光. 中国思想史（上卷）[M]. 上海：复旦大学出版社，2001：154.

② 申仁洪. 论教育科学：基于文化哲学的批判与建构 [M]. 重庆：重庆大学出版社，2006：179.

属，人与人、人与自然的关系日渐对立和紧张。因此，当今社会对精神或伦理的需求显得极为迫切，我们应意识到儒家“义利观”“至善”“仁爱”“和”才是中国人在市场经济中真正需要的精神滋养。面对现代人所遭遇的困境，我们究竟如何与自然和人相处才能实现真正的“利益最大化”？“天人合一”思想或能够为我们提供启发式的思考。

**（三）“重义轻利”的儒家义利观**

在“中和中庸”和“修身克己”的思想指导下，中国人首推儒家的义利观作为普世价值观。宋代大儒朱熹提出“义利之说，乃儒者第一义”。这表明了义利关系问题在儒家思想史上的重要地位。

从义利观的分类来看，法家代表管仲提出的“仓廪实而知礼节，衣食足而知荣辱”的观点具有代表性；道家以既超越道义又超越功利的态度来看待“义”与“利”的关系；儒家则主张“不义而富且贵于我如浮云”。这三种义利观，当数儒家“重义轻利”的思想对后世的影响最大。

从义利观的发展来看，孔孟之后，西汉董仲舒提出了“正其谊（义），不谋其利；明其道，不计其功”（《汉书·董仲舒传》）；宋明理学家朱熹则继续发扬这种重义轻利的思想，宣扬“利于私，必不利于公。公私不能两胜，利害不能两能”的观点，造成后人羞于言利、耻于获利的思想诟病，“义”和“利”也从此彻底分离和对立。

重义轻利的义利观是儒家思想体系中的核心内容，“君子喻于义，小人喻于利”的思想深深印刻在国人的头脑中，以致国人耻于谈钱，故有“饿死事小，失节事大”“不为五斗米折腰”的故事传为美谈。传统文化对于“义”的推崇和对“利”的轻视，使国人（特别是知识分子）视金钱利益如粪土，以安贫乐道作为人生追求的境界。千百年来，这种义利观对中国经济活动的基本态度和价值取向都产生了深远的影响。目前，国内财经素养教育中的“三观”“三境界”涉及的财富教育、生活教育等，都以这种传统思想为基本指导，是其在新时代语境下的发扬光大。

**（四）义利观的哲学辩证和统一**

“道德”与“利益”之间的博弈是中国传统文化几千年来的哲学议题之一，“道德”与“利益”的天平到底偏向哪边更多一些，历代思想家从未停止过思考和讨论。当代经济生活中的“道德”与“利益”在中国古代传统文化中被称为“义”与“利”的关系讨论。总体来说，儒家义利观肯定“义”与“利”的辩证统一关系，认为“利”是“义”的物质基础，而“义”是“利”的精神指导，两者互相结合才能实现和谐发展。孔子经济思想的内在逻辑是通过明确人与人之间“仁爱”情理的“传递”原则，调节专制制度下不同社会阶级的政治经济关系，继而约束政治集团对社会经济的“掠夺”行为。[①] 当今时代赋予“义利”以新的内涵。“义”主要是指增进和维护社会公共的、长远的利益和他人的利益，“利”主要是指增进和维护自身的私利。[②] 在新时代的语境下，个人应当坚持义利并重、义利统一的价值观。

义利价值观的古今内涵差异主要源自生产力和生产方式的不同。中国古代是传统的农耕社会，生产力低下，人们必须集中起来以家庭为生产单位，使用简单的生产工具和生产方式进行再生产。有限的居住条件和生产环境使人们互相依附的关系较强，个体地位不明显，个人道德价值被消融到整体利益之中，于是便有了家庭、家族、宗族等集体形式。这种集体形式与其说是一种社会组织形式，不如说是一种经济结构和金融契约方式，因为只有这样才能保证人们在恶劣的自然环境中存活下来。

---

① 程霖，赵昊．中国古代经济思想的基本结构与内在逻辑——基于权力与伦理视角的孔子经济思想考察［J］．财经研究，2019，45（8）：81.

② 武经纬，方盛举．经济人·道德人·全面发展的社会人——市场经济的体制创新与伦理困惑［M］．北京：人民出版社，2002：232.

在现代世界里，经济全球观已成为普遍现象，市场经济大行其道，社会生产高速发展。人们已经完全摆脱了地域性的限制，在已有的经济基础上改变了传统的依附观念，并向个性、独立、自主的方向发展。此时，人们需要的是独立创新精神和鲜明人格特性，不再需要把个人意志消融到整个家族和集体中去了。“在朝求名，在野求利”，现代人虽然没有那么浓重的集体主义色彩，但是金钱至上的物欲又形成了新的精神枷锁。正因如此，我们更应反思：来自中国传统文化“重义轻利”的思想精髓是否可以在新时代赋予其新的内涵。

## 二、道德范畴的财经观点

### （一）社会财富

古代社会认定财富的方式有很多。其中，西周时代的人认为“问国君之富，数地以对，山泽之所出。问大夫之富，曰，有宰食力，祭器衣服不假。问士之富，以车数对。问庶人之富，数畜以对”（《礼记·曲礼》）。这里提到的土地、山泽、采邑、马车、牲畜等构成了当时的财富概念。人们获得财富的方式也有很多。《大戴礼·武王践祚》记载：“慎之劳，劳则富。”这是最早出现的劳动致富的观念。我们可以初步认为，当时人们已经把劳动力作为一种生产资源来对待了。众所周知，人力资源是当代社会重要的生产资料。这一思想早在千年前的周代就已经被古人认识到了。春秋战国时期的财富观不单纯是经济思想的一种表现形式，也是政治思想与经济思想相结合的一种模式，是中国古代政治制度对经济基础的特殊要求。所以，该时期的财富观把维护道德有序与政治稳定的目标一同纳入经济政策，从而形成了独具特色的财富思想。

1. 孔子的财富观——“以义致富”

早在西周时期人们就已经认识到辛勤劳动会使人致富。在这一时期，孔子在《论语·述而篇》中揭示了人们追求富裕的心理，提出“富而可求也”。孔子主要是在伦理规范方面提出了他的财富观点。伦理规范在制约人们的经济活动上有一套严格的道德标准。它重点讲“义”，并且强调“礼”。孔子认为，贫贱被“人之所恶”，人以贫贱为耻，人们在一定条件下要积极追求财富但“生死有命，富贵在天”，区分社会尊卑的“礼”已经由天命安排好了，“富与贵，是人之所欲也”，想要主动摆脱贫困追求财富也是被允许的，不过必须以“义”获取财富，“不义而富且贵，于我如浮云”（《论语·述而》）。

2. 孟子的财富观——“恒产论”

孟子认为“有恒产者有恒心”（《孟子·滕文公上》）。这是古代的一种财富占有理论，在当代称之为“产权思想”，表现为财富的归属（即财富的所有权）。在当时来看，孟子的观点正是财富和产权结合的一种反应，两者结合生成财产占有权意识。除“恒产论”之外，孟子也坚持孔子的财富观点，强调谈论财富不能完全离开道德规范。但较之进步的是，孟子提出，当获取财富与道德标准出现矛盾时，可以先权衡其轻重本末，再做取舍。孔孟从伦理的角度来看待财富，这种对待财富的态度成为儒家经济思想的核心，以伦理制约人们的经济活动，构成儒家经济思想的特色。

3. 其他财富理论

（1）荀况的适度求富论。荀况在财富观上认为求富欲望会形成财富观，无度地求富会导致人们对财富的争夺，灭掉求富欲望又不太现实，通过适度调节、节欲，把不适度的财产占有权意识调整至适度方才可行。

（2）韩非子的辩证财富观。韩非子则从供求的变化方面辩证地看待财富和财产权，“求”小于“供”不会引起人们对于财富的争夺，“求”大于“供”则容易引起争执，这种供求一体的思想比西方古典经济学的供求理论早了千年。

（3）管仲的财富差距论。管子提出贫富差距过大会危害社会，造成社会秩序的混乱。在社会财富的分配上。他主张“贫富有度”，合理分配社会财富。

（4）商鞅的财富货币关系理论。商鞅对于国家财富和货币之间的关系理解也是非常透彻的。他认为，在当时的战乱背景之下，金银不是财富，真正的财富是可以提供劳动力再生产以及军事力量增长的实业。

（5）司马迁的土地财富观。《史记·货殖列传》记载，南阳有个叫宁成的人，既不从政也不经商，专门搞土地兼并，也就是现在的房地产。土地财富观对于中国经济社会的影响深远。直至今日，民间也会将富有的人称为“土豪”，老百姓购置房屋不动产以求资产保值增值（即投资“土地货币”）。

**（二）个人消费**

如何处理生产与生活，如何积累与消费的关系，从来就是人们所面临的棘手问题。古代的消费结构与现代消费结构不完全相同。在充满封建迷信色彩的古代，宗教性、礼节性的开支比较大，那时的商品经济相对落后，社会产能有限，国家并不鼓励个人消费。先秦的诸子都提倡“黜奢崇俭”，鼓励老百姓知足常乐，其根源是当时落后的生产力状况。但古代所提倡的节俭和积累是一种简单的聚集，是为了今后的需要和消费，与近代西方社会资本的积累有着本质的区别。中国古代的消费节俭本质上是一种小生产者的意识，但是“黜奢崇俭”的理念在中国经济思想史上长期居于统治地位。时至今日，“成由勤俭败由奢”仍是被广泛引用的一条古训，也是家喻户晓的教子名言。

1. 孔子的奢俭思想

孔子的消费思想，总的说来是“崇俭”，其特点是孟子所概括的“节用之礼”（《孟子·尽心上》）。孔子认为，节俭胜于奢侈，“奢则不逊，俭则固。与其不逊也，宁固”（《论语·述而》）。例如，孔子在日常生活中身体力行，严守“礼”所规定的标准。但孔子主张的“俭”，并非巴尔扎克笔下的“金钱人”的“俭”，他反对吝啬，反对俭而违礼。此外，孔子在《论语》中再三强调：生活资料或消费资料的来路要清白，要符合“义”，宁肯受穷也不可不义地去富贵。子曰：“富与贵，是人之所欲也；不以其道得之，不处也。贫与贱，是人之所恶也；不以其道去之，不去也。”孔子的思想最终上升成为封建社会的正统思想，所以孔子的消费思想，比如“重民重食”“见利思义”“发愤忘食”等在今天来看仍发人深省。[①]

2. 孟子的消费思想

孟子是先秦激进的民本主义者。他主张发展生产，改善人民的物质文化生活。他认为，与民同乐谓之乐，统治者的消费行为是否属于奢侈性行为，要看这种行为是否符合民意、有无损害老百姓的利益。孟子所提倡的“俭”有别于其他。他提出“俭者不夺人”，即节省的人不侵夺别人，意思就是说“我”享用分内的财产，无论高低，都是“俭”的范畴。

3. 其他消费思想

墨子的节用论主要是强调“节用”，即在食、衣、住、行各方面的消费都以满足基本生活需要为标准。针对过度耗费物质财富的贵族生活方式，墨子告诫统治者，有没有节俭的美德是关于国家贫富兴亡的大事。老子的无为消费思想。老子尊道贵德，提倡无为而治，主张小国寡民，反对奢侈的生活方式。朴素的生活既符合自然法则又有益于人的身心健康。汉代的消费观自然经济消费观。因为消费涉及生产、交换、分配等领域，汉代的节俭消费思想不仅体现在用度上的省吃俭用，还体现在政策上刺激经

① 欧阳卫民．中国消费经济思想史［M］．北京：中共中央党校出版社，1994：265．

济，如减免田租、鼓励农桑、皇帝亲率天下农耕、皇后亲桑以奉祭服、不受献、精简官员、省徭役、减口税。① 唐太宗把“黜奢崇俭”作为君主道德规范，他列举了五点理由说明崇俭的重要性，分别是常保富贵、表率臣民、百姓温饱、修身养性和安息黄泉。宋元时期的消费观有了新的内容，比如有批评俭德之说、增发货币刺激消费等。特别是朱熹的消费道德原则。他认为，人应该具备消费道德原则，提出“虽圣人不能无人心，如饥食渴饮之类，虽小人不能无道心，如恻隐之心是”。这种消费道德是有着现实意义的，我们当代财经素养教育中提到的“合理的消费观”，其真正含义就是一个消费者应该自觉地以道德和法律来约束自己的消费行为。消费行为不是简单的、随意的买卖交易行为，消费行为首先要合法合规，其次不能影响到其他人，最后要有积极的社会意义。

**（三）环境与资源保护**

虽有“人定胜天”的信心，但中国人始终清醒地认为人和自然必须遵循和谐统一之道。人从自然而来，故要回归自然中去，违背自然必然遭到惩罚，这便是中国最古老、最传统、最朴素的唯物论思想之一。中国传统文化中的“天人合一”思想让人们明白，要想和自然和平共处，就必然要顺应自然、与自然和谐相处。

在古代，因为没有现代工业，所以不存在环境污染的问题。古人的环保意识主要体现在对生物资源的保护和利用。生物资源包括人工种植和饲养的动植物资源。它们有着自己的成长规律。只有认识并利用好这一规律，才能使生物资源得到最好的利用。古代的思想家已经认识到了这一点，并对未成熟的生物资源进行保护，以实现可持续发展。

春秋的管仲指出“山泽各致其时，则民不苟得”（《国语·齐语》），

① 欧阳卫民．中国消费经济思想史［M］．北京：中共中央党校出版社，1994：184.

规定了开发山泽资源的时间，不到生物成熟之时不得加以采捕。战国时，孟子提出“数罟不入污池，数鳖不可胜食也。斧金以时入山林，数目不可胜任也。”（《孟子·梁惠王上》）捕鱼不能用密网，使未长大的小鱼不至落网而丧生；砍伐树木应有适当时令，使未成材的树木得到保护。荀子则认为，君主管理国家，应做到“万物皆得其宜，六畜皆得其长，群生皆得其命”；对生活来说，关键就在于掌握自然的生长规律。《吕氏春秋》把保护生物资源的时令主要放在春季，规定：正月“禁止伐木，无覆巢，无杀孩虫胎夭飞鸟”，二月“无竭川泽，无漉陂池，无焚山林”；《礼记·王制》中规定了禁止买卖的商品，“五谷不时，果实未孰，不粥于市。木不中伐，不粥于市。禽兽鱼鳖不中沙，不粥于市”，即未到食用期的生物不得上市，以保护生物资源。

春秋战国时期的思想家已初具物种保护的意识，不得不说是超前经济思想的体现。到了秦以后，这种环保思想已经体现在了国家法律层面，成为执政者制定政策的方针，有些朝代就制定了相关法律以强制实施环保措施。比如，湖北省云梦县睡虎地秦墓中出土的云梦秦简中《田律》明文写道：“春二月，毋敢伐材木山林及雍堤水。不夏月，毋敢夜草为灰……百姓犬人禁苑中而不追兽及捕兽者，勿敢杀，毒鱼鳖，置阱罔，到七月而纵之”。宋朝时期，宋太祖规定“令民二月至九月，无得采捕鱼虫，弹射飞鸟，有司岁申明”。国家颁布法令保护环境充分说明了古人已经深刻认识到自然资源的稀缺性，认识到了环境与经济发展和谐统一的关系，通过国家强制手段实施环保政策。

从上述保护动植物的措施可以看出，我们的祖先很早就知道了人类与大自然要和谐相处，提倡保护生物资源，保护生态平衡。尽管是千年之前的话题，至今仍具有现实意义。人与自然的和谐共处是当代财经素养教育的重要内容，我们不能以牺牲自然环境和过度消耗自然资源为代价来换取经济建设的发展，“绿水青山”才是我们的“金山银山”。

## 三、萌芽状态的金融思想

### （一）价格的供求机制

春秋战国时期关于金融方面论述较多的是《管子》。该书记述了齐桓公与管仲的诸多交谈内容。《管子·轻重》论述了供求的法则，“今谷重于吾国，轻于天下，则诸侯之自泄，如原水之就下。故物重则至，轻则去”，这应该是关于价格供求机制的最早的提法。管子用流水的比喻来解释市场会根据价格进行自我调整，强调了市场的自发调节功能。西汉的司马迁在《史记·货殖列传》中也有对价格供求机制的阐述，更为进步的是其对待经济问题的处理方法。他提出“善者因之，其次利道之，其次教诲之，其次整齐之，最下者与之争”。“善者因之”就是对经济规律的把握和认识。司马迁认为，应当顺应经济规律、顺应自然，用价格机制来调整市场上出现的经济问题，而不是过多人为地加以干预。司马迁将中国古代的价格机制逻辑非常严谨并清晰地记录了下来。这比古典经济学之父亚当·斯密提出的“看不见的手”早了2000多年。

### （二）货币理论

1. 货币交易的媒介功能

《管子·国蓄》中阐述了一个非同寻常的复杂货币理论，这被认为是第一个有关金钱的量的理论。[①]“三币握之则非有助于补暖也，先王以守财物，以御民事，而平天下。”对于《管子》的作者，货币才具有管理人民，为世界带来和平的能力，而军队、法律条规、前程或者哲学则不然。货币政策和直接的国家法令不同，它是一种能带来期望中的改变的聪明办法，

① 威廉·戈兹曼．千年金融史［M］．张亚光，熊金武，译，北京：中信出版集团，2011：116.

铸币厂被认为是政府非常重要的机构①。《管子》认为货币不是经济政策的目标，而仅仅是一种媒介，文中为了解释这个抽象的概念，选择了一个生动有趣的比喻。《管子》中写道："刀币者，沟渎也。"这就是说，钱币就像将水引向田地的沟渠或者像引导血液的血管一样，引导着经济活动。管子的理论揭示了只要控制了沟渠，也就控制了国家的全部财产。这一精辟的言论在当时而言非常难得，欧洲的哲学家花了2000多年的时间才明白了这点。

2. 货币需求理论和流动性

西汉学者司马迁在《史记·货殖列传》中记录了越大夫范蠡之师计然的金融思想。计然通过国家金融管理帮助越王勾践在十年内富国强兵，最终一举灭吴。他提出的"财币欲其行如流水"的观点，虽然只是寥寥几个字，但却透露了现代金融市场的重要原则之一——货币的流动性。计然认为，货币和货物要迅速地流动起来才可发挥作用，如果僵死在那里是不能产生效益的。一定数量的货币每年周转一次和每年周转五次所带来的市场交易数量是截然不同的。现代货币学家费雪（Irving Fisher）在《货币的购买力》一书中提及的费雪方程式（$MV=PT$）作为宏观经济运行的行为方程式，表明了为实现一定的交易总额（$PT$）所需要的货币流通量。② 费雪方程式是现代货币需求理论的重要模型，它阐述了货币流通速度对货币需求量的影响，当货币供给量 $M$ 稳定时，流动速度越快，货币需求量（$MV$）就越大，越能满足不断增长的市场交易需求。费雪方程式和计然的金融理论在学术观点上具有一致性，经济活动中通过资金的快速流动，可产生更高的投资收益，同时使财务风险有效可控。

① 威廉·戈兹曼．千年金融史［M］．张亚光，熊金武，译，北京：中信出版集团，2011：117.

② 宋承宪．宏观经济学［M］．上海：复旦大学出版社，1997：185.

### （三）早期经济周期理论

经济周期亦称“经济循环”或“商业循环”，是指资本主义市场经济生产和再生产过程中周期性出现的经济扩张与经济紧缩交替更迭循环往复的一种现象。① 很有意思的是，中国哲人早在春秋时期就已发现此规律，西汉学者司马迁在《史记·货殖列传》中记录道：“六岁穰，六岁旱，十二岁一大饥。”中国古代是农耕社会，司马迁写到的“六岁穰，六岁旱，十二岁一大饥”（6年丰收、6年干旱、12年一饥荒），实际上指的就是经济周期，每个周期约12年。在现代宏观经济学中，我们一般把经济周期分为4个阶段，即经济扩张（繁荣）阶段、紧缩（萧条）阶段、危机阶段和复苏阶段。② 一般而言，现代社会的经济周期大致在8—10年，人的一生会经历8个左右的经济周期，除去幼年和老年阶段，与我们相关的经济周期大致有4个。这与《史记·货殖列传》中所提到经济盛衰交替出现的周期基本一致。正因古人认识到了市场有这样的规律和周期，才有了以下关于萌芽时期的金融投资思想。

### （四）古代金融投资思想

因为有了经济周期的概念，古人产生了“旱则资舟，水则资车，物之理也”（《史记·货殖列传》）的观念。旱的时候要去投资船，涝的时候要去投资车。投资就需要有与市场逆向的思维。换言之，需要把眼光放长远，提前谋略布局，在商品价格低时买入，在大家都追涨的时候卖出，方能赚取差价。“夫岁熟取谷，予之丝漆；茧出取帛絮，予之食。”（《史记·货殖列传》）讲述的是同样的道理：庄稼成熟的时候，粮食便宜，应当收进谷物，出售丝漆；蚕茧收获的时候，丝物便宜，应当买进丝帛，卖出粮

①② 宋承宪．宏观经济学［M］．上海：复旦大学出版社，1997：411.

食。投资者应利用商品供求定理规律，市场供应多时价格低，可以多买入；在需求多的时候卖出该商品，因为可以卖上价，时刻关注价格，让它成为投资的核心指标。“贵上极则反贱，贱下极则反贵”“贵出如粪土，贱取如珠玉”（《史记·货殖列传》）。这是千年前价值投资者的座右铭，意思是价格上升到极点的商品要及时卖出，像粪土一样抛弃；价格降到极点的商品要果断买入，像珠宝一样珍惜。这两句话阐述的道理是，利用市场不理性的价格波动来赚钱，当价格偏离价值很多的时候，要果断利用这样的机会，买低卖高，实现收益。事实上，古人也告诉了我们这个道理：资产无所谓好坏，只要能够带来利润就是好资产；反之就是不良资产，会带来损失，不值得配置。

**（五）最早的纸币发行制度**

中国最早的纸质货币是由宋朝政府官方发行背书的交子，而西汉的白鹿皮币和唐朝的飞钱，在形式上最多算是商业汇票。“交子之法，盖有取于唐之飞钱”（《宋史·食货志》），北宋对交子的发行和管理类似于现代货币管理制度，政府规定了发行界兑制度、发行限额制度和发行准备制度。[①] 在中国古代历史上，北宋是铸造铜钱最多的朝代，相对于高速增长的商品经济而言，货币总量仍然严重不足，交子的产生对四川地区商品经济的发展起到了推动和促进作用。好景不长，这种制度仅维持了80多年便走向了衰落。连年的战事导致开支增大，政府增发交子以助军费，交子发行量达到每界发行限额的20倍之多，形成了严重的通货膨胀。[②]《宋史·食货下三》写道：“大观中，不蓄本钱而增造无艺，至引一缗而当钱十

---

① 石俊志．宋徽宗改交子为钱引——中国古代最早的货币交子的演变［J］．金融博览，2012（11）：34．

② 石俊志．宋徽宗改交子为钱引——中国古代最早的货币交子的演变［J］．金融博览，2012（11）：35．

数。”这种现象产生的原因是宋朝政府在不增加发行准备的前提下滥发纸币，导致交子迅速贬值，最终政府将交子改为钱引。但钱引并没有改变这种恶劣的金融局面。虽然交子、钱引最终退出了流通市场，但是对历史而言，交子具有重要的意义。因为它是历史上最早的纸质货币。更值得研究的是，纸质货币的发行一般都需要在金本位制、银本位制之后，而北宋时期出现的这种类似欧洲金本位制后出现的现代货币制度，的确是中国在世界文明竞赛中领先西方的证据。宋代政府为了防范金融市场风险和提高货币兑换效率而制定的系列发行规范和制度，不得不说是我国金融史上的创新和奇迹。

## 四、伦理指向的营商与管理

经济伦理乃是将伦理对事物固有的气、形质加以识别、分类、分辈，阐明其性质和用向及其形成发展规律的基本含义，用于社会再生产过程经济活动领域的组织、分工和控制，以理顺经济关系，从而有利于提高劳动生产率与经济效益。[①] 经济伦理的管理思想是运用古代社会经济思想和伦理方法，对社会经济再生产进行分类管理，从而提高生产、工作效率，以促进经济和社会再生产的发展。

### （一）社会分工与生产

1. 社会分工的早期观念

早期的人类分工在4000年前尧舜时代已经出现，实现了农牧业的第一次社会大分工。《孟子》《墨子》《韩非子》《吕氏春秋》《尚书》等古书籍中出现了“舜耕于历山，渔于雷泽，陶于河滨，作石器于寿丘，就时于负夏”的传说，那时已有了耕、作、陶、渔、贩等社会分工。原始社会末

① 张增强，张一农，张超逸，等．中国古代社会经济思想精华承传脉络考［J］．河北经贸大学学报，2013，34（4）：123．

期，氏族内部没有专门的商业，酋长代表本氏族进行交换。到了夏朝，手工业者拥有一定发言权，但仍保留着氏族成员的平等地位，仍未变成奴隶。到了商朝，逐渐形成了父子相承的手工业家族，他们之间已经有了明确的分工。《周礼》把职业分为 9 种，“以九职任万民：一曰三农，生九穀；二曰园圃，毓草木；三曰虞衡，作山泽之材；四曰薮牧，养蕃鸟兽；五曰百工，饬化八材；六曰商贾，阜通货贿；七曰嫔妇，化治丝枲；八曰臣妾，聚敛疏材；九曰闲民，无常职，转移执事。”（《周礼·天官·大宰》）这九大职业中的前四项职业，属于广义的农业。《考工记》里记载了周代的手工业有六大分工，并且细分为 30 个工种，这些手工业者的生活资料由政府提供。由此可见，在炎黄神农时代以及商周时期，人们已经意识到了劳动分工对于生产效率提高的促进作用，社会在生产过程的四个基本环节已基本形成，并且以国家的力量来推动这种分工的实现，以促进经济发展。

2. 进一步发展的劳动分工理论

管仲传承文王、周公之法，提出“士农工商职业划分说”（即“四民分业说”），是先秦较早的社会分工观点。该观点涉及兵、农、工、商四个职业，强调分工的职业必须世代相承。在四民“业分而专”的基础上，管仲又提出“四民分业定居论”，即“定民之居，成民之事”“士居间燕清静处，工就官府，商处市井，农就田野”（《国语·齐语》）。

从人们通过交换才能获得所需方面，孟子指出社会分工的必然性，并进一步从交换的利益方面说明了社会分工的利益。孔子有性别分工论，《礼记·礼运》中有“男有分，女有归”的记载，可据此推测出男性从事政治活动或服役，女性担当家务、管理家庭的性别分工。孟子在此基础上，又引申提出了“劳心者治人，劳力者治于人”的观点，实际上是指出体力劳动和脑力劳动的区分，但在当时这种分工理论最终演变为阶级的分野。墨子认为“丈夫从事耕嫁树艺”“妇人从事纺绩织纴”（《墨子·非命下》），分工既有自然的因素又有能力的因素，性别决定了分工的不同。管仲的四民分业分工理论，孟子的在生产过程中的专业分工，孔子的家庭内部管理与生产的分工，墨子的自然、能力因素分工，基本代表了先秦时期的劳动分工的主流观点。当时的分业分工有利于公民专心于本职，有利于社会再生产以及理顺经济关系。

### （二）儒商与企业经营

值得一提的是，在中国古代的经营管理中，基于儒家文化衍生出了一类产物——“儒商”。这种扎根中国大地的独有商业精神成为对后世影响深远的一种企业家精神和市场交易道德准则。我国最早有史书记载的商业活动，是夏朝中期殷人的“肇牵牛车而远贾”。居住于今河南商丘的商始祖王亥带领商族人“做服牛”“以为民利”，以帛和牛当货币，在部落间进行交易，后人尊称其为“华商始祖”“中斌财神”。司马迁在《史记·货殖列传》中记载道：“昔唐人都河东，殷人都河内，周人都河南。夫三河在天下之中，若鼎足，王者所更居也，建国各数百千岁，土地狭小，民人众，都国诸侯所聚会。”在中国古代，商人和商业都是发源自中原地带，也就是现在的河南地区，因此人们就把从事贸易活动的商部落人称为“商人”，把用于交换的物品称为“商品”，把商人从事的职业称为“商业”，商人由此得名。中国古人把具备儒家操守的成功商人称为“儒商”。儒商是“儒”与“商”的结合体，既有儒者的道德和才智又有商人的财富与成功，是儒者的楷模，也是商界的精英。儒商精神传承了千年，从儒商中发展出来的徽商、晋商、豫商等，都是我国商业精神的典范，也是我国财经素养教育中有关市场交易、诚信经商等教育内容所追溯的文化源头。司马迁在《史记·货殖列传》中记载了子贡、范蠡、白圭等儒商典范的经商故事。其中，子贡经商于曹、鲁两国，依据市场行情，适时应变，贱买贵卖，从中获利，以成巨富。但是，在经商过程中，子贡始终秉承诚信和诚实原则，而且把财富作为实现理想抱负的工具。所以，司马迁在《史记·货殖列传》中以相当的笔墨对其予以表彰，肯定他在经济发展上所起的作用以及在仁义、诚信上的修为。因为子贡复姓端木，所以这种诚信经商的作风也被称为“端木遗风”。孔子的得意门生子贡，在当时也被尊称为“儒商鼻祖”。明清时期的豫商代表“康百万”和其“留余”的家训更是打破“富不过三代”的魔咒，实现财富传承12代不衰，家族兴旺400多年。康家从来不计较个人得失，历代多行善举，修筑河堤，捐资助学，遇到灾年散财赈济灾民，不仅讲求经商赚钱更注重儒家文化的修养。

**（三）“量入为出”的国家财政管理思想**

在国家宏观管理方面，有老子的“无为而治论”、管子的“轻重论”、司马迁的“善因论”等多种思想观念。中国古代的财政平衡管理起源于春秋战国时期，这种思想的最初目标是每年做到收大于支，因为古代人民对抗自然灾害和战乱的办法就是增加财政储备。后来，统治者在管理国家过程中不断地总结，实现财政收入大于支出或财政平衡，在其过程中有一条重要的原则就是——量入为出。量入为出的“入”不是随心所欲地决定，而是建立在“薄税敛”的基础上。量入为出的思想已经见诸先秦的思想论述中，孔子、孟子、管子、荀子等思想家都提出了“薄税敛”的财政政策主张，虽无“量入为出”“财政平衡”等字样，但其思想体系已经属于量入为出的范畴，并且已经深入贯彻到了国家的日常管理中。《周礼》中把“赋”分为九种，“贡”分为九类，称“九贡”。此外，还有万民之贡，并提出对赋和贡的收入实行专项专用。比如，九赋的用途有九式，“一曰祭祀之式，二曰宾客之式，三曰丧荒之式……”从记录中我们能够看出，《周礼》对财政收支平衡的考虑是贯彻了量入为出的原则的。当代财经素养教育中也有“量入为出”的个人财务管理教育思想，这种收支平衡的财政管理方式不仅适用于国家，也适用于家庭的管理和经营。

中国当代经济思想体系的重建，是从学习、模仿西方模式开始的。但是，西方的经验是否可以被拿来即用呢？中国长达百年的近现代史经验表明，任何外来的理论要在中国生根发芽，必须要结合中国的具体实践。这一“结合”过程是一个缓慢的、长期的文化冲突和融合的过程，若想顺利地实现这一融合过程，唯一可行且高效的办法就是从本民族自身的经济文化思想中寻找可以与外来文化相对接的思想资源。如此一来，不仅可以实现中外经济文化的融合，而且可以使传统的经济伦理思想获得新的生机与“转型”。

我们为国家的经济建设培养和造就一大批建设社会主义的“经济公民”。“经济公民”是未来经济社会公民的重要特征，在财务事务中享有独立、自由和责任。从经济学的视角出发，作为市场经济理性主体的“经济公民”（即“经济人”），会充分地利用各种资源来降低交易过程中的制度成本，有的甚至会冒道德的风险以获取利益。经济学中有“寻租”“搭便车”等名词，用来描述经济活动中存在的道德风险。随着市场体系的不断健全与完善，经济活动中道德风险的机会成本日益升高。在市场交易活动中，“交易”并不是一种纯粹的价值交换，也是一种社会交换。具有共同道德信仰的“经济人”之间，可以降低交易成本提高交易效率，长期而稳定的互信合作有助于达成一种“信用经济”，构建现代市场经济的“道德之维”。现代经济的市场概念是一种完全意义上的世界市场，现代科技的发展将全球融为一个整体。不难发现，在经济全球化的趋势与过程中，多元文化的意义是不可低估的。因为，世界市场条件下的“经济人”的交易行为更具有社会交换与文化交换之间的性质。将文化与道德因素纳入世界市场经济体系构建的考量之中。这是现代化发展的一种需要，也是形成具有自身民族特色和符合本民族历史发展水平的现代化模式的必由之路。

如今，国际社会上兴起一股公民财经素养教育之风，多数发达国家和地区组织开展了较为广泛的教育研究和教育实践活动，包括财经素养教育的思想体系构建、科学研究方法确定、教育教学手段探索和教学评价模式选择等。我国当代财经素养教育起步相对较晚，更多的经验来自经济合作与发展组织和欧美等发达国家。正如上文所言，在当今世界经济文化交融的过程中，我们要积极向内寻找思想资源与世界经济文化对接，使其为我所有。随着中国市场经济体系发展的日益完善以及理论界、实践界对我国财经素养教育研究的不断深入，我们不难发现建设有中国特色的财经素养教育思想体系要借鉴西方国家的成熟经验，更要深入地发掘中华文明的传统经济伦理思想、追根溯源、寻找文化自信。纵观世界历史，中华文明是唯一传承了千年的人类文明，这不得不令人深思其深厚的文化底蕴和文化逻辑。“以史为鉴可以正衣冠”，当今世界学者纷纷对中国传统文化开展了深入的研究，探究古代文明留给现代人的财富和瑰宝。“民族的就是世界的”，我国是历史悠久的文化大国，经济思想方面有着丰富的文化精粹，我国古代优秀财经素养教育思想和悠久灿烂的传统文化一样熠熠生辉。

# 第四章

# 财经素养教育的中国标准

财经素养教育日益受到广泛的重视，国际组织和其他国家制定了相应的财经素养教育标准，但这些标准并不完全适合我国的主体价值追求、文化背景及学习者的特点。那么，如何理解中国的财经素养教育标准？我国需要什么样的财经素养教育标准？怎样研制和使用财经素养教育标准？本章从标准的理解和研制两个方面介绍中国财经素养教育标准，这一标准为学校、社会机构开展财经素养教育及相关活动提供了规范化的目标参考，为财经素养及财经素养教育的测评提供了质量参照。[①]

## 第一节　标准的理解

一些主要发达国家已先后制定了财经素养教育标准或国家战略，加强对财经素养教育标准的研制已成为国际趋势。我国近年来也陆续出台了相关政策，以支持财经素养教育的发展，为研制财经素养教育标准提供了政策依据。本节从国外财经素养教育标准的研究现状、财经素养教育标准研究的必要性、财经素养教育标准的特征三个方面进行研究，为财经素养教育标准的研制提供理论支撑。

### 一、国外财经素养教育标准的研究现状

在过去的几十年中，发达国家和发展中国家都开始关注其公民的财经素养，特别是2008年金融危机之后，财经素养教育得到了更广泛的关注。目前，已有澳大利亚、俄罗斯、爱沙尼亚、马来西亚等收入水平不同的国家正在制定或已经实施了国家战略，不少国家和国际组织发布了财经素养教育标准。从各国情况来看，财经素养教育的内容从微观行为到宏观环

① 本章根据《〈中国财经素养教育标准框架〉解读》一书相关内容整理。张男星，岳昌君，楚晓琳，等.《中国财经素养教育标准框架》解读［M］. 北京：科学出版社，2019.

境，涉及经济生活的方方面面。比如，经济合作与发展组织于2015年发布的《青年财经素养核心能力框架》包括四个维度的内容，即货币与交易、规划和理财、风险和回报、金融格局，对15—18岁青少年参与财经生活所需的知识、态度和技能进行了阐述；美国发布的《K－12个人财经素养教育国家标准》包括六个维度的内容：支出与储蓄、信贷与债务、就业与收入、投资、风险管理与保险、理财决策。日本于2013年制定了财经素养水平最低标准，从四个方面对财经素养做出最低要求：①家庭预算管理；②人生规划；③了解金融知识和财经环境，选择、使用适当的金融产品；④恰当使用外部专业咨询。

**二、财经素养教育标准研究的必要性**

研制财经素养教育标准，推动财经素养教育，是国际趋势。为提高公民财经素养，满足其应对经济社会发展的需求，一些国际组织、国家和地区都在积极推动财经素养教育，许多国家发布了财经素养教育国家战略，并成立了相应的负责机构，积极推动财经素养教育标准的研制及学校和社会机构的财经素养教育实践活动。这些都表明，财经素养已从个体意义走向了社会意义和国家意义，面向全民的财经素养教育已成国际趋势。从各国实践来看，政府机构、行业企业、非营利性机构、学校、家庭等，都在通过不同渠道以不同方式推进或开展财经素养教育，其中，通过系统的学校教育来提升公民财经素养被认为是重要途径。经济合作与发展组织委员会强调，人们应该在生活中尽早地了解财经事务，财经素养教育应从学校开始，包括在正规学校课程之内实施财经素养教育，这是广泛提高下一代财经素养水平的最有效和最公平的方式之一。

研制财经素养教育标准，推动财经素养教育，具有政策依据。在我国，财经素养教育也日益受到重视，这从国家近些年来陆续出台的相关政策可以看出。这些政策为研制中国财经素养教育标准和推动我国财经素养教育的开展，提供了重要的政策依据。早在2006年，教育部和保监会就联合发布了《教育部、中国保险监督管理委员会关于加强学校保险教育有关工作的指导意见》（教基〔2006〕24号），规定把保险教育整合到现有的国家课程之中。2013年，中国人民银行会同中国银监会、中国证监会、中国保监会研究制定了《中国金融教育国家战略》，强调将金融普及教育上升至国家战略层面。2015年，国务院办公厅印发了《国务院办公厅关于加强金融消费者权益保护工作的指导意见》（国办发〔2015〕81号），要求金融管理部门、金融机构、金融领域相关社会组织要加强研究，综合运用多种方式，推动金融消费者宣传教育工作深入开展；要求教育部要将金融知识普及教育纳入国民教育体系，切实提高国民金融素养。2016年，国务院发布的《推进普惠金融发展规划（2016—2020年）》（国发〔2015〕74号）明确提出要针对城镇低收入人群、困难人群以及农村贫困人口、创业农民、创业大中专学生、残疾劳动者等初始创业者开展专项教育活动，使其掌握符合其需求的金融知识；建立金融知识教育发展长效机制，推动部分大中小学积极开展金融知识普及教育，鼓励有条件的高校开设金融基础知识相关公共课。2017年，党的十九大报告在“精准扶贫”战略思想的基础上，进一步提出了“精准脱贫”的战略思想，并指出“民生领域还有不少短板，脱贫攻坚任务艰巨，城乡区域发展和收入分配差距依然较大，群众在就业、教育、医疗、居住、养老等方面面临不少难题”。研制中国财经素养教育标准，推动开展财经素养教育，对于完成脱贫攻坚任务，缩小城乡区域发展和收入分配差距等问题，具有基础性、支撑性的重要意义。2019年，证监会、教育部联合印发了《关于加强证券期货知识普及教育的合作备忘录》，将投资者教育逐步纳入国民教育体系，以共同推进有关证券期货等金融方面的知识有机融入课程教材，提升学生的金融素养。

研制财经素养教育标准，推动财经素养教育，符合中国国情。研究发现，我国对财经素养的概念及基本内涵的理解至今还没有达成共识。国际组织或其他国家对财经素养的理解更带有西方国家的文化传统和个体发展特点，并不完全适合我国的主体价值追求、文化习性及学习者的特点。国内关于财经素养及其教育的现有理论研究还不足，也缺乏对我国财经素养教育实践的有效指导。为此，亟须加强财经素养内涵、标准等方面的理论研究，以规范财经素养教育活动并提高其质量。因此，研制一个相对完整学段的中国财经素养教育标准，旨在促进财经素养教育实施基准的相对一致性，能够为学校、社会机构开展财经素养教育及相关活动提供规范化的目标参考，为财经素养及财经素养教育的测评提供质量参照。

### 三、财经素养教育标准框架的特征

财经素养教育标准框架以“世界视野、中国特色”思想为指导，主要从以下几个方面进行研制。①学生发展水平。以各学段学生应具备的学业水平及核心素养为指向，提取相应学段的道德与法治、经济与生活等课程所涉及的学习层级及财经知识内容，形成具有学生发展视野的财经素养教育标准重点。②学科知识要素。以各学段学生应把握的基本财经知识为指向，依据经济学、金融学、会计学、财政学、企业管理学、保险学、国际贸易学、产业经济学等财经类相关学科国家级规划教材中的基本结构与核心基础内容，根据学生发展特点及素养特征予以整理、提炼，形成具有学科知识视野的财经素养教育标准重点。③国家发展重点。以各学段学生应在不同程度上知晓的国家经济及发展状况为指向，从政府工作报告中聚类、整理出其所使用的重要财经概念及相关知识内容，形成具有国家发展视野的财经素养教育标准重点。④社会经济现象。以各学段学生应了解的社会经济现状为指向，利用大数据分析方法统计出 2017 年媒体报道聚焦频率最高的前 100 条财经新闻，从中提取出财经概念及用语，并按词频高低进行整理，形成具有经济活动视野的财经素养教育标准重点。⑤传统文化积淀。以各学段学生应传承的优秀传统文化为指向，采集中国传统文化中具有的优秀财经素养教育内容，形成具有优秀传统文化视野的财经素养教育标准重点。⑥国际推进趋势。以中国各学段学生应与世界发达国家同学段学生拥有相一致水平的财经素养为指向，选取美国、加拿大、澳大利亚、新西兰等国家的财经素养国家战略或标准，以及经济合作与发展组织等国际组织制定的《财经素养能力框架》（OECD/INFE Core Competencies Framework on Financial Literacy for Youth）、《青年财经素养教育：学校的角色》（Financial Education for Youth：The Role of Schools）等文献为参考，形成具有国际视野的财经素养教育标准重点。

相较国外财经素养教育标准或框架而言，中国的财经素养教育标准框架突出以下特点。

（1）更重视财经价值观的引导。国外财经素养教育标准大多把财经素养理解为学生打理个人财务的关键能力。财经素养不仅是知识和技能的获取，更重要的是形成财经价值观，价值观的树立是影响人的行为的重要因素。教育应该当是立德树人，德育为先，帮助学生树立正确的财富价值观才是财经素养教育的根本诉求。中国财经素养教育标准框架坚持社会主义教育方针，重视让学生在财经素养教育中认识自我以及自我与国家、社会、世界的关系，理解贫穷与富有，理解赚取财富的根本动力与目标。

（2）更突出个体与社会、国家的经济关联。人并非一个单独存在的个体，而是社会中的人，个体的行为会对社会、国家产生影响，社会、国家发展与个人的成长也有很大的关系。中国财经素养教育标准框架突出个体与社会、国家的关联，强化个体财经素养中必须包含个人的经济活动，但又格外重视学生对国家财政、世界经济的认识与理解，在中国特色社会主义进入了新时代背景下开展财经素养教育。

（3）更彰显传统文化中的优秀经济思想。中国历史悠久，传统文化中的很多经济思想在现代社会依然有积极的意义，如“君子爱财，取之有道”“义利统一”等。中国财经素养教育标准框架根植于中华民族传统文化，培育和弘扬优秀传统经济价值观，并赋予其新的时代精神。在“五大维度”以及目标上，中国财经素养教育标准框架皆渗透了中国传统经济文化理念，彰显了文化自信和坚定的中国立场。

（4）更强调劳动创造财富的态度。与过去相比，人们的劳动观念发生了很大变化，一些人对劳动的理解出现偏差，出现了好逸恶劳、渴望不劳而获等现象。中国财经素养教育标准框架强调劳动创造财富，引导学生树立辛勤劳动、诚实劳动、创造性劳动的理念。

（5）更强调个体对制度、规则的理解与遵守。制度、规则是营造相对公平公正环境的行为准则，是降低社会运行成本的重要手段，我们应积极理解制度规则的制定并遵守制度规则，当制度规则不完善时，适时推动其修改完善。中国财经素养教育标准框架专门设置了维度四“制度与环境”，以强调制度的重要性，教育学生遵守学生商业规范与经济规则，并要求学生了解我国的经济制度、宏观经济政策、金融政策和相关法律法规，知晓经济全球化背景和财经领域重要的国际规则，帮助学生理解遵纪守法及合法、合规赚取财富的重要性和必要性。

# 第二节　标准框架的研制

为了提升财经素养教育标准框架研制的科学性和合理性，我们借鉴国外财经素养教育发展经验，结合中国的实际情况，研究制定了具有中国特色的财经素养教育标准框架，并积极推动标准框架的使用。本节从财经素养教育标准框架的目标设定及基本原则、标准的维度架构、标准的研制及使用三个方面系统阐释了标准的研制，为开展财经素养教育活动提供通用框架和参考依据。

## 一、目标设定及基本原则

### （一）目标设定

我们希望接受过财经素养教育的个体在进入社会经济生活时能够成为以下五个方面的合格者，并最终成为合格的社会主义建设者和接班人。即能够成为合格的劳动者，做一个自食其力的劳动者；成为合格的消费者，做一个成熟理性的消费者；成为合格的理财者，做一个诚信规范的理财者；成为合格的管理者，做一个保有财富的管理者；成为合格的创造者，做一个财富人生的创造者。“成为五个合格者”的财经素养教育目标，旨在帮助个体在人生不同阶段能够胜任经济生活中的不同角色，为个人幸福、家庭福祉、国家稳定和社会发展发挥应有的作用。

### （二）研制原则

1. 坚持经济生活与学生发展规律的统一

依循个体参与经济生活的脉络展开财经素养教育，展现社会经济生活特点与学生阶段性发展特点的逻辑整合。财经素养教育不是让学生去学习系统的财经知识，而是针对学生未来经济生活的需要来开展教育活动。

2. 坚持传统与现代价值取向的融合

与西方把财富和道德二元分化不同，我国传统经济文化一直把经济与道德予以统合思考，相信财富不是独立于人之外的存在，而是人的价值的具体展现，从而形成了具有中国特色的义利观。财经素养教育就是要帮助学生形成正确的金钱观，鼓励学生将财富与幸福生活、社会责任统一起来。坚持社会主义核心价值观、传统义利观和现代经济金融价值观相融合，将社会主义共同富裕的理想和符合世界发展趋势的成本效益、法治原则、创新精神，以及中国传统文化中的见利思义、以义取利、利济天下等思想整合起来，引领我国财经素养教育的价值取向。

3. 坚持个体与社会、国家经济活动的关联

财经素养教育标准在社会关系中关注个体的经济活动，将个体定义为个体—社会、个体—国家的关系性个人，坚持个体与社会、国家经济活动密切关联的视角，认识到个体的财经素养不仅与个体的经济活动相关，也是个体对社会活动、国家发展的知晓、把握、理解与判断。因此，标准既要关照个体对自己经济生活的把控，也要关照个体对国家、社会等其他主体经济行为的认识与理解。

**二、标准的维度架构**

参考美国、加拿大、澳大利亚等国家以及经济合作与发展组织（OECD）、亚太经济合作组织（APEC）等国际组织有关财经素养教育标准的架构，结合我国基础教育课程标准的设计方式，以“世界视野、中国特色”思想为指导，研制组依循个体参与经济生活的脉络，将财经素养教育划分为五个维度：收入与消费、储蓄与投资、风险与保险、制度与环境、财富与人生。从这五个维度出发，演绎出财经素养教育标准框架研制的思路及思考逻辑：维度、基本结构、基础要素及围绕要素应该具有的认知、技能和态度，进而形成中国财经素养教育标准“五维三标”框架。“五维”

逐步递进，层层升华，为学生搭建清晰的财经素养体系，引导他们合理认识劳动与经济事务，理解经济规划与制度，形成关于金钱、财富与人生幸福关系的正确思想。“三标”以了解知识与事实为起点，演进到获取方法与技能，再深化为形成观念与态度。其中，“形成观念与态度”这一目标主要是针对不同维度内容中应该形成的、一定知识范畴内的特定观念与态度，而财富与人生维度则指向超越具体知识的范畴，从整个经济活动及其与人生发展关系的角度而言，个体所应获得的基本思想与境界。“五维三标”的框架为各学段通用结构如表 4－1 所示。

**表 4－1　　中国财经素养教育标准框架各学段通用结构**

| 维度 | 目标 | | |
|---|---|---|---|
| | 了解知识与事实 | 获取方法与技能 | 形成观念与态度 |
| 收入与消费 | | | |
| 储蓄与投资 | | | |
| 风险与保险 | | | |
| 制度与环境 | | | |
| 财富与人生 | | | |

1. 收入与消费

收入与消费包括劳动与个人收入、个人消费与规划、政府收入与支出 3 个二级内容。该维度旨在让学生了解个人收入与消费的途径和方式，能够采取一定的策略管理收入和支出并制订相应计划，懂得勤劳致富、量入为出、适时规划、理性消费。同时，了解政府收入与支出的来源与用途，理解政府税收“取之于民、用之于民”的原则，知道应认真履行公民纳税义务。

2. 储蓄与投资

储蓄与投资包括货币与利率、储蓄与信贷、投资与收益 3 个二级内容。

该维度旨在让学生通过了解货币的功能与转化，理解储蓄也是一种投资，掌握信用对于储蓄与投资所具有的重要意义。同时，能够借助对金融机构、经济信息、个人承受能力等方面的认识，解决一些个人投资及理财决策中的问题，并懂得理性投资、审慎决策、敢于担当。

3. 风险与保险

风险与保险包括风险与管控、商业保险与社会保障 2 个二级内容。该维度旨在让学生了解个人与家庭可能面对的风险，知道风险管控的基本方法以及风险与收益的关系。同时，能够采取适当的方式预判风险、应对风险，简单应用符合成本效益的、恰当的风险管理策略，并提升保险意识，懂得通过不同的保险类型分担经济风险。

4. 制度与环境

制度与环境包括经济制度与体制、国际贸易与全球化 2 个二级内容。该维度涉及宏观经济制度和政策环境，国际贸易规则等内容，旨在让学生了解基本经济制度以及国际经济贸易环境与准则，能够运用财经相关法律法规维护合法权益，并懂得制度是一种契约精神，需要遵守、尊重及共同维护。

5. 财富与人生

财富与人生包括财富与个人家庭、财富与国家社会、财富与生命自然 3 个二级内容。该维度涉及财富与个人、财富与社会等不同层面，旨在让学生理解并相信财富与个体生活及生命的意义，财富与国家发展及社会责任的价值，并树立具有社会意义与人类价值的财富获取、财富管理、财富传承的价值观。

## 三、标准框架的研制及使用

### （一）标准框架的研制过程

中国财经素养教育标准框架的研制依托中国财经素养教育协同创新中

心学术委员会及高校的专家力量，采取“边研究、边咨询、边修改”的合作方式，通过文献整理、国际比较、通信咨询、问卷调查、座谈研讨等多种方法展开理论与实证研究。标准研制历经六次规模化专家函询，涉及专家近 80 人、100 多人次，覆盖财经、教育等领域的专家学者、行政高管和企业人士。研制组分别在两次中国财经素养教育论坛上公布了《中国财经素养教育标准框架》讨论稿，并广泛征求意见。同时先后与东、中、西部的一线教师、教研员、学校管理者、教育研究者、家长和学生等不同群体，就中国财经素养教育及标准研制的相关问题进行了座谈，并对他们进行了问卷调查。研制组以多种方式在理论拓展和实践探索中不断修正并完善各学段财经素养教育标准。

1. 开展专题研究，夯实研制基础

研制组开展了“财经素养教育理论研究”“财经素养教育政策国际比较研究”“国内外财经素养教育实践现状研究”等课题研究，为标准制定提供理论依据和背景式参照。研制组在充分参考美国《K－12 个人财经素养教育国家标准》（National Standards in K－12 Personal Finance Education）（2015 版）、OECD《青年财经素养能力框架》（OECD/INFE Core Competencies Framework on Financial Literacy for Youth）及其他国家的财经素养教育框架等文献后，提炼经济学、金融学、会计学、财政学、企业管理学、保险学、国际贸易学、产业经济学等 8 个财经类相关学科的基本知识要素，结合政府工作报告中的经济关注重点、媒体高频显示的经济现象、学科课程大纲及教材等内容，依据不同学段学生的认知水平，研制出《中国财经素养教育标准框架》讨论稿（简称“标准讨论稿”）。

2. 进行专家函询，寻求专业指导

围绕该标准框架讨论稿，研制组先后进行了六次规模化的专家函询，将该标准框架讨论稿通过邮件发送给包括高等学校、行政部门、科研机构、财经媒体、行业企业等机构在内的专家学者，以征求其意见，为标准研制提供专业化依据。

3. 举行专题座谈，广泛征求意见

研制组多次举行专题座谈研讨，就标准框架研制的相关问题进行意见征询。①召开专家研讨会，邀请财经领域、教育领域的学者，以及政府部门和行业企业的专家对该标准框架讨论稿提出修改意见，重点讨论标准取向、基础观念及内容取舍等问题。②召开业界座谈会，邀请来自全国各地的幼儿教师、中小学教师、教研员、大学教师等，从学生接受度的角度对该标准框架讨论稿进行研讨，重点讨论学段内容渐进、深浅程度及表达方式等问题。③研制组召开讨论会，研制组核心成员多次召开研讨会，综合、讨论、抉择各方意见，对标准框架的指向、内容、表述等进行不断修改与完善。

4. 实施问卷调查，了解学生需求

研制组于2016年和2017年两次对参加全国中学生财经素养大赛的高中生进行了问卷调查，了解高中生对财经素养教育的理解与需求以及对财经素养教育标准框架的看法。研制组在2016年对参加全国中学生财经素养大赛决赛的425名高中生进行了问卷调查，2017年又对参加全国中学生财经素养大赛复赛的10000多名高中生进行了问卷调查，回收有效问卷12569份。两次问卷调查的结果都显示，高中生对财经素养及财经素养教育已有认识，且其认知与研制组定义的财经素养概念范畴、维度内容覆盖及思想取向高度吻合。

5. 组织实地调查，听取教师意见

研制组先后在北京、南京、成都、广州、南宁等地开展实地调查，对大中小学和幼儿园教师、校（园）长、教研员进行座谈和个别访谈，了解不同地区、不同层次、不同类型的学校对财经素养教育的理解和对标准讨论稿的意见。调研发现，他们普遍认为开展财经素养教育具有重要意义，有必要制定财经素养教育标准，为提高、监测财经素养教育活动质量提供参考与保障，并且他们结合学校教学实际，为标准讨论稿提供了修改意见和建议。

6. 公开征求意见，获取各方反馈

研制组分别在2016年11月举行的“中国青少年财经素养教育标准研讨会暨中国财经素养教育协同创新中心成立大会”和2017年2月举行的中国教育科学论坛分论坛“财经素养教育的探索与实践”上公布了《中国财经素养教育标准框架》讨论稿，广泛征求意见，收到了来自不同群体的建议。

7. 不断循环修改，反复完善内容

研制组充分吸纳来自相关领域专家学者、政府部门管理者、行业企业人士以及大中小学及幼儿园教师、家长、学生等相关人士的意见，综合理论与比较研究成果，在对多方意见和建议进行汇总、分析与权衡的基础上，研制组不断对标准框架讨论稿的价值取向、思想内容、学段递进程度、语言表述等方面进行细化和修订，并穿插运用有针对性的个别化函询、调研、小组研讨、深度访谈、标准测试等多种方法，力求使标准框架尽可能贴近各学段特点，最终形成《中国财经素养教育标准框架》。

**（二）标准的使用**

标准是一种通用框架，旨在促进财经素养教育实施基准的相对一致、质量参照的相对统一。鉴于我国不同地区经济发展水平不一，学校发展情况各异，包括不同学校对财经素养教育的重视程度、开展财经素养教育活动的时间、学校相关师资力量和教学条件、学生现有财经素养水平等都存在差别的现况，各地、各校、各机构应根据实际情况对通用框架做出相应学段、内容、程度等方面的调整。

目前，中国财经素养教育协同创新中心依据《中国财经素养教育标准框架》的内容，开展了理论研究和实践探索。在理论研究方面，中国财经素养教育协同创新中心组织学校编写了《中国财经素养教育系列丛书》，包括学生用书和教师用书两个系列，覆盖幼儿园、小学、初中、高中（普通高中、中职）、大学（高职、本科）5个学段、2种类别，是国内首套系统的财经素养教育系列丛书。同时，中国财经素养教育协同创新中心也积极开展财经素养教育的评价研究等。在实践探索方面，中国财经素养教育协同创新中心依托《中国财经素养教育标准框架》对教师开展有关框架解读的培训活动；区域依托地方教科院所开展财经素养教育的实践探索，通过课题研究、专题研讨、示范课观摩、组织比赛等方式，在区域层面推进财经素养教育；学校依据《中国财经素养教育标准框架》开展教学实践活动，形成了《中国财经素养教育的学校实践》一书，在财经素养教育与学科教育的融合、财经素养教育主题活动设计等方面不断探索实践创新。

# 第五章

# 财经素养教育的行动设计

《中国财经素养教育标准框架》的发布，为我国财经素养教育实践提供了方向和指南。为了更好地落实标准框架内容，切实发挥标准框架对财经素养教育实践的指导作用，需要在理解“五维三标”框架的基础上，把握各学段财经素养教育的行动逻辑与基本原则，明晰各学段财经素养教育涵盖的基本主题内容，以便从事财经素养教育的一线教师们在教学中明确方向并有的放矢。

## 第一节 学段逻辑

财经素养教育在学校层面覆盖幼儿园、小学、初中、高中至大学的各个学段，学生在不同阶段表现出不同的身心发展特征。随着学段提升，财经素养教育的重点及关联领域逐步演进，各学段财经素养教育的特征也相应地变化。我们根据每个阶段学生发展的基本规律明确各学段财经素养教育的侧重点、关联领域和特征，形成各学段财经素养教育的行动逻辑。

### 一、幼儿园阶段行动逻辑

幼儿园阶段财经素养教育的行动逻辑是体现游戏化，侧重家庭，关联幼儿园、大自然。幼儿园阶段是财经素养教育的起点，也是后续教育的基础，这一阶段的财经素养教育是基础性、启蒙性的。2012 年，教育部印发的《3—6 岁儿童学习与发展指南》指出，幼儿的学习是以直接经验为基础，在游戏和日常生活中进行的。要珍视游戏和生活的独特价值，创设丰富的教育环境，合理安排一日生活，最大限度地支持和满足幼儿通过直接感知、实际操作和亲身体验获取经验的需要。幼儿的发展是一个持续、渐进的过程，也表现出一定的阶段性和差异性特征。[①] 根据幼儿发展规律，

① 中华人民共和国教育部．教育部关于印发《3—6 岁儿童学习与发展指南》的通知［EB/OL］．(2012－10－09)［2021－09－18］．http：//www.moe.gov.cn/srcsite/A06/s3327/201210/t20121009_143254.html.

这一阶段的财经素养教育侧重家庭的同时关联幼儿园和大自然，整体体现游戏化的特征（见图5－1）。

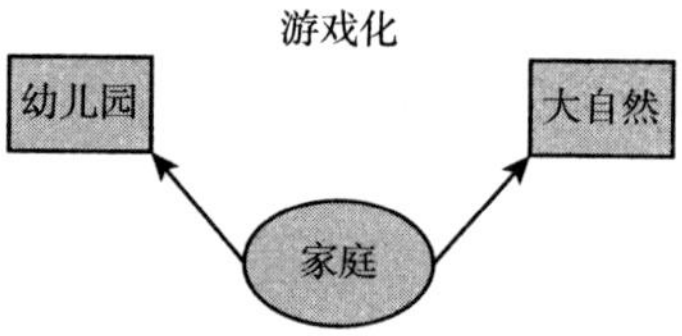


**图5－1　幼儿园阶段财经素养教育的行动逻辑**

1. 幼儿园阶段的财经素养教育体现游戏化

意大利幼儿教育家蒙台梭利认为，0—6岁是婴幼儿感官的敏感期，也是感觉器官迅速发展的时期；在2.5岁左右达到高峰，这一阶段是触觉、视觉、听觉、味觉、嗅觉等感觉发展的敏感期；[①] 3—6岁的幼儿园阶段正处于这一敏感期。这一阶段应充分利用幼儿感知的发展特征开展幼儿财经素养教育，在保障幼儿安全的基础上创设游戏环境，通过游戏模拟现实经济社会中的真实场景，为幼儿创造体验式的感受，寓教于乐，在游戏活动中培养幼儿兴趣，促进幼儿财经素养的提升。

2. 幼儿园阶段的财经素养教育侧重家庭

幼儿园阶段是社会化迅速发展的阶段，幼儿最主要的关系是家庭。研究与实践证明，家庭具有直接或间接影响幼儿学习与成长的多种决定性因素，家长参与对年幼儿童的认知、语言、情感、行为、态度、社会交往和人格等许多方面的发展都会产生重要而深远的影响。[②] 家庭是幼儿成长的重要环境，也是社会经济生活的重要单元，开展幼儿财经素养教育应侧重家庭，以家庭作为重心，关注家长对幼儿的引导。

---

① 段云波．蒙台梭利早期教育之道［M］．北京：科学技术文献出版社，2019.

② 章彬．家长有效参与在幼儿教育中的作用［J］．学周刊B版，2012（32）：203－204.

3. 幼儿财经素养教育以家庭为重心，还需要在此基础上关联幼儿园和大自然

家庭教育具有灵活性、针对性、连续性和稳定性的特征，但也具有极强的封闭性、随意性和片面性。幼儿园教育与家庭教育相比，具有更强的系统性、专业性和科学性。幼儿园是家庭的必要补充和延伸。幼儿园应通过加强专业培训等方式为幼儿财经素养教育提供师资保障，根据幼儿年龄和认知程度合理设置课程，并通过探索家园共育、组织家长培训等多种方式融合“家园”教育。除了关联幼儿园，幼儿财经素养教育还应关联大自然。幼儿是实时变化的、鲜活的生命体，幼儿的变化不仅来自生物性，更来自周围环境的属性。① 3—6 岁的幼儿对环境的直接接触并较多地在保护良好的大自然中活动可以很好地促进其身心各个方面的发展，能够增强其体质，愉悦其身心。② 大自然为开展幼儿财经素养教育提供了必不可少的环境，幼儿财经素养教育的重要内容之一是引导幼儿在自然环境中进行观察和探索，初步认识人与自然的关系，鼓励幼儿关注自然生命的生存环境，帮助幼儿树立保护自然、尊重生命的意识。通过融入自然的财经素养教育，幼儿获得丰富的财经生活知识与经验，在实践探索中掌握方法与技能，形成正确的财经态度和价值观。

## 二、小学阶段行动逻辑

小学阶段财经素养教育的行动逻辑是体现生活化，侧重学校，关联家庭、社区、大自然。小学阶段（6—12 岁）是学生身心快速发展的时期。学生的身高和体重稳步增长，大脑、神经、动作技能等获得长足的进步；自我独立意识增强，开始表现出一定的兴趣、爱好、脾气等个性倾向；初

① 侯菲菲．韩国生态幼儿教育特征及思想探析［J］．文化创新比较研究，2021，5（17）：190－194.

② 孙刚成，曹茹．利用环境教育资源培养幼儿核心素养的现存问题与策略［J］．延安职业技术学院学报，2021，35（01）：46－50.

步具备自我情绪调节能力；愿意与同伴交往，乐于分享；学习能力开始发展，语言表达能力强；依恋家长，会产生分离焦虑；处于道德他律期，独立性、延迟满足能力、自信心都有所发展。① 学生在小学阶段生理、心理都会发生很大的变化，学校生活逐渐步入正轨。学校成为小学阶段财经素养教育的重心，并以此为基础，小学财经素养教育向家庭、社区、大自然延伸和拓展，整体体现生活化的特征（见图 5－2）。

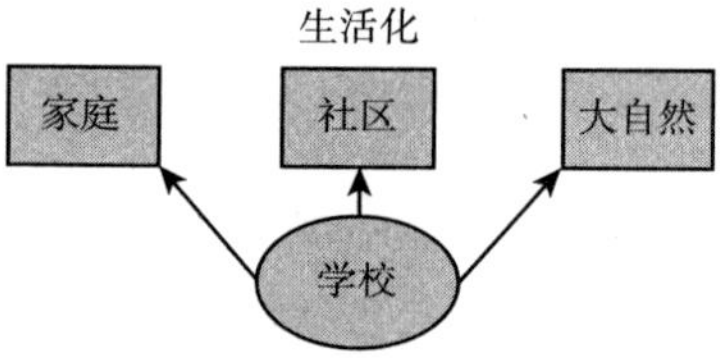


**图 5－2　小学阶段财经素养教育的行动逻辑**

1. 小学阶段的财经素养教育体现生活化

与幼儿园阶段相比，小学阶段学生的认知能力有了一定的提升。这一阶段的财经素养教育也从游戏化转向生活化，不再以游戏模拟为主，而是更强调体验真实生活。由于小学生的认知水平依然有限，小学阶段的财经素养教育主要是以学生的成长经验为主，在结合小学生认知条件和心理特点的基础上，将学生的日常生活与教学、实践活动融合，挖掘日常生活中的场景和事件作为财经素养教育的辅助素材，帮助学生学会取之于生活、用之于生活，提高学生在实际生活中处理财经问题的能力。

2. 小学阶段的财经素养教育侧重学校

与幼儿园阶段侧重家庭不同，小学阶段财经素养教育的重心向学校转

---

① 中华全国妇女联合会，中华人民共和国教育部，中央精神文明建设指导委员会办公室，等．全国家庭教育指导大纲（修订）［EB/OL］．（2019－05－14）［2021－09－18］．http：//www.zgggw.gov.cn/zhengcefagui/gzzd/zgggw/13792.html.

移。小学阶段的学生主要是在学校里学习知识，开始面临来自学校、同伴和家庭的要求和挑战，随着社交范围的扩大，学生开始参与集体活动，社会关系不再局限于家庭内部。[①] 小学阶段的学校教育具有计划性和目的性强的特征，是一种制度化的教育，其作用也是家庭教育无法比拟的。小学阶段的财经素养教育侧重学校，学校作为开展财经素养教育的重要主体，通过创设校园环境、组建专业师资队伍、开设相关课程、组织实践活动、完善评价体系等途径开展财经素养教育。

3. 小学阶段的财经素养教育关联家庭、社区、大自然

随着学生认知的发展和活动范围的扩大，小学财经素养教育在学校为重点的基础上拓展至家庭、社区和大自然。与幼儿园阶段相比，“家庭”在逻辑框架中的地位从重点转变为补充，小学财经素养教育从学校和家庭延伸至社区。此外，“大自然”依然是小学财经素养教育的必要关联。财经素养教育具有实践性和应用性较强的特征，小学生财经素养的全面提升不仅需要学校设置相关课程，而且需要在日常生活和校外活动中提升解决财经问题的能力。因此，小学阶段财经素养教育应关联家庭和社区，建立学校、家庭、社区互动机制，汇集多方力量共同促进小学生财经素养的提升。这一互动机制以学校为中心、家庭为补充、社区为延伸，实现三者之间的资源互补与共享。家庭是开展财经素养教育的基础支撑。家庭是学生的第一成长环境，学生的经济生活行为深受家庭影响。这些影响包括家长与孩子共同参与经济活动，家长对孩子进行财经知识教育，帮助孩子初步形成财经价值观等。社区是小学生家庭或学校所处的社会环境，社区在宣传财经知识、协助学校开展活动、提供开展财经素养教育必备的环境场所等方面发挥重要作用。此外，小学阶段的财经素养教育应关联大自然。与

---

① 高青. 小学家校合作的问题与对策研究 [D]. 桂林：广西师范大学，2015.

幼儿园阶段类似，小学阶段依然需要继续引导学生在自然环境中进行观察和探索。但在内容设置上与幼儿园阶段有所不同，小学阶段更加侧重认识自然与经济的关系，是幼儿阶段的拓展与提升。

## 三、初中阶段行动逻辑

初中阶段的行动逻辑是体现生活化—学科化，侧重社会，关联国家、家庭、大自然。初中阶段（12—15岁）是学生从童年向成年的过渡期。儿童整体身体素质好；大脑发展迅速，抽象思维能力增强，记忆和观察水平不断提高；自尊心强，重视外表，建立自我同一性成为本阶段学生最重要的任务；情绪波动大，敏感易怒，容易有挫折感，情感内隐；易和家长产生冲突；重视同伴交往及其评价，对父母依恋减少；责任心增强，自我控制能力有明显发展①。可见，初中阶段的学生心理和生理处于剧烈变化期，学生的身心发展程度均显著提高，尤其是认知能力显著增强。根据初中生的身心发展特点，这一阶段的财经素养教育以社会为重点，同时关联国家、家庭、大自然，整体体现生活化—学科化的特征（见图5－3）。

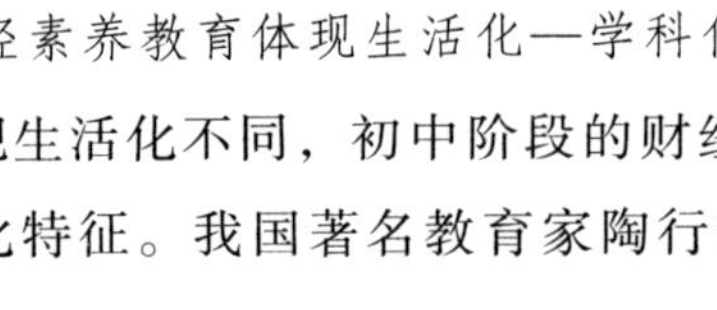


**图5－3　初中阶段财经素养教育的行动逻辑**

1. 初中阶段的财经素养教育体现生活化—学科化

与小学阶段仅体现生活化不同，初中阶段的财经素养教育在体现生活化的基础上突出学科化特征。我国著名教育家陶行知提倡“生活即教育，

① 中华全国妇女联合会，中华人民共和国教育部，中央精神文明建设指导委员会办公室，等. 全国家庭教育指导大纲（修订）［EB/OL］.（2019－05－14）［2021－09－18］. http://www.zgggw.gov.cn/zhengcefagui/gzzd/zgggw/13792.html.

社会即学校，教学做合一”。初中财经素养教育体现生活化，要求学生在生活中学习，在学习中生活，财经素养教育以生活为源泉，立足初中生生活，在课堂上创设生活化的教学情境，将财经知识与初中生生活经验有机结合，激发学生学习兴趣，加深对财经知识的理解，提高实践应用能力。随着初中生智力水平和认知能力提升，学业任务增多，学校课程也发生了很大的变化，新增物理、化学、历史、地理、生物等多学科的学习内容，知识体系趋于完整。这一阶段的财经素养教育应在体现生活化的同时突出学科化，可采取学科融合的方式将财经素养教育贯通于初中各学科的教学内容中，拓展相关学科视野，注重学科知识与财经素养的结合。

2. 初中阶段的财经素养教育侧重社会

与小学阶段相比，初中阶段的重心从学校向社会转移。英国的埃里克逊教授把人的社会化自我发展分为 8 个阶段，其中青春期（初中阶段）是青少年自我意识的确定和自我角色的形成过程，是一个人社会化进程的关键期、角力期。[①] 随着初中生社会化进程加快，这一时期的财经素养教育侧重社会，帮助学生认识和理解社会规则和经济社会发展规律，自觉承担社会角色，增强社会责任感，加快推动学生的社会化发展，促进学生由一个“生物人”变成“社会人”，最终成为合格的社会成员。

3. 初中阶段的财经素养教育关联国家、家庭、大自然

初中阶段在小学阶段的基础上强调财经素养教育需要关联国家，范围从学校、家庭、社会扩展至整个国家。初中阶段的财经素养教育应突出个体与国家经济活动的关联，不再局限于个体经济活动范畴。初中阶段所开展财经素养教育应将社会热点现象、国家的改革发展作为必要的内容，引

---

① 于宏立，吕俊红. 初中生预期社会化心理干预的目的、意义和路径 [J]. 教书育人，2020 (23): 29 - 30.

导学生知晓和把握国家重要经济社会政策，培养学生的家国情怀。初中财经素养教育应关联家庭，家校共育是提升学生财经素养的有效途径。初中阶段是学生发展的关键时期，家长除了给学生提供必要的经济保障，还应做好榜样和表率，让初中生潜移默化地受到熏陶教育，促进学生财经素养的全面培养。初中阶段的财经素养教育关联大自然，继续引导学生探索自然与经济社会关系，认识资源与经济增长的有限性，理解绿色发展理念。本阶段财经素养内容是幼儿园与小学阶段的延续和发展。

## 四、高中阶段行动逻辑

高中阶段财经素养教育的行动逻辑是体现学科化—生活化，侧重国家，关联学校、国际、人类。高中阶段（15—18 岁）的学生已经进入青春中后期。学生在外貌上与成人接近，身体各器官逐步发育成熟，发育进入相对稳定期；认知结构的完整体系基本形成，抽象逻辑思维占据优势地位；情绪不稳定，情感内隐，易感到孤独；自制力和意志力增强但仍不成熟；独立性强，有决断力；观察力、联想能力迅速发展。高中阶段是学生世界观、人生观和价值观逐步形成的关键时期，这一阶段的财经素养教育以国家为重心，同时关联学校、国际、人类，整体体现学科化—生活化特征，将财经素养教育从初中阶段提升到更高的层次（见图 5－4）。

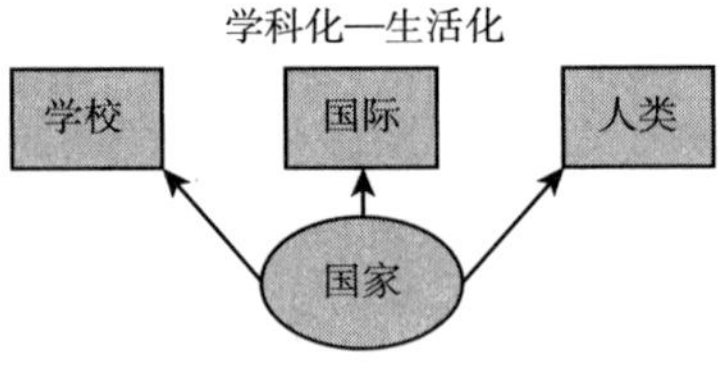


**图 5－4　高中阶段财经素养教育的行动逻辑**

1. 高中阶段的财经素养教育体现学科化—生活化

与初中阶段所体现的生活化—学科化不同，高中阶段以学科化为主要特征，在学科化的基础上体现生活化。高中阶段“上承”初中、“下启”大学，是在九年义务教育基础上进一步提高国民素养、面向大众的基础教育的高级阶段，为学生的终身学习和终身发展奠定基础。高中教育以学科作为课程结构的基本组成，有利于学生获得对客观世界的完整认识。高中阶段的财经素养教育应体现学科化，依托现有学科体系，将财经素养教育与学科教学充分融合。同时，高中财经素养教育应在学科化的基础上体现生活化，突出财经素养教育的实践性特征，将高中财经素养教育与具体经济社会生活实际紧密结合，重视培养学生应用财经知识与技能解决财经问题的实践能力。

2. 高中阶段的财经素养教育侧重国家

与初中阶段相比，高中阶段财经素养教育的重点从社会上升为国家。高中生正处在世界观、人生观和价值观形成的关键时期，他们的辩证思维能力发展得还不够完善，辨别是非的能力还有待加强，容易被色彩斑斓、良莠不齐的社会现象所迷惑。[①] 然而，高中生作为国家未来的建设者，他们的思想水平应当与社会发展水平和国家方针战略思想契合，这就要求我们重视培养高中生的国家意识。财经素养不仅与个体经济活动相关，也是个体对社会活动和国家发展的知晓、理解、把握与判断。各学段财经素养教育的侧重点层层递进，幼儿园、小学、初中阶段的财经素养教育侧重个体和社会，高中阶段的财经素养教育则应侧重国家，帮助高中生认识并理解国家经济制度、国家经济发展状况、国家重大经济改革、国家重要金融机构等相关知识，引导学生在经济社会生活中正确处理个体与国家关系，培养并提高学生的国家意识。

---

① 王文娟．高中《政治生活》教学中学生国家意识培养研究［D］．济南：山东师范大学，2018.

3. 高中阶段的财经素养教育关联学校、国际、人类

高中阶段财经素养教育需要关联学校，知识的范畴也在初中阶段的基础上拓展到国与国之间甚至全人类。中国财经素养教育协同创新中心在2018年的一项调查发现，超过60%的高中学生认为自己的财经素养源于自学，余下选择“源自家庭教育”的比例高于学校教育13个百分点。虽然家长在日常生活中也会注意培养学生的财经意识，但是学校传授的知识更有系统性、更加多样化，学生的参与度和接受度也更高。[①] 因而，高中阶段财经素养教育应关联学校，学校开展财经素养教育更有助于教育公平和提升财经素养教育质量。随着经济全球化的日益发展，培养具有国际视野、通晓国际规则，能够参与国际事务和国际竞争的高素质、国际化人才，已成为我国教育现代化的重要内容。在这样的背景下，高中财经素养教育需关联国际、人类，内容设置上以我国本国相关知识内容为主，结合国际上其他国家相关案例，引导学生正确认识世界和我国发展大势，将国际社会的变化和人类的发展融入财经素养教育中，促进学生财经素养的全面发展。

## 五、大学阶段行动逻辑

大学阶段财经素养教育的行动逻辑是体现学科化—职业化，侧重世界，关联家庭、国家、人类。大学是青年学生进行价值选择、形成的重要阶段，是从青涩走向成熟的转折点。大学生群体主要由20岁左右的青年构成。他们大多刚刚从高中阶段繁重的课业压力中解脱出来，步入大学校园后，第一次有充分的时间可以更加自由地接触并了解社会。总体上看，大学生在思维方式、价值观念及心理状态上尚未形成稳定状态。大学阶段是

① 张男星，岳昌君，楚晓琳，等.《中国财经素养教育标准框架》解读［M］. 北京：科学出版社，2019.

学生从校园走向社会、从学生变成社会人的关键时期，这一阶段的财经素养教育以世界为重心，在此基础上，同时关联家庭、国家、人类，整体体现学科化—职业化（见图5－5）。

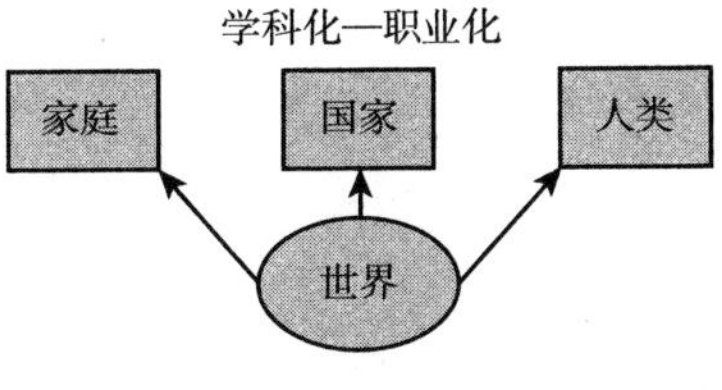


**图5－5　大学阶段财经素养教育的行动逻辑**

1. 大学阶段的财经素养教育体现学科化—职业化

与高中阶段体现学科化—生活化不同，大学阶段财经素养教育更侧重在学科化的基础上体现职业化，为大学生未来就业和职业发展做好准备。学科与大学存在密切联系。一方面，大学以“高深知识”的研究为己任，而学科表现为高深知识的载体，学科是高深知识和大学的“中介”。另一方面，学科是知识的体系，大学是以学科为基础构建起来的学术组织。① 正因为学科与大学之间这种密切的联系，大学阶段的财经素养教育需体现学科化。对于即将步入社会的大学生，了解劳动力市场并学会合理选择职业是实现成功就业的必然要求，大学财经素养教育应体现职业化，将目前的专业学习与未来的职业发展联系起来，助力大学生学有所用、学有所成并顺利实现就业。

2. 大学阶段的财经素养教育侧重世界

与高中阶段侧重国家相比，大学阶段财经素养教育的重点是着眼于世界，在更广阔的视野下培养学生处理财经事务的能力。全球化大背景深刻

① 安涛．“学科”与“跨学科”：教育技术学的双重视野［D］．南京：南京师范大学，2014.

影响着每一个个体的发展，时代新人需要有更加开放、理性的国际观。在各行各业的领域中，具备国际视野越来越成为时代新人的必备品格。大学生未来要踏上各自的工作岗位，是建设社会主义的主力军，在校园时期就要培养他们广阔的国际视野。因而，大学阶段的财经素养教育应侧重世界，通过世界各国的政策文件和相关案例等丰富学生的国际知识，增强对国际问题的理解，提高他们未来参与国际交往与合作、解决国际问题的意识和能力。

3. 大学阶段的财经素养教育关联家庭、国家、人类

幼儿园、小学、初中阶段的行动逻辑中均包含家庭。这些学段的学生均是未成年人，在家庭中被父母或其他家庭成员抚养和监护，有限地参与经济社会生活。大学阶段的财经素养教育关联家庭，但与其他学段相比具有明显的区别。大学生作为重要的家庭成员，以成年人的身份参与经济生活，是家庭经济的参与者和决策者。因而，大学生的财经素养水平不仅影响学生个人，而且能够影响整个家庭，进而推进全民财经素养的整体提升。此外，大学财经素养教育应关联国家、人类，培养学生的国家意识和人类命运共同体意识，教会学生在经济生活中处理好个人经济事务与国家经济活动的关系，为国家稳定和人类社会发展发挥应有的作用。

可见，财经素养教育的行动逻辑整体上是随着学生发展而不断扩展、不断提升的。随着学段上升，财经素养教育的重心从家庭向学校、社会、国家、世界逐步转移，经济生活的主要场域逐渐拓展。财经素养教育的关联范畴也逐步转变，从幼儿园阶段的学校、社区、大自然到小学阶段的家庭、社区、大自然，到初中阶段的国家、家庭、大自然，再到高中阶段的学校、国际、人类，最后到大学阶段的家庭、国家、人类，各学段前后衔接、层层递进，形成一个螺旋式上升的过程。各学段财经素养教育的特征也有所不同，幼儿园阶段体现游戏化，小学阶段体现生活化、初中阶段体

现生活化—学科化，高中阶段体现学科化—生活化，大学阶段体现学科化—职业化。随着学生身心发展的逐渐成熟，财经素养教育体系相应地体现出从游戏到生活到学科最终到职业的特征。财经素养教育的行动逻辑遵从学生身心发展规律，财经素养教育各阶段的行动逻辑互相衔接，构成统一的有机整体。

## 第二节　基本原则

财经素养教育的基本原则是财经素养教育宗旨和目标的体现，是学校、家庭、社会等主体开展财经素养教育应该遵循的准则，是开展财经素养教育研究和实践的依据。不同地区、不同学段、不同主体开展财经素养教育的具体方式都可能有所不同，但均应遵循以下基本原则。①

### 一、坚持经济生活与学生发展规律的统一

遵循个体参与经济生活的脉络展开财经素养教育，展现社会经济生活特点与学生阶段性发展特点的逻辑整合。财经素养教育不是让学生去学习系统的财经知识，而是针对学生未来经济生活需要来开展教育活动。

财经素养教育按照学生参与经济生活的逻辑和学生的认知水平逐步进行，循序渐进地使学生掌握基本知识，获得基本技能，提升财经素养水平。教育是一个逐步深化的过程，只有循序渐进，学生才可以逐步获得有体系的财经素养教育而非碎片化的认识。

财经素养教育循序渐进并不意味着面面俱到，而是分清主次、有详有略地实施教育。特别是在现行的教育体制下，各种教育内容都寄希望于通过教育来实现，面面俱到，平均用力地进行各类教育并不具备现实条件。因而，在财经素养教育中应抓住重点，灵活多变地与现有的教学体系进行融合发展。

### 二、坚持传统与现代价值取向的融合

与西方把财富和道德二元分化不同，我国传统经济文化一直把经济与

---

① 本节主要内容摘自“中国财经素养教育标准研制的几个问题”（《大学（研究版）》2018年第1期），有删改。

道德予以统合思考，相信财富不是独立于人之外的存在，而是人的价值的具体展现，从而形成了具有中国特色的义利观。财经素养教育就是要帮助学生形成正确的金钱观，鼓励学生将财富与幸福生活、与社会责任统一起来。坚持社会主义核心价值观、传统义利观和现代经济金融价值观相融合。将社会主义共同富裕的理想和符合世界发展趋势的成本效益、法治原则、创新精神以及中国传统文化中的见利思义、以义取利、利济天下等思想整合起来，引领中国财经素养教育的价值取向。

中华优秀传统文化是中华民族生存发展的精神支撑，也是中国特色社会主义植根的文化沃土。中国财经素养教育将传统文化中有关财经的认知进行选择性吸收，同时结合时代发展的需要，将中华传统文化与现代价值观进行有效结合。

### 三、坚持个体与社会、国家经济活动的关联

《中国财经素养教育标准框架》在社会关系中关注个体的经济活动，将个体定义为个体—社会、个体—国家的关系性个人，坚持个体与社会、国家经济活动密切关联的视角，将个体的财经素养理解为不仅与个体的经济活动相关，也是个体对社会活动、国家发展的知晓、把握、理解与判断。因此，《中国财经素养教育标准框架》既要关照个体对自己经济生活的把控，也要关照个体对国家、社会等其他主体经济行为的认识与理解。

个体的发展离不开社会和国家的发展，在对个体进行财经素养教育中考虑到现行社会的运行情况以及未来国家发展的方向。同时，对个体财经素养教育的培养又会影响未来个体参与经济生活的表现，个体的行为又会影响社会和国家的发展方向。因此，财经素养教育中要将个体与社会、国家经济活动进行关联。

## 第三节 主题内容

教育内容是教育对象和教育目标之间的桥梁，是教育目标的载体和具体化。财经素养教育目标的实现就需要将财经素养教育目标体系具体化为财经素养教育内容。进而，依据具体的财经素养教育内容来组织教育过程、选择教育方法，设计教学活动。由此，财经素养教育教学活动得以有序实施，财经素养教育目的得以实现。

### 一、财经素养教育主题内容确定的依据

中国财经素养教育协同创新中心于2018年发布的《中国财经素养教育标准框架》，遵循个体参与经济生活的脉络，将财经素养教育划分为五个维度：收入与消费、储蓄与投资、风险与保险、制度与环境、财富与人生。从这五个维度出发，演绎出财经素养教育标准研究的思路及逻辑：维度、基本结构、基础要素及围绕要素应该具有的认知、技能和态度，进而形成财经素养教育标准“五维三标”框架。

本章财经素养教育主题内容的确定依据“五维三标”框架，从培养学生的劳动观、金钱观、财富观为出发点，基于财经素养教育的拓展性目标生成九对关系，确立了与五个维度对应的主题范畴。维度一“收入与消费”包含的主题内容主要涵盖劳动与收入、个人消费与规划、政府收入与支出等内容。维度二“储蓄与投资”包含的主题内容框架包括货币与利率、储蓄与信贷、投资与收益。维度三“风险与保险”包含的主题内容框架是风险与管控、商业保险与社会保障等。维度四“制度与环境”包含的主题内容框架是经济制度与体制、国际贸易与全球化。维度五“财富与人生”包含的主题内容框架是财富与个人家庭、财富与国家

社会、财富与生命自然。在主题内容框架基础之上，我们根据每个学段不同学生的教育规律，进一步确定了各学段财经素养教育的教学目标，进一步细化各学段、各个主题的内容和侧重点，形成承上启下、逻辑延展的主题内容。

## 二、财经素养教育的主题内容体系构建

各学段财经素养教育主题内容根据《中国财经素养教育标准框架》分学段内容，选取每个学段、每个维度下的关键信息进行目标分解，找到符合各学段开展财经素养教育的关键点，初步形成各学段财经素养教育主题活动研究的重要信息，并在此基础上对各学段目标分解和关键点进行再研究和分析，形成各学段的财经素养教育主题活动内容（见表 5－1）。

**表 5－1　各学段财经素养教育主题活动目标分解关键信息**

| 维度 | 幼儿园 | 小学 | 初中 | 高中 | 大学 |
|---|---|---|---|---|---|
| 收入与消费 | 劳动与收获、职业与收入、购物与计划、公共场所与物品等 | 劳动职业与收入、诚实劳动与合法收入、消费选择与量入为出、纳税与财政支出等 | 劳动分工及岗位多样化、收入来源与结构变化、理性消费与预算约束、财政收支与民生等 | 职业选择与影响因素、收入类型与分配制度、理性消费与规划、经济发展与财政收支等 | 职业发展与机会成本、合法收入与分配、合理消费与贷款、政府财政与国际公共财政等 |
| 储蓄与投资 | 延迟满足、储蓄与规则、承诺与信用等 | 货币及其历史、银行及基本业务、风险与规避、投资计划等 | 货币与信用、金融机构类型及其基本业务、投资与风险评估等 | 货币制度与意义、金融机构与金融监管、投资风险与管理等 | 国家货币储备及国际货币基金组织、金融产品与金融监管等 |

续表

| 维度 | 幼儿园 | 小学 | 初中 | 高中 | 大学 |
|---|---|---|---|---|---|
| 风险与保险 | 风险意识、风险规避等 | 保险与常见险种、社会救助等 | 保险本质与商业保险、共同致富与社会保障等 | 商业保险的选择及理赔、社会保障制度的演进等 | 保险与社会保障、风险管理等 |
| 制度与环境 | 商品交易和规则、资源有限与节约等 | 交易市场与规则、资源稀缺与财富共创等 | 市场活动与法律约束、资源与经济发展、国际贸易与资源配置等 | 法治社会与产权制度、资源配置与优化营商环境、国际贸易争端及处理等 | 市场经济与经济开放、常用的财经类法律法规、国际贸易与发展趋势、创业与财务管理等 |
| 财富与人生 | 尊重劳动、爱护环境等 | 个人职业与国家发展、环境与经济发展等 | 家庭财富的传承、生态文明建设与美丽中国等 | 财富规划与管理、财富创造与社会责任等 | 资源稀缺与资源配置、人力资本与国家经济增长、财富与个体价值等 |

各学段财经素养主题内容的内核仍是“五维三标”框架，但在知识内容的安排上各有侧重。基于不同的财经素养教育目标，从幼儿园到大学的财经素养教育主题知识面逐渐拓展，内容不断延伸丰富。根据目标分解，进一步细化目标，提取关键词，在不同学段形成最初的主题活动设计方案，表 5－2 所示的是幼儿园——高中收入与消费维度的教育目标与主题。

**表 5－2　　　幼儿园—高中财经素养教育目标与主题**

| 维度 | 幼儿园 | 小学 | 初中 | 高中 |
| --- | --- | --- | --- | --- |
| 收入与消费 | 主题1：劳动与收获<br>（1）目标分解：<br>①知道通过劳动才能有收获（生活）<br>②知道在该劳动的时节就应该去劳动，否则就会没有收获<br>（2）内容关键词：劳动、劳动时节，收获 | 主题1：劳动、职业与收入<br>（1）目标分解：<br>①知道劳动的多种形式，通过不同的劳动获得收入<br>②知道不同职业、岗位的劳动付出是不一样的<br>③懂得劳动的价值，树立职业理想（早立志）<br>（2）内容关键词：劳动形式、职业类型、职业与收入、劳动价值 | 主题1：劳动分工及岗位多样化<br>（1）目标分解：<br>①了解职业岗位与劳动分工<br>②了解劳动分工与工资水平的关系<br>③懂得劳动岗位的选择与个人志向<br>（2）内容关键词：职业岗位、劳动分工、工资水平、个人志向 | 主题1：职业选择与影响因素<br>（1）目标分解：<br>①理解职业选择需要以专业化的能力为支持（即需要通过各种不同形式的专业化学习—大学的学科专业学习、职业学校的技能技巧培训等，才有资格去选择和获得职业）<br>②理解职业选择与机会成本的关系，懂得选择就是一种放弃<br>③理解职业选择要与自我价值实现紧密关联（兴趣爱好、志向理想等）<br>（2）内容关键词：职业选择、专业化能力、自我价值、机会成本 |
|  | 主题2：职业与收入<br>（1）目标分解：<br>①知道一些常见职业名称，懂得成人通过职业劳动赚取收入<br>②理解父母赚取收入的辛苦，懂得感恩<br>（2）内容关键词：职业、收入、感恩 | 主题2：诚实劳动与合法收入<br>（1）目标分解：<br>①理解诚实劳动，获得诚实劳动的态度<br>②理解要合法合规地获取劳动收入<br>③善于劳动，提高劳动效率<br>④尊重劳动<br>（2）内容关键词：诚实劳动、合法收入、尊重劳动 | 主题2：收入来源及结构变化<br>（1）目标分解：<br>①了解收入来源的多元化（财产性收入、工资性收入、转移性收入等）<br>②了解家庭收入结构（不同收入类型在家庭收入中所占比例）的变化与趋势<br>③知道家庭总收入变化对个人成长的影响<br>（2）内容关键词：收入结构、家庭收入结构、变化与影响 | 主题2：收入类型与分配制度<br>（1）目标分解：<br>①了解生产要素（劳动、资本、土地、企业家才能等）<br>②理解生产要素在收入分配中的地位和作用<br>③了解我国分配制度的演进<br>（2）内容关键词：生产要素、收入分配制度 |

续表

| 维度 | 幼儿园 | 小学 | 初中 | 高中 |
|---|---|---|---|---|
| 收入与消费 | 主题3：认识货币<br>（1）目标分解：<br>①认识人民币及面值<br>②认识几个主要国家的法定货币<br>③知道珍惜爱护人民币，不能故意损毁<br>（2）内容关键词：货币、外币、爱惜人民币 | 主题3：商品与货币<br>（1）目标分解：<br>①认识货币的面值，知道用货币购买商品<br>②理解货币与商品的关联（商品价格）<br>③简单了解商品的类型（生活必需品、奢侈品）和不同的支付方式<br>④知道规划<br>（2）内容关键词：商品类型、商品价格、支付方式 | 主题3：商品交易与规则<br>（1）目标分解：<br>①了解商品价格差异及原因<br>②了解市场交易的规则，懂得规则需要共同遵守<br>③知道识别交易陷阱的方法<br>（2）内容关键词：商品价格、公平交易、遵守规则、交易欺诈 | 主题3：市场的类型及本质<br>（1）目标分解：<br>①了解四种市场类型的含义（商品市场、劳动力市场、货币市场、资本市场）<br>②理解市场交易的契约精神<br>③理解市场交易与信用<br>（2）内容关键词：商品市场、劳动力市场、货币市场、契约精神、交易与信用 |
| | 主题4：购物与计划<br>（1）目标分解：<br>①知道所购商品的价格<br>②知道纳税<br>③知道计划自己的零花钱，去购买自己想要的商品<br>（2）内容关键词：商品价格、纳税、消费计划、零花钱 | 主题4：消费选择与量入为出<br>（1）目标分解：<br>①初步学会制作简单的预算，懂得量入为出<br>②能够进行商品比较与选择，合理购物<br>③能区别想要与需要，合理控制欲望，不攀比不浪费<br>（2）内容关键词：预算与量入为出、比较与选择、合理消费、延迟满足 | 主题4：理性消费与预算约束<br>（1）目标分解：<br>①简要知道经济学中预算约束线与无差异曲线<br>②简单理解预算约束下的理性消费组合<br>③形成正确的消费心理（不从众、不攀比、不浪费等）<br>（2）内容关键词：无差异曲线、预算约束、消费组合、消费心理 | 主题4：理性消费与规划<br>（1）目标分解：<br>①影响消费的因素（国家经济发展水平、收入、恩格尔系数、物价等）<br>②理解消费选择（偏好与效用），消费心理<br>③理解消费者权益保护法<br>（2）内容关键词：影响消费的因素、消费选择、消费心理、消费偏好、消费者权益保护法 |

续表

| 维度 | 幼儿园 | 小学 | 初中 | 高中 |
| --- | --- | --- | --- | --- |
| 收入与消费 | 主题5：公共场所与物品<br>（1）目标分解：<br>①知道公共场所（如公园）及公共设施设备是由政府或集体出钱建设的，大家共同使用<br>②能够区分公共物品和私人物品，知道不能把公共物品据为己有<br>③知道每个人都有责任爱护公共物品<br>（2）内容关键词：公共场所/设施设备、公共物品、私人物品、爱护 | 主题5：纳税与财政支出<br>（1）目标分解：<br>①知道纳税的存在<br>②知道为什么要纳税<br>③知道了解国家对公共产品/准公共产品的投入（国防、教育等）<br>④依法纳税，不逃税<br>（2）内容关键词：纳税、税收、财政支出 | 主题5：财政收支与民生<br>（1）目标分解：<br>①简单知道财政收支的四本账<br>②简单知道政府民生支出的类型、规模<br>③能够简单绘制财政支出的结构饼图，理解取之于民、用之于民<br>（2）内容关键词：财政收支、税种、结构 | 主题5：经济发展与财政收支<br>（1）目标分解：<br>①了解GDP指标在经济发展中的意义<br>②了解财政支出的结构及变化<br>③初步读懂政府工作报告中的有关财政收支的阐述<br>（2）内容关键词：GDP、财政支出、政府工作报告 |

以最初的主题活动设计方案为基础，不断地聚焦、分析、调整各学段的财经素养教育主题活动的内容及呈现形式等，形成不同学段的财经素养教育主题活动。

### （一）幼儿园财经素养教育活动

根据幼儿园时期学生的特点，涵盖财经素养教育5个维度，设计8个财经素养教育主题活动（见表5-3）。幼儿财经素养教育采用绘本讲述故事的形式，将故事与财经知识、技能、情感体验有机结合，寓教于乐地进行财经素养熏陶，强调幼儿在故事中的情感式体验效果，重视参与式活动所形成的直接经验，为幼儿形成劳动、金钱、财富与快乐关系的正确价值观和人生观起到启蒙作用。

**表 5-3　幼儿园财经素养教育主题活动**

| 主题 | 幼儿园 |
| --- | --- |
| 1 | 认识劳动与收获 懂得帮助他人 |
| 2 | 体验多样的职业 尊重不同的劳动 |
| 3 | 认识身边的纸币 学会存现与取钱 |
| 4 | 购物要有计划 遵守交易规则 |
| 5 | 了解多样的保险 认识投资有风险 |
| 6 | 延迟满足 信守承诺 |
| 7 | 保护环境 节约资源 |
| 8 | 爱护公物 遵守秩序 |

在确定各财经素养教育主题对应的故事内容时，将每一个财经素养教育主题再进行进一步细化，提取关键信息。如主题一“认识劳动与收获 懂得帮助他人”，先将该主题目标进一步分解成三个知识点：①知道通过劳动才能获得收获；②知道该劳动的时候就应该去劳动，否则就没有收获；③劳动时懂得帮助他人。在此基础上，再将知识点渗透在故事情节中，通过故事讲述蜜蜂采蜜要在固定的时节，花盛开时才能采蜜，错过了时节就没法采蜜等，让幼儿从故事中获得财经素养知识。

### （二）小学财经素养教育主题活动

小学财经素养教育主题活动的研究，也是考虑到低年级和高年级学生之间差异较大；因此将小学财经素养教育主题活动分为 3 个阶段，主题活动也对应分为低年级（1—2 年级）、中年级（3—4 年级）和高年级（5—6 年级），着力培养小学生的财经认知、技能和态度。

表 5－4　小学财经素养教育主题活动

| 年级 | 1—2 年级 | 3—4 年级 | 5—6 年级 |
|---|---|---|---|
| 1 | ①成长花费知多少 | ①爸爸和妈妈的工作 | ①平凡岗位成就幸福人生 |
| 2 | ②劳动要诚实和辛勤 | ②树上掉不下钱来 | ②为爸爸的工作点赞 |
| 3 | ③体验不同的小岗位 | ③“中国制造”的大工匠 | ③加班的中秋节 |
| 4 | ④每个人的劳动都有意义 | ④价签里的“玄机” | ④需要和想要的选择 |
| 5 | ⑤穿越的货币小镇 | ⑤三兄妹买帐篷 | ⑤耐用品和快消品 |
| 6 | ⑥商品要花钱购买 | ⑥小能的“飞鹰 1 号” | ⑥商品销售小能手 |
| 7 | ⑦一百元钱该怎么花 | ⑦网络游戏中的经济学 | ⑦家门口的自由贸易区 |
| 8 | ⑧退换的礼物 | ⑧身边的银行 | ⑧最宝贵的财富是什么 |
| 9 | ⑨钱小小的银行卡 | ⑨不一样的钱 | ⑨向银行借钱叫贷款 |
| 10 | ⑩会变多的压岁钱 | ⑩保护银行卡的“小卫士” | ⑩参与家庭理财 |
| 11 | ⑪网购支付要密码 | ⑪炒菜的妈妈爱炒股 | ⑪学会风险防范 |
| 12 | ⑫钱小小拒绝“优惠” | ⑫航海中诞生的保险 | ⑫公共产品为大家 |
| 13 | ⑬谁在帮助有困难的人 | ⑬做纳税好公民 | ⑬一张特殊的卡片 |
| 14 | ⑭保险伴我行 | ⑭学会帮助别人 | ⑭社会救助献爱心 |
| 15 | ⑮长江里的水去哪儿了 | ⑮物以稀为贵 | ⑮厨房里的新能源 |
| 16 | ⑯美景也是财富 | ⑯流浪垃圾快回家 | ⑯赛罕坝的绿色 |

如在“成长花费知多少”主题中，通过展示小学生日常生活中可能遇到的父母和孩子之间的对话，从中学生可以懂得金钱是人们生活的基础，有些爱和付出是不能用金钱买到的。在物欲横生的年代，这种朴素的道理更显得难能可贵。这让学生在故事中了解现实的财经生活，树立正确的价值观念。其他主题活动也都是选取生活中可能发生的、与小学生生活相关联的财经故事为线索，将整个小学阶段的财经素养教育主题活动串连起来。

### （三）初中财经素养教育活动

初中阶段是学生心理和生理剧烈变化期，加之学业量的增加，因而学生在此阶段波动较大。由于学生的学习习惯、学习兴趣等对学生影响较大，因而初中阶段的教学可以将财经素养教育融会贯通于各学科的教学内容中，将社会的热点现象、国家的改革发展作为重要内容，与学生进行讨论学习；将个体的行为与社会进步、国家发展联系在一起，使学生更加关注所处的生存环境、培养社会责任感，提升学生的财经素养。根据初中教育主题活动目标分解关键信息，我们设计15个相应的财经素养教育主题活动，着力培养初中生在财经领域的认知、技能和态度（见表5－5）。

**表5－5　　初中财经素养教育主题活动**

| 主题 | 初中 |
| --- | --- |
| 1 | 劳动分工与岗位多样化 |
| 2 | 收入来源及结构变化 |
| 3 | 商品交易与规则 |
| 4 | 理性消费与预算约束 |
| 5 | 财政收支与民生 |
| 6 | 货币与信用 |
| 7 | 金融机构类型及基本业务 |
| 8 | 投资与风险评估 |
| 9 | 保险本质与商业保险 |
| 10 | 共同致富与社会保障 |
| 11 | 市场活动与法律约束 |
| 12 | 资源与经济发展 |
| 13 | 国际贸易与资源配置 |
| 14 | 财富创造与传承 |
| 15 | 生态文明建设与美丽中国 |

例如，在劳动分工与岗位多样化主题中，初中财经素养教育教学可以将经济社会中存在的财经现象、经济数据等带入财经素养教育主题中，让学生客观地了解所处的财经环境、认识生活中的财经风险，调动学生的积极性，激发学生主动思考、积极调研，通过亲身感受可以更直观地对经济社会有初步了解，为以后步入社会做准备。其他主题活动也是采取类似的形式，将学科知识、社会现实、国家需要等与财经素养教育联系起来，使初中财经素养教育主题活动具有更强的实用性。

**（四）高中阶段财经素养教育活动**

高中阶段是学生世界观、价值观和人生观逐步形成的关键时期，高中财经素养教育应重视学生独立分析问题、解决问题能力和批判性思维的培养，将中国经济社会变化和国际经济格局、国际贸易争端等财经知识融入财经素养教育中，通过丰富的财经案例和富有思考性的问题设计，让高中生积极参与讨论，促进学生对财经素养更全面的认知。普通高中和中职学生在年龄上基本一致，在认知上具有相似性，但考虑到学生基础和未来发展可能存在一定的差异性，高中财经素养教育主题活动分别设计普通高中和中职财经素养教育主题内容（见表 5 -6）。

**表 5 -6　　普通高中、中职财经素养教育主题活动**

| 主题 | 普通高中 | 中职 |
|---|---|---|
| 1 | 职业选择与影响因素 | 职业选择与影响因素 |
| 2 | 收入类型与分配制度 | 收入类型与分配制度 |
| 3 | 市场的本质及运行 | 市场类型与本质 |
| 4 | 理性消费 | 理性消费与规划 |
| 5 | 经济发展与财政收支 | 经济发展与财政收支 |
| 6 | 货币制度与意义 | 货币与货币国际化 |
| 7 | 金融活动与监管 | 金融机构及金融监管 |

续表

| 主题 | 普通高中 | 中职 |
| --- | --- | --- |
| 8 | 金融风险 | 金融风险与防范 |
| 9 | 惠及民生的社会保障 | 社会保障制度及演进 |
| 10 | 市场化的商业保险 | 保险与保险合同 |
| 11 | 产权连着你我他 | 法治社会与产权制度 |
| 12 | 经济全球化与资源配置 | 经济全球化与营商环境优化 |
| 13 | 国际贸易争端与处理 | 国际贸易与争端处理 |
| 14 | 财富中的“国与家” | 财富与人生 |
| 15 | 财富创造与社会责任 | 财富创造与社会责任 |

普通高中财经素养教育和中职财经素养教育主题活动，都应注重从价值观上引导学生对经济社会生活进行思考。例如“经济发展与财政收支”主题，从表面上看，它是依据不同的份额分配到不同的领域和部门。这是一种事实层面，而深究到价值层面它则反映了不同时代国家发展战略的变化。在介绍赤字的时候，也应特别注意赤字也是一种积极推动积极发展的手段。这对于学生理解财经的本质很有帮助。再如“财富与人生”主题，这是具有中国特色的内容，要揭示“义利统一”的思想，鼓励学生通过辛勤劳动、诚实劳动和创造性的劳动获取财富，通过财经活动去理解人性、理解社会、理解新时代的中国，并且把财经素养教育置于国家战略高度，使个人财富、家庭幸福与国家富强和谐统一。缺少这个道德目的，财经知识技能就只能停留在技术层面，也淡化了教育意蕴。

### （五）大学财经素养教育活动

财经素养教育作为普适性的教育，对于即将步入社会经济生活的大学生具有较强的适用性。大学财经素养教育应融入未来生活可能面临的诸多财经问题，通过财经知识的学习及财经案例的分析，形成财经意识，懂得规避财经风险，关注经济发展，形成正确的价值观，让学生视野更加开阔，意识到个人财富与家庭、国家、人类发展的关系。大学财经知识是高中段财经素养的拓展和递进，体现了财经素养教育活动的完整性和连续性。根据不同类型的学生，延续高中和中职的分类，将大学财经素养教育主题活动分为本科和高职财经素养教育主题活动（见表5－7）。

**表5－7　　本科、高职财经素养教育主题活动**

| 主题 | 本科 | 高职 |
|---|---|---|
| 1 | 职业与择业 | 好工作为啥不是你的菜——职业发展与机会成本 |
| 2 | 创业与财务 | 做大蛋糕也要分好蛋糕——收入与分配 |
| 3 | 收入与分配 | 嬗变与展望——市场经济与经济开放 |
| 4 | 财政与民生 | 年轻，就是花呗——合理消费与贷款 |
| 5 | 消费与贷款 | 支持共享共富——财政与民生 |
| 6 | 贸易与关税 | 人民币离国际储备货币有多远——国际储备与国际货币基金组织 |
| 7 | 货币与危机 | 全民理财时代的宏观危机控制——金融产品与金融监管 |
| 8 | 投资与风险 | 通往财务自由之路——投资与风险管理 |
| 9 | 保险与保障 | 基本生存与生活品质的保证 ——社会保障与商业保险 |
| 10 | 金融与监管 | 现代人需要的财经法律智慧——常用的财经类法律法规 |
| 11 | 市场经济与经济开放 | 中国走向世界，世界走进中国——国际贸易与发展趋势 |
| 12 | 人力资本与经济增长 | 不能把什么都设计好了才行动——创业与财务管理 |
| 13 | 资源稀缺与资源配置 | 无限需求，有限资源——稀缺性与资源配置 |
| 14 | 财政制度与法律运用 | 高质量发展的关键——人力资本与经济增长 |
| 15 | 财富管理与社会责任 | 比高度看温度——财富与个体价值 |

本科财经素养教育主题活动系统梳理各类知识、技能及理念，精选其中根本的和不可或缺的关键要素，加以重点阐述，力求全景式地勾勒财经素养的基本轮廓，启发和引导学生以自身为主体去看待财经知识，通过观察、思辨、体验、比较和研究去探知与自身息息相关的财经世界。高职财经素养教育主题活动语言表达通俗严谨、内容活泼精巧，将学生日常所见、新闻报道中可获得的案例作为导引，在每个主题中进行阐述，从每一

个标题的设置中可以看出，高职财经素养教育应尽量做到通俗易懂，让学生在高职财经素养教育主题活动中培养正确的价值观。

财经素养教育分学段主题活动为各学段学校实施财经素养教育提供参考，为学校开展选修课和主题教育活动提供参考。鉴于我国不同地区经济发展水平不一、学校发展情况各异，不同学校对财经素养教育的重视程度、开展财经素养教育活动的时间、学校相关师资力量和教学条件、学生现有财经素养水平等都存在差别，可以根据现有的主题活动结合当地的实际情况，进行创造性的改编，以更好地适应当地情况。

# 第六章

# 财经素养教育的教学实施

有效开展财经素养教育需要在正确把握财经素养教育的行动逻辑、基本原则与主题内容的基础上，恰当选择教学形式，科学运用教学方法。与其他学科不同，财经素养教育具有综合性和实践性较强的特征。那么，在学校教学中应该如何开展财经素养教育呢？本章从实践的角度研究财经素养教育的教学类型和主要方法，为学校开展财经素养教育提供参考。

## 第一节　教学样式

基于财经素养教育的重要性及财经知识的学科性、复杂性和系统性，学校应该成为开展财经素养教育的主要场地。在学校财经素养教育教学中，如果单一地采用“教师教、学生学”的知识授受型教学形式，容易导致课堂教学枯燥、乏味和学生学习积极性不高。同时，由于各学段学生的年龄和心理特征存在差异，因而财经素养教育的主题内容也有所不同。要提高学生在财经素养学习过程中的积极性，教师需要依据教学目标与教学内容因材施教，综合应用不同的教学形式开展教学。

### 一、独立开展专题教学

专题教学就是打破传统教学中按章节施教的教学方法，按照具体教学内容特点和教学目标差异，重新将课程内容重新组织后以专题、模块或项目的形式展开。简而言之，主题教学是以专题的形式组织材料、整合教材，并有针对性地按需组配组织教学。[①] 专题与专题之间要独立，便于灵活开展活动；专题不适合划分太细，要内含必要的知识点，强调知识的综合和知识的储备。中国财经素养教育协同创新中心组织编写并出版的“中国财经素养教育系列丛书”，从教材内容上看，幼儿园和小学学段是围绕

① 姚小予．模块化专题式教学在高中拓展课中的应用［J］．教育现代化，2017（1）．

某个主题以故事形式编写的读本，便于各学段教师以综合实践活动课程为阵地，围绕具体的专题组织教学活动；其他学段仍是以章节形式编写的教材，教材每章都对应一个主题，便于教师以专题形式开展教学。

开展专题教学形式主要两种形式：①现实生活式主题教学，该形式的主题教学要求教学中教师要引导学生联系生活，用所学的财经知识和所具有的财经思维、财经眼光去看待、思考现实生活；②问题焦点式教学，该形式需要教师提出具有探讨价值的问题，通过学生自主探究解决问题，主要包括创设主题情景、提出问题、解决问题与教学互动、知识演练与学生反馈、课外延伸几个环节。专题教学需要教师深度把握教材内容，在整合前后教学内容的基础上，形成知识内容紧密联系的教学专题，并通过设计恰当的案例或问题引导学生自主学习、探究思考，形成对该专题内容的全面把握。该教学形式具有较强的灵活性，能够帮助学生将抽象的财经知识与现实生活联系起来，有助于增强学生对财经知识的学习兴趣、提高学习效率。

**教学实践案例：**

九江职业技术学院针对商务英语专业开设了“财经素养教育”课程，学校依托《大学财经素养教育（职教版）》开展专题教学。这一课程创新地采用“一课多师”、线上线下相结合的授课方式，针对教材中的15个主题开展教学。教师课前通过布置讨论题目，观看相关视频、影片等引发学生对相关财经问题的关注和兴趣；课中通过知识讲解、案例分析、小组讨论、现场模拟等方式对相关知识进行重点讲授；课后活动以技能实训、调研报告等多种形式进行实践拓展，全方位培养学生的财经素养。

成都市高新区益州小学开发了“小蜜蜂”“小管家”和“小富翁”三大特色课程群，形成15个微型特色课程，并在全校范围内开展专题教学。课程以“切身体验—价值明辨—实践参与—反思总结”为基本模式，引导学生树立正确的劳动观、金钱观和财富观。该课程成为学校开展广泛、深受学生喜爱的课程。

## 二、学科融合教学

学科是按知识性质划分的门类。纵观任何一门学科，只要用心阅读、深入挖掘，都能找到其他学科的“影子”，都能发现其他学科知识的参与。要全面深入地研究一个问题、认识一种事物，需要从不同的角度切入，基于不同的学科视角分析。这就决定了学科融合的教学方式在知识经济时代的重要性愈发凸显。学科融合的教学方式是以问题为导向，其出发点是解决现实问题，其归宿也落在现实问题的解决上。

目前，我国还没有统一要求学校开设专门的财经素养教育课程，学科融合成为财经素养教育的重要教学方式。一般而言，学科融合途径有三条：学科内部融合、学科间融合、学科与生活融合。财经素养教育学科内部融合是指财经素养教育作为客体嵌入其他学科内部。财经素养教育学科间融合是指财经素养教育作为客体嵌入其他多个学科之中，例如在语文课和数学课中共同研究“校园贷”问题。财经素养教育学科与生活融合是指财经素养教育嵌入学生真实的生活体验中来。在财经素养教学过程中，教师要综合运用多学科知识内容，既可以在语文、数学、科学、政治、历史等任何一门学科教学中渗透财经素养教育，也可以将多学科知识融合并整合到一堂课堂中进行。财经素养教育要充分考虑财经问题的综合性和复杂性，突破学科知识界限，鼓励学生大胆创新，进行多学科多角度分析和思考问题。需要注意的是，教师都有各自的学科背景，在教学中会自觉或不自觉地从本学科出发来组织材料、认识问题。多学科融合的教学方式，就是要让教师打破各自的知识结构，将多学科知识重新组合，横向和纵向理清知识之间的逻辑和联系，重新构建新的知识结构。财经素养教育通过学科融合的教学方式，有利于让学生学会融会贯通以形成立体的思维方式。

**教学实践案例：**

西南财经大学附属小学将语言人文课程与职业体验课程融合形成《我是小小推销员》等口语交际课程群，将综合实践类课程与职业体验课程融合形成课程群，如“设计成都一日游等研学课程”等。该校还进行了“语文+数学+职业体验课程”学科跨界“今天我当家”主题常态跨界研究，开发“语文+美术+职业体验体验课程”学科跨界“小小展销会”主题课程，融合学科优势，培养学生素养。

东莞外国语学校课题组对标“五维三标”，构建出学科课堂教学融合财经素养教育的五大课程板块，全面厘清了中小学各学科课程标准及教科书中可与财经素养教育进行融合的内容，并提出了针对各学科融合点的具体教学目标和实施策略，解决了学科教师开展财经素养教育的内容选取问题。该校由历史教师执教的《宋元时期的都市和文化》已成为财经素养教育与学科融合课程的经典案例，并多次参加大会交流展示。

## 三、综合实践活动教学

教育部在2017年发布的《中小学综合实践活动课程指导纲要》中明确指出，综合实践活动课程的总目标是使学生能够从个体生活、社会生活以及与大自然的接触中，获得丰富的知识和实践经验，初步形成并逐步提升对自我、社会和自然三者之间的内在联系的整体认识，培养学生责任担当、价值体认、创意物化和问题解决等方面的意识和能力。[①] 对应综合实

① 中华人民共和国教育部．中小学综合实践活动课程指导纲要（2017年版）［S］．北京：人民教育出版社，2018：3－4.

践活动课程的目标，综合实践的教学方式则是强调以学生的亲身经历和体验为核心，以主题的形式整合、开发课程资源，有效培养学生的问题意识、探究精神和综合实践能力，尤其注重学生多样化的社会实践学习，如调查、访谈、操作、探究、劳动和技术实践等。学生通过对问题的亲身感知、认识、体验、探究，达到知识与技能、过程与方法、情感态度与价值观三个方面目标的整合，最终使实践教育从外在实施转为学生的自我教育，并逐渐演化为外显的具体行为。①

综合实践课具有感知性、体验性和探究性，可以较好实现财经素养教育目标，是财经素养教学活动中常用的教学形式。首先，财经素养教育重视价值引领，综合实践通过学生的亲身体验，能够将学生拉进"准社会"状态，体验生活的意义。其次，财经素养教育强调个体与社会、个体与国家的联系，而财经素养教育综合实践课可以通过购物活动、跳蚤市场、社区服务等活动让学生从生活的"脱域"状态回归。最后，财经素养教育要让学生懂得劳动与财富的关系，而综合实践课所强调的劳动教育要让学生通过情景体验认识劳动及其价值。比如，财经素养教育中的财富创造与社会责任的主题内容就可以采取综合实践的教学形式，设计财富创造的主题调研，让学生分组在社区进行调研，了解财富的多少与个人幸福的关系，并撰写调查小报告后分组汇报。通过与不同职业的劳动者的面对面访谈调查，可以让学生最真实地了解不同职业的人的工作状态，了解不同人群对财富的理解，对职业与个人幸福的认识，有助于形成正确的财富观、价值观；还可以让学生亲身体验职业劳动，感受不同劳动的工作内容及意义，以树立职业理想。可见，采用综合实践的教学形式开展财经素养教育能让学生对身边的问题产生

---

① 王乐，杨千．美国中学综合实践课程实施的启示［J］．新课程研究（上旬刊），2013（09）：4－8．

浓厚兴趣，不仅能让学生在亲身体验中广泛接触并积极了解身边的财经生活，而且在实践过程中有利于对学生进行个人价值和社会价值的教育熏陶，并有利于社会责任感和规则意识的养成。

**教学实践案例：**

临海市中等职业技术学校举办“匠心义卖”主题综合实践活动。本次义卖活动所有售卖的产品均由学校师生用心制作，烹饪专业学生制作了乌饭金团、肉松小贝、果味草糊、冰红茶等美食，服装专业学生制作了发卡、发圈等手工饰品。活动的所有收入将用于采购生活、学习用品捐赠给黄坦洋小学的留守儿童。参与本次义卖活动的学生体验了商品制作准备和售卖的全过程。活动前，大量的准备工作和义卖过程的不易，让学生体会到劳动的艰辛，也体验到了收获的喜悦。物美价廉的商品受到了顾客的一致好评，也激发了学生不断学习提升技能的信心和决心。通过本次实践活动，学生树立了正确的劳动观和价值观，深刻认识到要通过自己的劳动去获得收益，并回馈于社会。

上海财经大学附属中学成功举办三届财经特色综合实践活动——FEAST 集市。FEAST 集市是财经（Finance & Economics）、艺术（Art）和科技（Science & Technology）的跨界，是学校财经素养培育的载体，是学校公益活动的场所，所有收入用于捐助边远地区学校和学生。2018 年 5 月 29 日，首届 FEAST 集市在上财附中校园举办，师生一起在校园“练摊”，展示各拓展课及社团的特色，深受大家喜爱。2019 年 5 月 21 日，第二届 FEAST 集市以“变废为宝，让生活更美好”为主题，在内容上进行了扩容升级，学校组织学生进行了一场别开生面的“以物换物”财经实践竞赛。2020 年，突如其来的新冠肺炎疫情给各行各业带来巨大挑战，也带了新契机——线上直播。受此启发，学生翘首企盼的第三届 FEAST 集市在线上举行，这是学校引导学生首次尝试云端交易。

**四、班会活动教学**

班会是在教师指导下或学生自发的，以班级为单位，围绕一个或几个主题，组织对全班同学开展教育的活动。班会活动的开展没有内容的限制，可以为专门解决班级当下存在的问题而召开，也可以就某项教育展开，也称“主题班会”。主题班会具有灵活性，因此也常常和项目学习、综合实践教学策略相结合。主题班会召开的步骤一般为：①确定要讨论的主题，该主题是具有讨论意义的；②开放式提出解决问题的构想，鼓励学生积极发言，且确保尽可能多的学生都能分享观点；③综合学生的意见，在大家都认同的基础上找到解决方案；④形成书面材料。

从主题班会召开的形式上看，财经素养教育中一些有辩论价值的话题适合采用主题班会的形式进行。比如，小学高段的劳动、职业与收入主题，就可以设计“长大我要当什么”的主题班会，让学生提前了解父母的职业、调查社区周围的人的职业与收入、提前思考并在班会上积极讨论发言，让学生通过亲身的调查访谈和体验感受不同职业的劳动付出和价值，以树立劳动光荣、不以收入高低评价劳动贵贱的价值观。再比如，初中阶段关于理性消费的主题，可以设计“我的钱由我做主”的主题班会，让学生摆出当前的不正确的消费形式，如夸张消费、炫耀消费、攀比消费等，让学生通过质疑、辩论、反思后形成合理的消费观。通过主题班会的形式开展财经素养教育，能够让学生在思想的自由交流与碰撞中重塑情感态度价值观。

**教学实践案例：**

广州市番禺区桥中心小学将财经素养教育与班会活动紧密结合，开发了“做个自立的人”“折扣的秘密”“我是理财小管家”“体验合理消费”

“劳动最幸福”“公共产品为大家”等主题班会教学案例，在班会活动中围绕主题设置了圆桌讨论、模拟实践、情景表演、总结发言等环节，将财经素养教育与班会活动有机融合，激发学生兴趣，培育学生正确的劳动观、金钱观、消费观和财富观。

深圳市大鹏新区葵涌第二小学在“今天我当家”主题活动中通过召开班队会开展财经素养教育。教师组织学生分组汇报活动成果，畅谈活动感受。每组选派代表做经验介绍，内容包括学生日常生活中掌握的购物省钱技巧和管理零花钱的方法等，各组学生以多种形式展示当家一天的成果。最后，师生共同探讨合理的理财方法，引导学生学会勤俭持家。

## 五、社团活动

学校社团活动的开展是学生学习的第二课堂，能够充分拓展学生的知识体系，有效提升学生综合素质，培养和发展学生综合能力，是对课堂教学的充分补充，也是全面推动素质教育的重要内容。目前，在基础课程的教学安排得相对紧凑的情况下，无论对于中小学还是对于高校，通过社团活动弥补财经素养教育课时不足都是推进财经素养教育的重要形式。

组建财经类社团可以拓展财经知识学习的广度与深度，有助于提升学生对财经素养活动的兴趣。从实践层面看，财经社团活动的开展可以通过举办财经知识讲座、财经辩论赛，让学生参加财经知识竞赛，参观银行及金融机构等活动让学生深入学习财经知识；也可以组织学生参与社会上有关热点财经问题的调研活动，将自身所学习到的财经知识运用到社会实践中来，并尝试解释、解决社会中存在的问题。总之，财经社团活动的开展弥补了在课堂教学中开展财经素养教育时间和内容有限的局限，为了推动财经素养教育提供了灵活、自由、高效的学习方式。

**教学实践案例：**

西安外国语学校组建 Future Business Elite of XFLS（西安外国语学校未来商业精英社）学生社团，社团致力于宣传普及财经知识，为学生提供商业精英交流模拟平台，秉承“培育具有国际视野、财经素养的外校学子”的发展理念，培养学生的凝聚力、思考力、创造力、展现力、实践力，为未来社会培育复合型人才。未来商业精英社代表西安地区参加了“第五届中国青少年金融素养大赛”，未来商业精英社组织的财经辩论赛还在西安市财经素养培训中亮相，丰富多彩的社团活动成为培养学生财经素养的第二课堂。

西安汇文中学成立“财经素养社团”，每周定期开展社团活动。通过社团活动渗透财经素养知识，构建财经素养技能。主要活动有如下几项。①组织学生开展调查。社团通过制定家庭收入调查问卷，摸清学生对财经素养知识的了解认知情况，了解初中生如何安排零花钱及消费中存在的误区等问题，同时邀请家长配合学生完成调查报告。②开展废品收集出售活动。社团将废品收集出售活动所得收入建立账户，成立专门小组管理社团资产，让学生了解投资经营的基本知识，学习成本、收益的计算。③开展创业实践活动。创业实践活动组织学生自我调研、成立公司，并参与公司的运营与管理，引导学生深入了解企业的形成、发展以及管理等相关内容。

以上仅列举了几种常用的教学形式，在具体的财经素养教学活动中，教师可以根据具体的教学目标、内容及场景，灵活选择其中一种教学形式或综合运用几种教学形式开展教学。教无定法，无论选择何种教学形式开展财经素养教育，其目的都是运用恰当的教学形式，达到提升学生财经素养的目的。

## 第二节　基本方法

与传统学科教育相比，财经素养教育具有综合性、实践性较强的特征。财经素养教育的基本方法也与传统学科教育有所不同，财经素养教育主要采用生活式教育、情境式教育、体验式教育、讨论式教育、探究式教育、案例式教育等方法，更突出学生在财经素养教育中的主体地位。由于财经素养教育主题内容丰富、覆盖不同学段，因而在具体实践中需根据具体主题内容和学生特征合理选择并综合运用这些教育方法。

### 一、生活式教育

财经素养教育可以与学生的日常生活密切结合。生活式教育是指在设计、组织、实施财经素养教育活动的过程中，把教育内容与学生的日常生活、感性经验联系起来，把富有教育价值的生活内容纳入财经素养主题课程及实践活动。具体而言，生活式教育法包括三个方面的内容。①财经素养教育教学资源可来自学生的生活，如日常生活中的消费购物、储蓄、防范网络诈骗等话题均可作为财经素养教育的主题活动。②生活式教育需从学生对生活的感知和经验出发进行有针对性的教育，如不同学段的学生对消费资料的需求有很大的差异，要基于学生本身和所处的环境进行生活式教育。③财经素养教育可通过创设将生活化的场景移植到课堂中，使教学的内容与学生生活有更近的距离，易于学生接受，避免灌输式培养。生活式教育强调财经素养教育根植于生活，从生活中获得直接的经验。

**教育实践案例：**

成都市金牛区机关第三幼儿园组织“种植小天地”系列主题活动。其中“卖菜小能手”是一个充满生活气息的实践活动，通过生活式教育让幼儿感知劳动的过程。教师以收获蔬菜作为切入点，组织幼儿思考并讨论怎样布置菜市、怎样捆扎蔬菜、如何售卖等问题。在充分研究与讨论后，教师组织幼儿走进菜市场，迁移已有经验向消费者发放售卖宣传单、给蔬菜定价、制作班级二维码收银，参与活动的幼儿还推出了送菜上门活动。活动结束后，幼儿园教师在总结中写道："活动不是脱离生活的，只有将活动放到真实的生活情境中去，活动才能真正地作用于幼儿、作用于生活"。

## 二、情景式教育

情景式教育是指在开展财经素养教育活动过程中有意识地引入或创设具有一定情绪色彩、以形象为主体的生动场景。例如，在课堂教学中引入经济活动相关案例场景，引起学生的情景融入，激发学生情感。情景式教育可以分为热点问题情景法和角色扮演情景法。热点问题情景法是将学生熟知或感兴趣的热点问题引入教育过程中，将学生置身于热点问题发生的现场，引发学生思考自身在当时的真实场景中会做出怎样的选择，从而激发学生的学习兴趣。角色扮演情景法通过角色扮演创设场景，通过角色扮演让学生更好地融入教育教学中，在角色饰演中丰富相关经验。情景式教育更强调情景的创设，并不强调在真实生活场景中获取直接经验，而侧重在创设的情景中激发学生的情感和兴趣。

**教育实践案例：**

在西安市汇文中学设计的"市场交易的基本规则"主题课程教学案例中，教师组织学生分角色表演情景剧，让学生从模拟情景中深刻感知强制搭售、假冒伪劣行为给消费者带来的危害，引导学生学会维护自身合法权益，学习有关市场交易的相关规则，树立学生的规则意识。

## 三、体验式教育

体验式教育是教育者依据教育的目标和学生的心理、生理特征以及个体经历创设或选择一定的相关情景，组织学生在其中进行体验，引导学生感悟、体会、反思、实践，通过自我认识、自我修正、目标内化，从而形成个人的财经价值观，在反复体验中积淀个人的经济生活经验，提升学生的财经素养。体验具有过程性、亲历性和不可传授性，是充满个性和创造性的过程。从心理学角度讲，体验是“理智的直觉”，是一种建立在个体“内部知觉”基础上的特殊活动。它是与个体的自我意识紧紧相连的。

体验式教育坚持“间接体验—直接体验—反思体验—体验内化”等体验方式的结合。间接体验是采用模拟的社会和生活，为学生设计多个角色，模拟相应的情景，让学生去进行间接体验。直接体验是让学生克服过去预想不到的困难去完成相关活动，从亲身参与中获得感知和感悟。反思体验是引导学生对体验中的心理感受、情感体验、行为变化、活动过程及效果等进行深层次思考，强化体验效果，促进自我认识与评价。体验内化是体验反思的深化和提升，强调要明确体验活动的外部行为与内部过程之间的关系，借助外部活动促进、深化内部体验。体验可以使学生广泛接触社会，品味劳动的艰辛，体验人间的温情，增强社会责任感。

体验式教育、生活式教育、情景式教育既有相似之处又有所区别。体验式教育侧重过程性和亲历性，从内容上看，既可以体验日常生活（与生活式教育类似），也可以体验模拟的成人世界、国际谈判等与日常生活有一定距离的情境。情景式教育侧重情景的构建，可以用图片、声音等将学生带入虚拟的情景。然而，虚拟或描述中的情景则不具备“亲历性”这一条件。

**教育实践案例：**

南京师范大学附属小学开展“职业体验我能行”主题活动。该校组织学生前往金陵高等职业学校体验不同职业的具体工作。活动中，有的学生体验计算机拆装，有的学生体验插花，有的学生体验摄影，有的学生体验讲课，有的学生体验海报制作，还有的学生体验制作春卷……学生亲身体验不同职业需要付出的劳动，感受劳动的艰辛和成功的喜悦，与同伴及家人分享自己的收获，并在活动结束后将真实体验记录下来，形成了优秀作文集。

## 四、讨论式教育

讨论式教育是指教师在分析教学目标的基础上精心设计某一问题，并指导学生在讨论中各自发表意见，以寻求问题的答案，从而使学生的能力得到锻炼的一种方法。我们可以把它看作一种教学方法，也可以把它看作一种学习方法。[①] 从学生的角度看，讨论式教育：一是可以培养学生的表达能力、批判能力、自学能力、合作能力和自我认知能力；二是可以使学生改变保守的学习心态，体会到分享的快乐；三是可以培养学生的团体意识和合作精神，并促进学生之间的友谊；四是可以加深学生对财经知识的理解，并能很好地应用所学的知识。从教师的角度看，讨论式教育：一是有利于改善师生之间的关系，使师生关系更融洽，让教师可以真正成为学生的良师益友；二是有利于教师角色的转变；三是有利于改善课堂气氛，使学生的思维充分地活跃起来，从而更好地达成教学目标。

财经素养教育内容贴近生活、包罗万象，教学材料具有较强的开放性。教师在教学实践中可选取恰当的主题组织学生讨论，引发学生对财经

① 杨春梅．关于讨论式教学法及其应用问题探究［J］．教育探索，2014（01）：62－63.

现象和财经问题的思考，引导学生寻求解决问题的途径。讨论式教育侧重以问题引导学生思考，通过讨论促进思维碰撞，促使学生在交流中寻找答案。

**教育实践案例：**

东莞外国语学校组织开展“中美贸易大家谈”主题活动。该校结合国际贸易与全球化内容，挑选中美贸易摩擦中的典型时事新闻，组织学生针对全球化这一议题收集资料、访问调研并展开讨论。考虑到中美贸易摩擦的成因复杂，对于初二学生有一定的难度，课题组召集校内数学科组、历史科组、政治科组的骨干教师，多次开会商讨指导学生进行研究性学习的实施方案、集思广益，开发了“东莞外国语学校‘中美贸易大家谈’学习任务单”，教师指导学生利用数学知识进行数据分析，并从东莞的出口制造业、生活中的房价、油价等与之息息相关的方面入手，以小见大、由浅入深地提出自己对中美贸易摩擦的见解。

## 五、探究式教育

“探究”如其名，是“深入探讨、反复研究”的意思。“探究”强调的是对现存问题的把握。美国的《国家科学教育标准》（National Education Standards）对“探究”给出的定义则是“探究是一个多层面的活动，需要观察、提出问题、查阅书刊和其他信息资源、设计调查和研究方案、运用各种手段来搜集、分析和解释数据、提出答案、解释和预测、对所做解释加以检验以及同他人交流结果”①。探究活动源于主体对现实世界理解的兴

① National Committee on Science Education Standards and Assessment, National Research Council. Science Education Standards [S]. National Academies Press. 1996: 23 – 24.

趣，以对现实问题的关心为贯穿始终的主线，最后以主体自身采取行动去亲历一个完整的探索研究流程来满足兴趣和解决问题。①

探究式教育是以探究为主的教学。“具体地说，它是指教学过程是在教师的启发诱导下，以学生独立自主学习和合作讨论为前提，以现行教材为基本探究内容，以学生周围世界和生活实际为参照对象，为学生提供充分自由表达、质疑、探究、讨论问题的环境，让学生通过个人、小组、集体等多种解难释疑的尝试活动，将自己所学知识用于解决实际问题的一种教学形式”。② 探究式教育强调的是综合运用多种方法解决实际问题，与其他方法相比，探究式教育具有明显的综合性特征。

财经素养教育具有较强的实践性，对学生的自主学习能力、解决问题能力都有一定的要求。财经素养教育教师或相关教育工作者可将探究式教育的方法应用于财经素养教育实践，将经济生活中的实际问题设置为实践活动研究的主题，引导学生根据所学财经知识与技能提出解决问题的路径和方案。

**教育实践案例：**

广州市天河区景汇实验学校利用暑期社会实践组织学生开展探究式财经素养教育实践活动。学生在教师的指导下制订活动计划，搜集资料，开展调查研究、数据分析或案例研究等，最终完成活动报告。以其中一份优秀案例为例，学生针对劳动合同维权问题进行了调查，并对广州泛森建筑设计工程有限公司及广州源色建筑设计咨询有限公司的实际案例进行分析和讨论，最终得出劳动者签订劳动合同时应注意的事项和违反劳动合同的常见事例特点及防范方法，并提出了相关建议。

---

① 张胤，胡菲菲．回归实践、回归问题、回归主体——论探究式教学的本质、特征及实施模式［J］．江苏高教，2013（04）：67－70.

② 许玲俊．论《课程与教学论》中探究性教学模式的建构［J］．教书育人，2007（27）：85－87.

## 六、案例式教育

案例式教育是指在实施教育的过程中，施教者根据教育所要达到的目的和需要，通过对具有典型意义的具体情境的描述，来引导、启发受教育者对这些特殊情境进行讨论、分析，从而达到提高受教育者理论思维能力、分析判断能力、面对复杂情境的决策能力和行动能力的一系列教育方式的总和。① 案例式教育的特点具有以下特点。①真实性，案例式教育依托于一个贴近现实的案例。②参与性，案例式教育对受教育者的教育方式是体验和实践，强调受教育者对案例的参与性。③思考性，调动受教育者进行独立思考和换位思考是案例式教育的显著特点。④有效性，案例式教育的有效性在于引导受教育者通过自己的思考和分析来做出正确的判断。

在财经素养的案例式教育中，对案例有以下要求。

（1）真实可信。案例是为教学目标服务的，因此它应该具有典型性且应该与所对应的财经理论知识有直接的联系。但它一定是经过深入调查研究，来自实践，决不可由教师主观臆测，虚构而作。为此，教师要亲身经历，深入实践，采集真实的案例，例如，教师精心挑选与主题教学相关的财经新闻、商业司法案件、生活中的真实事例等作为案例。

（2）客观生动。真实固然是前提，但真实的案例不能是一堆事例、数据的罗列。教师要摆脱乏味教科书的编写方式，可采用场景描写、情节叙述、心理刻画、人物对白等，加重气氛，提示细节。但案例描述不可暴露案例编写者的意图，更不能由此产生导引结论的效果。案例可随带附件，诸如案例中企业的有关规章制度、文件决议、合同摘要等，还可以补充报表、台账、照片、曲线、资料、图纸、当事人档案等相关图文资料。

① 彭吉黔，靳永翥，樊晓娇．大学生行为矫治中的案例式教育：理论基础、应用及评价[J]．黑龙江高教研究，2012，30（07）：122－124.

（3）结果多样化。案例应该只有情况没有结果，有激烈的矛盾冲突，没有处理办法和结论。后面未完成的部分，应由学生去决策、去处理，而且不同的办法会产生不同的结果。假设一眼便可望穿或只有“一好一坏”两种结局。这样的案例就不会引起争论，会使学生失去兴趣。从这个意义上讲，案例的结果越复杂越具有多样性也就越有价值。

（4）紧扣教学内容。案例分析的目的是使学生加深对所学理论知识的理解和运用理论知识解决实际问题的能力，因此所选案例必须是针对课程内容的。

（5）具有一定的代表性和普遍性。案例的运用应具有举一反三、触类旁通的作用。典型的案例往往涉及的关系比较全面，涵盖的知识较多，有助于学生从各个方面对所学理论加以验证，从中得出正确结论。

**教育实践案例：**

在常州勤业中学的“走出贫困，走向富裕”主题课程设计中，教师引入“县长直播带货”的案例，并引导学生做出价值判断，让学生思考县长直播带货现象对脱贫攻坚的作用，共同探讨家乡扶贫工作的成效。“县长直播带货”案例文本如下。

2020年6月13—14日，伊川县成功举办首届“文化旅游+助农扶贫”活动，县领导袁剑、武平乐、姜斌等参加活动。县长袁剑、副县长姜斌、赵艺峰等分别走进直播间，推介伊川县各类农产品，为农民带货。讲解、试吃、与网友们互动，在直播活动中，袁剑、姜斌、赵艺峰化身主播，通过直播平台给全国消费者详细介绍伊川县优质农副产品以及伊川县的特色文创产品；分别向网友推介了伊河桥富硒小米、伊河桥小米醋、博丰园富硒鸡蛋、路氏西瓜、三山杂豆面等农产品。他们的直播真诚且极具亲和力，受到广大网友喜爱，富硒小米、小米醋等产品上架几分钟就被一抢而空。直播带货是指通过一些互联网平台，使用直播技术进行商品线上展示、咨询答疑、导购销售的新型服务方式，具体形式可由店铺自行开设直播间或由职业主播集合进行推介。但是，也有部分领导干部将直播间当成秀场，不但流量注水、销量造假等，还组织水军齐呼“领导好帅”。

这些方法并不是完全独立的，而是互相联系、各有侧重，共同构成财经素养教育的基本方法。在教学实践中，以上六种方法既可以单独使用也可以综合运用，需根据财经素养教育的对象和内容进行选择。例如，幼儿园阶段关于生活中危险因素的内容适合采用情景式教育，通过声音、图片、视频等多媒体技术向幼儿展示生活中的危险情景及危险发生后的后果，但不宜使用体验式教育。再如，初中阶段关于市场交易相关内容可以综合使用体验式教育、情景式教育、探究式教育等方法，组织学生到农产品市场、超市、商场等购物，在校园中设置“跳蚤市场”“爱心义卖”等活动，还可以设置与市场交易有关的主题开展调查，针对具体的市场交易案例展开讨论等。在具体实践中，教师应综合考虑学生身心发展情况、已经具备的财经知识与技能、认知水平以及主题教育的具体主题内容等，对主题教学进行整体规划和安排，恰当选择每个部分的具体方法。

# 第七章

# 财经素养测评与教育评价

财经素养作为21世纪公民必备的核心素养，不仅具有个体意义，更具有社会意义和国家意义。随着人口结构转变、金融市场发展、互联网等技术普及，公民的财经素养水平已经开始影响经济发展。那么，开展财经素养教育实践应怎样科学地测评学生的财经素养水平、如何对财经素养教育活动进行合理评价呢？本章分别以学生财经素养水平和学校财经素养教育活动为研究对象开展评价研究，为学生财经素养水平测评及学校财经素养教育活动评价提供参考。

## 第一节　财经素养水平测评

对学生财经素养状况的准确测评是深入推进财经素养教育实践的重要依据。现有的国际学生评估项目（简称“PISA”）中的财经素养测评模块引发了世界各国对财经素养的广泛关注和高度重视，提供了科学的财经素养测评工具，但其面向的学生群体有限，且所得结论无法全面反映中国学生财经素养现状。鉴于此，我们基于国情设计了适合中国学生的财经素养测评框架，根据测评框架开发了测试题目，选取部分学生及教师完成了测试和访谈，并在此基础上对测试题目做了进一步完善。

### 一、测评财经素养的重要性及比较意义

1. 测评财经素养水平的意义

科学测评财经素养水平是检验财经素养教育效果，深入推进财经素养教育实践的重要依据。由于财经素养的测评存在专业性强、难度大等问题，因而在财经素养教育实践中教师较难完成系统的财经素养测试开发。这导致教师对学生财经素养水平的认识不足。测评框架研究是科学测量学生财经素养水平的理论基础，在此基础上根据各学段特点研制测试题并对学生进行测试能够帮助教育工作者认识学生财经素养现状及问题，为财经

素养教育实践提供实证支撑，从而有效开展财经素养教育工作。

由于财经素养具有宏观性、系统性和复杂性，一线教师对财经素养的认识和理解也并不统一，因而他们在教学实践中依然存在疑惑。因此，有必要通过财经素养测评的研究与开发加深师生对财经素养组成要素与结构层次的理解，丰富与优化师生对财经素养的认识，进而促进学生财经素养的养成。

2. OECD 国际学生评估项目（PISA）与中国学生财经素养测评

国际学生评估项目（PISA）是经济发展与合作组织（OECD）发起的学生能力国际比较研究，测评即将完成义务教育时，学生在多大程度上掌握了全面参与社会所需要的问题解决能力和终身学习能力。2000 年 PISA 项目启动以来，共有约 90 多个国家和地区 300 多万名学生参与测评。国际学生评估项目于 2012 年首次加入了财经素养方面的内容，极大地推动了各国对财经素养教育的高度关注。此后，分别于 2015 年和 2018 年开展了两轮 PISA 财经素养测评。中国学生参加了 2012 年和 2015 年两轮 PISA 财经素养测评。其中，2012 年的首轮 PISA 财经素养测评仅有上海地区学生参加，2015 年第二轮 PISA 财经素养测评有北京、上海、江苏、广东四省市学生参加。我国在两轮 PISA 财经素养测评中均取得了出色的成绩。国际学生评估项目财经素养测评模块为中国学生财经素养测评的设计奠定了坚实的理论基础和框架依据，是开发和实施中国学生财经素养测评的有效参照。

3. 开发中国学生财经素养测评框架的必要性

我国有关财经素养测评的研究尚在起步探索阶段。学生的财经素养与其所处的社会文化背景、学校教育情况以及家庭成长环境都密切相关。现有的 PISA 中的财经素养测评模块引发了世界各国对财经素养的广泛关注和高度重视，但这项测评更加重视财经知识及认识策略，对制度与环境、个人与国家经济活动的关系关注较少，所得结论无法全面反映我国学生的财经素养现状。国内虽有部分学者开发出一些财经素养测评框架，但其结构维度不够全面、层级单一，且面向的对象大多为劳动者，不能直接应用于学生财经素养水平的测评。因此，有必要构建立足我国国情的、立足教育背景的、面向我国学生的测评框架，开发适合我国学生的财经素养测评工具，为我国学生财经素养的测评奠定理论和工具基础。

## 二、中国学生财经素养测评的框架设计

与 OECD 的定义不同，我们认为财经素养是“个体在经济生活中必备的财经知识、理财技能、财富观念与信念等基础素养总和”，其间的个体就是个体—社会、个体—国家的关系型个人，即个体的财经素养不仅与个体的经济活动相关，也是个体对社会活动、国家发展的知晓、理解、把握与判断。由于对财经素养内涵的理解存在差异，因而财经素养测评的重点也有所不同。PISA 财经素养测评更偏重考查学生理解题意、运用数学技能解决问题的能力，而较少涉及财经素养的观念和价值层面。中国学生财经素养测评在考查学生财经知识、财经技能的基础上，更侧重考查学生的财经观念和价值判断。为此，我们在 PISA 财经素养测评框架的基础上，根据中国财经素养教育的目标要求设计构建中国学生财经素养测评框架。

我们分析比较国内外财经素养框架，借助国际上测评财经素养能力常用的 PISA 能力评价框架，从内容、过程、情境三个维度建立一级指标，中国学生财经素养测评框架结构见图 7－1。与 PISA 框架不同的是，我们基于我国国情和学生认知情况设计二级指标，其中内容维度的二级指标来源于《中国财经素养教育标准框架》确定的财经素养五维结构；背景维度的二级指标根据中国学生财经生活现实情境设计，主要包括个人情境、家庭情境、社会与国家情境和国际情境四个层面；过程维度的二级指标根据布鲁姆认知过程维度结合财经素养教育具体实践设计。学生表现的水平划

分标准依据 PISA 财经素养测评的精熟度水平划分方法结合我国学情进行设计和制定。

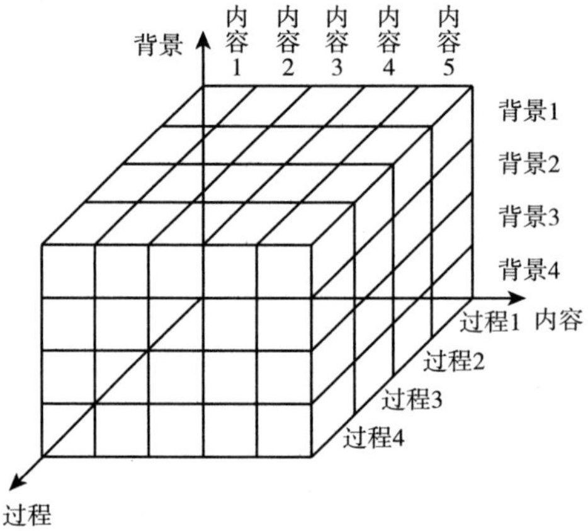


**图 7-1　中国学生财经素养测评框架结构**

## （一）内容维度

财经素养的内容包括知识和理解力。它们是财经素养结构中的必要部分，被视为实施一项特定任务所必需使用的知识和理解力的范围。中国学生财经素养测评内容覆盖《中国财经素养标准框架》的五个维度。

1. 收入与消费

这一内容致力于考查学生对个人、家庭和国家的收入与消费的认识、理解、判断、把握，又可细分为三个部分：劳动与个人收入、个人消费与规划、政府收入与支出。劳动与个人收入部分主要考查学生的劳动观，例如如何进行职业选择、区分各类收入来源、了解收入分配制度等；个人消费与规划部分主要考查学生的消费观，例如做出合理的消费选择、规避不良的消费习惯、运用消费者权益保护法合理维权等；政府收入与支出部分主要考查学生对国家经济运行的认识，例如理解经济增长与经济发展、认识税收的作用、依法纳税等。

2. 储蓄与投资

这一内容涉及考查学生对个人收入和资金进行计划及管理，可细分为三个部分：货币与利率、储蓄与信贷、投资与收益。货币与利率部分主要考查学生的金钱观，例如：是否理解货币是用来兑换商品和服务的、认识利率和汇率、了解通货膨胀等；储蓄与信贷部分主要考查学生对储蓄和信贷相关知识、技能和观念的把握，如是否认识储蓄的作用、了解储蓄率高/低的原因和表现、能够辨别贷款的途径是否合法等；投资与收益部分主要考查学生对投资行为和投资收益的认知情况，如能否区分金融投资和实体投资的特征、初步了解企业财务报表、计算投资的成本和收益等。

3. 风险与保险

这一内容考查在一系列财经背景中对风险的认识与理解以及对管理、平衡和抵御风险方法的掌握，具体细分为风险与管控、商业保险与社会保障两个方面的内容。风险与管控部分侧重考察对风险的认识、评估、区分及管控，如识别和防范常见的经济风险、区分系统性风险和非系统风险、认识不同风险对收益的影响等；商业保险与社会保障部分侧重考察对保险和保障的认识、理解与应用，如了解社会保障的类型、能够处理商业保险的理赔、理解商业保险和社会保障的作用等。

4. 制度与环境

这一内容考察对国家经济制度及政策、国际环境等的理解力，具体细分为经济制度与体制、资源配置与全球化两个部分。经济制度与体制部分主要考查学生对我国基本经济制度及体制的认识与理解，例如认识市场经济的相关法律法规、理解市场与政府的关系、了解金融监管机构的职能等；资源配置与全球化部分主要考查学生在全球化背景下对国际经济事务的理解与把握，如认识经济全球化带来的机遇与挑战、了解关税壁垒与非关税壁垒、了解国际争端的解决途径等。

5. 财富与人生

这一内容旨在考查学生是否拥有正确的财富观，涉及财富与个人家庭、财富与国家社会、财富与生命自然等内容。财富与个人家庭部分考察个体层面对财富的认知，如认识财富创造的过程、理解财富的丰富内涵、懂得创造与财富的过程是一个人涵养美好德性的历程等；财富与国家社会部分考察对个体财富与国家、社会关系的理解，如认识到个人财富与社会责任的关系、理解财富的获得离不开社会支持、认识人力资本对国家财富的重要作用等。

**（二）过程维度**

过程维度用于描述学生面对任务所采用的心理策略或方法。过程的分类与认知过程本身有关，用于描述学生识别和应用财经领域相关概念，理解、分析、推理、评估和提出解决方案的能力。财经素养测评包括四个过程维度：识别财经信息、分析财经背景中的信息、评估财经问题、应用财经知识解决现实问题。

1. 识别财经信息

这一过程反映了个人搜索、访问和识别财经信息的过程。在测试中信息会以文本或图片的形式出现，如合同、广告、图表、表格、表格和说明等。例如，要求学生在“2020 年财政收支情况”中识别出存在赤字的预算项目，或者要求学生从一份保险合同中找出符合特定情境的免责条款等。

2. 分析财经背景中的信息

这一过程包括解释、比较、对比、综合和推断所提供的信息，包括认识那些没有明确给出的信息，也就是识别财经背景中某个信息的潜在假设或影响。例如，测试中可能涉及比较增加汽车使用后的各种费用情况，或者根据某公司股市行情图判断该股的最佳购买时段等。

3. 评估财经问题

这一过程包括判断、解释、理解财经知识在特定环境下的应用，由解释、评估和归纳构成，还涉及批判性思维。如利用知识、逻辑和合理推理来理解和形成对财经相关问题的看法。例如，学生根据某银行的短信消息评估当前所处的环境并判断不同观点的正确性。

4. 应用财经知识解决现实问题

这一过程侧重于采取有效行动。这一过程涉及执行计算和解决问题，通常需要考虑多种条件。例如，测试中涉及计算两年期存款本息和问题，属于应用财经知识解决现实问题。

**（三）背景维度**

背景维度是应用知识、技能和理解力的情境。它反映测试任务的范围宽度，关于财经问题的决策通常取决于他们所处的环境。测试问题设置在不同的背景环境中，尽可能将财经问题与现实场景相结合，全方位考查财经素养水平。财经素养测试的问题设置背景包括个人活动、家庭活动、社会与国家活动、国际活动四个方面。

1. 个人活动

这一背景对于个人经济生活非常重要，个体为满足个人利益而作出各种决策的同时必须承担各项责任。这种背景下所作出的决策包括个人职业的选择、购买商品及服务、休闲和娱乐等。测试中可能包括开立银行账户、购买消费品、为娱乐活动付款以及处理与信贷和保险等项目有关的合同问题。

2. 家庭活动

居家及家庭生活是学生最熟悉的生活背景之一。这一背景包括与家庭生活收支有关的财经事件。该分类也包括非家庭血缘关系的人，如年轻人离开家之后短期内合住的室友。这一背景涉及的问题包括与家庭费用有关的财务问题，如购买家庭用品、保持家庭支出记录、为家庭活动制订计划等，关于预算和优先支出的决定也包含在内。

3. 社会与国家活动

学生的生活环境的显著特点是变化性、复杂性和相互依赖性。个人行为受制于本地和地区之外的经济环境。我国对财经素养内涵的理解更突出个人与社会、国家经济的关联，社会与国家活动是我国学生经济生活的重要背景。这一背景涉及的问题包括消费者权利和责任、政府收入和政府支出、商业利益和消费者购买力、向非营利组织和慈善机构捐款等。

4. 国际活动

在全球化的背景下，学生作为未来国家的建设者，应具备一定的国际视野，应具备在国际环境中处理经济事务的能力。这一背景涉及的问题包括认识汇率、国际贸易顺差和逆差、国际贸易规则等。

## 三、测评样例分析

中国学生财经素养测评的问题处于真实的情境，因此通常包括多种过程、多种内容和多种情境。尽管题目包含多个维度，仍需判断解题难度的主要来源，以便将题目分配到单一的过程、内容和情境类别。题目所分配的类别反映的是该题目聚焦的最高认知要求所属的类别。部分题目的过程、内容、情境和答案类别划分见表7－1。

**表7－1　部分题目的过程、内容、情境和答案类别划分**

| 题目 | 过程类别 | 内容类别 | 情境类别 | 答案类别 |
|---|---|---|---|---|
| “王小小家的账本” | 识别财经信息 | 收入与消费 | 家庭活动 | 单项选择 |
| “王小小家的账本” | 分析财经背景中的信息 | 收入与消费 | 家庭活动 | 单项选择 |
| “王小小家的账本” | 评估财经问题 | 收入与消费 | 家庭活动 | 单项选择＋填空 |
| “张先生贷款买车” | 分析财经背景中的信息 | 收入与消费 | 家庭活动 | 单项选择 |
| “R公司的股价” | 分析财经背景中的信息 | 储蓄与投资 | 个人活动 | 单项选择 |

续表

| 题目 | 过程类别 | 内容类别 | 情境类别 | 答案类别 |
|---|---|---|---|---|
| “银行存款” | 应用财经知识解决现实问题 | 储蓄与投资 | 个人活动 | 填空 |
| “集资广告” | 评估财经问题 | 储蓄与投资 | 个人活动 | 简答 |
| “集资广告” | 分析财经背景中的信息 | 储蓄与投资 | 个人活动 | 单项选择 |
| “银行的短信” | 评估财经问题 | 风险与保险 | 个人活动 | 单项选择 |
| “守护天使” | 分析财经背景中的信息 | 风险与保险 | 社会与国家活动 | 单项选择 |
| “守护天使” | 评估财经问题 | 风险与保险 | 社会与国家活动 | 单项选择 |
| “我不是药神” | 分析财经背景中的信息 | 制度与环境 | 社会与国家活动 | 单项选择 |
| “我不是药神” | 分析财经背景中的信息 | 制度与环境 | 社会与国家活动 | 多项选择 |
| “我不是药神” | 评估财经问题 | 制度与环境 | 社会与国家活动 | 简答 |
| “联想的故事” | 评估财经问题 | 制度与环境 | 国际活动 | 简答 |
| “联想的故事” | 分析财经背景中的信息 | 制度与环境 | 国际活动 | 单选 |
| “工厂选址” | 应用财经知识解决现实问题 | 财富与人生 | 社会与国家活动 | 简答 |
| “抗癌厨房” | 评估财经问题 | 财富与人生 | 社会与国家活动 | 简答 |

与 PISA 财经素养测评模块类似，中国学生财经素养测评题目以单元的形式出现，一般每个单元围绕一个共同的材料，包括 1—3 个问题。问题的情境以财经为重点，选材以生活中发生的案例、新闻、电影、广告等为主，以不同的形式出现，包括文字、表格、图片等。

从答案类别来看，在财经素养的测评中主要分为客观题和主观题两类。其中，客观题包括单选题和多选题，主观题包括填空题和简答题。客观题需要学生从给出的一组选项中选出一个或多个选项作为答案。通常认为，客观题最适合用于评估识别和辨识信息的能力，也适合评估学生难以表达的、对深层次概念的理解能力。主观题需要学生形成他们自己的答案。答案的形式可能是文字，也可能是用来说明观点的数字，也可能会较长（需要几句话才能说明）。需要延伸性回答的主观题更加适合用于收集学生解释决策信息或态度及价值观信息。

下面以“王小小家的账本”测试单元为例分析测评题目的特点。

**例题：王小小家的账本**

**材料：**

王小小的爸爸是一家外资企业的员工，工作之余喜欢发明创造，并申请了专利。王小小的妈妈经营一家奶茶店，奶茶店每月都有稳定的客源。爷爷是一名退休的教师，每月领取退休金。王小小家有一套房屋在出租中。王小小家的账本信息如下。

2020 年 8 月收支情况

| 收入项目 | 金额 | 支出项目 | 金额 |
|---|---|---|---|
| 爸爸的专利转让收入 | 2000 元 | 购买衣服鞋帽 | 2300 元 |
| 企业发给爸爸的劳动报酬 | 8000 元 | 购买食品 | 2000 元 |
| 妈妈的奶茶店收入 | 7000 元 | 交通费用 | 600 元 |
| 爷爷的退休金 | 3500 元 | 教育费用 | 2500 元 |
| 房租收入 | 2000 元 | 医疗费用 | 500 元 |
| 合计 | 22500 元 | 合计 | 7900 元 |

问题 1：

王小小家账本上最大的一笔支出是（　　）。

A. 8000 元　　B. 2500 元　　C. 22500 元　　D. 7900 元

评分标准：

满分答案：B

问题属性：

| | |
|---|---|
| 问题编号 | C00201 |
| 内容 | 收入与消费 |
| 过程 | 识别财经信息 |
| 背景 | 家庭活动 |

问题 2：

请将王小小家账本上的部分收入划分到相应的类别。

| 收入 | 类别 |
|---|---|
| 爸爸的专利转让收入 | 工资性收入□ 经营性收入□ 财产性收入□ 转移性收入□ |
| 妈妈的奶茶店收入 | 工资性收入□ 经营性收入□ 财产性收入□ 转移性收入□ |
| 爷爷的退休金 | 工资性收入□ 经营性收入□ 财产性收入□ 转移性收入□ |
| 房租收入 | 工资性收入□ 经营性收入□ 财产性收入□ 转移性收入□ |

评分标准：

满分答案：财产性收入、经营性收入、转移性收入、财产性收入，按此顺序作答。

问题属性：

| 问题编号 | C00202 |
|---|---|
| 内容 | 收入与消费 |
| 过程 | 分析财经背景中的信息 |
| 背景 | 家庭活动 |

问题 3：

从账本信息来看，王小小家 8 月实现了资金 □净流入/□净流出，金额为________元。

评分标准：

满分答案：净流入、14600，按此顺序作答。

问题属性：

| 问题编号 | C00203 |
|---|---|
| 内容 | 收入与消费 |
| 过程 | 评估财经问题 |
| 背景 | 家庭活动 |

例题 1 中的材料表达的是现实生活中的家庭基本信息及账目情况，其呈现形式包括文字和表格。从测评框架来看，背景属于“家庭活动”，内容属于“收入与消费”，但三个问题涉及的认知过程并不完全相同。

问题 1：“王小小家账本上最大的一笔支出是（ ）。”这个问题以单选题的形式呈现，提供了 A、B、C、D 四个选项，选项均为表格中的数字。这个问题并不要求学生做任何计算，却需要看懂家庭收支表，特别需要识别出收支表上所展示的财经信息。例如，能够区分每个项目是收入项还是支出项，理解单个项目和总计之间的关系，从而判断出最大的一笔支出为“教育费用 2500 元”。学生需要表现出对家庭账本的理解力，从测评框架来看，反映出的是过程维度中的“识别财经信息”。

问题 2 ：“请将王小小家账本上的部分收入划分到相应的类别：”这个问题以多个单选题的形式出现，要求学生区分收入的类别。学生在作答本题时需要从题目信息中识别出收入背后暗含的具体的来源类型。例如，专利属于无形财产、房产属于有形财产，转让专利和出租房产产生的收入均为财产性收入，进而对每项收入进行正确归类。从测评框架来看，反映出的是过程维度中的“分析财经背景中的信息”。

问题 3：“从账本信息来看，王小小家 8 月实现了资金 □净流入/□净流出，金额为____元。”这个问题以单选题配合填空题的形式出现，要求学生在区分收入和支出的情况下，结合已有的资金净流量的知识通过计算判断王小小家的资金流水情况。从认知过程来看，回答这一问题需要将背景中的信息与自己已有的财经知识和理解联系起来，反映的是过程维度中的“评估财经问题”。

**四、水平测试及学生表现**

2020 年 11 月，我们在四川省成都市对初中学生及高中学生进行初步测试及访谈。本次测试采取纸笔测试和面对面访谈相结合的方式开展，目的是了解学生和一线教师对测试题目本身及财经素养教育有关内容的意见及建议。参与本次测试和访谈的有四川省成都市成飞中学（高中）和四川省成都市石室联合中学（初中）的40名学生及2名教师。

本次测试及访谈由中国财经素养教育协同创新中心联合目标学校共同组织，在两所学校不同年级和文理科班随机抽取相应数量的学生，组织学生以纸笔答题的形式参与闭卷测评。在测评结束后收集答题纸，并对参与学生进行面对面访谈。除了学生，我们还在石室联合中学随机抽取了2名教师参与测试和访谈。

本次试测的试题分为2个组别，每组试题均覆盖收入与消费、储蓄与投资、风险与保险、制度与环境、财富与人生维度。为了较为全面地了解学生的情况，本次试测对象覆盖了初中3个年级和高中2个学科的学生。特别地，为了对比初中学生和高中学生的差异，我们抽取部分石室联中的学生与成飞中学的学生回答相同的两个问题单元“贸促会新闻”“抗癌厨房”。具体试题及受访者分布情况见表7－2。

**表7－2　受访者及试题分布情况**

| 受访者 | 试题 | 组别 |
|---|---|---|
| 成飞中学理科生 | “苏悦君人物事迹”“集资广告”“刮奖游戏”“贸促会新闻”“抗癌厨房” | 1 |
| 成飞中学文科生 | “苏悦君人物事迹”“集资广告”“刮奖游戏”“贸促会新闻”“抗癌厨房” | 1 |
| 石室联合中学教师A | “苏悦君人物事迹”“集资广告”“刮奖游戏”“贸促会新闻”“抗癌厨房” | 1 |
| 石室联合中学8年级学生 | “贸促会新闻”“抗癌厨房” | 1 |
| 石室联合中学教师B | “消费愿望清单”“王先生的烦恼”“网络购物”“海关总署新闻”“工厂选址” | 2 |
| 石室联合中学7年级学生 | “消费愿望清单”“王先生的烦恼”“网络购物”“海关总署新闻”“工厂选址” | 2 |
| 石室联合中学9年级学生 | “消费愿望清单”“王先生的烦恼”“网络购物”“海关总署新闻”“工厂选址” | 2 |

通过测试和访谈，发现学生在测试中有下列表现。

（1）初中学生和高中学生对材料本身及材料反映的财经问题有浓厚的兴趣和好奇心。学生认为，试题本身反映的内容与生活密切相关，题目中涉及的知识应用性强，希望系统学习财经素养教育课程，很愿意参加财经素养教育实践活动。学生具有很高的求知欲，并认为非常需要财经素养教育。值得一提的是，在成飞中学进行测试和访谈的过程中，有5名高三学生在测试和访谈结束后返回访谈现场，与访员进行深入交流，并主动寻求相关问题的答案，向访员提出与题目相关的财经问题，并耐心倾听访员的讲解。由此可以看出，学生对财经素养教育有强烈的需求，但目前学校财经素养教育仍较为薄弱。这也表明，有必要推进学校开展财经素养教育，珍视并保护学生对财经素养教育的好奇心和求知欲，正确引导他们提升财经素养水平。

（2）从总体上看，学生在不同内容维度上的表现有较大差异。学生在涉及收入与消费、储蓄与投资、财富与人生内容维度的问题单元上表现较好，普遍得分率较高，学生对与日常生活紧密相关的就业、收入、消费、贷款等相关问题的理解更加透彻，对相关经济学概念的掌握较好，且大多数学生均具备较为正向的财经价值观。学生在风险与保险维度的表现有一定的差异性，少数学生（约20%）能够完全评估风险问题，但大部分学生的风险意识和判断能力还有待加强。然而，学生在制度与环境部分普遍得分率较低，大多数学生对关税壁垒和对外贸易顺差逆差的掌握较差，在所有参与测试的人员中，仅有一名学生和一名教师答对制度与环境模块的题目。访谈中我们发现，目前大多数学生的财经素养依然主要来自以家庭为主的有限经验，大多数学生能够感知到本次测试的题目与学校现有的学科考试有明显的不同，但依然有不少学生不清楚甚至完全没有听过财经素养的概念。

（3）从学科类型上看，文理科学生总体得分的差异并不显著，但具体内容维度上的表现存在差异。文科学生的平均正确率为0.47，理科学生的平均正确率为0.50。但在具体内容维度上有一定的差异，文科学生对“机会成本”概念的掌握较好，文科学生正确率为0.60，高于理科学生正确率为0.40；但理科学生对风险（0.80 >0.60）和期望收益的计算（0.40 >0）掌握较好。通过访谈发现，文科学生表示在学校现有经济生活课程中学过“成本”的概念，较容易延伸理解“机会成本”的含义；理科学生表示在数学课上接触过相似的有关风险的问题且学习过相关计算方法。可见，财经素养教育与现有学科课程的部分内容联系紧密，文理科学生的表现差异与学科教学的内容不同也有一定的关联。

（4）从学段上看，初中学生和高中学生差异不明显。在初中学生和高中学生都作答的“贸促会新闻”“抗癌厨房”测试单元中，初中学生和高中学生表现差异不大。有关贸易壁垒的问题初中学生的正确率略高于高中学生；在“抗癌厨房”测试单元中，初中学生和高中学生均能写出包含正向财经价值观的答案。除了共同作答的测试单元，初中学生和高中学生在各自的题目组别中也表现出相似的特征，均在收入与财富、储蓄与投资、财富与人生方面表现较好，但在风险与保险、制度与环境方面表现一般。

（5）测试中学生答错的主要原因是缺乏财经知识和技能，尤其是对核心概念的理解和计算方法的掌握还不足。经过访谈发现，学生普遍认为题目较难但理解题目材料没有困难。学生在日常生活中见过题目中出现的场景或材料，但并没有进行深入的思考和进一步的学习和探究。通过学生的反馈我们分析了错题原因，排除了题目本身难以理解、存在歧义的问题，发现主要原因是不清楚核心概念、财经知识的储备不足、没有掌握主要的计算方法等。此外，部分学生“工厂选址”问题单元答错的主要原因是考虑了一些与题目无关的因素，因此我们对题目进行了进一步完善和修改。

## 五、测评的思考及改进

针对测试和访谈中发现的问题，进一步对现有测试题目进行了修改和完善，主要有以下思考及改进。

（1）材料需根据学生认知能力恰当选取，尽量避免知识性较强但应用性不足的材料。例如“海关总署新闻”这一问题单元的材料是一则有关进出口贸易的新闻。新闻中包含大量数据，对于初中学生，在这些数据选出有用的信息有一定难度，分析数据背后体现的进出口贸易关系更是难上加难。这一题目能够在一定程度上反映学生对顺差和逆差问题的理解，但是因为材料本身的复杂性大幅增加了题目的难度，我们对这一问题单元的新闻材料进行了删改和缩减，删掉材料中与问题无关的部分数据和表述，缩短新闻的篇幅，以降低题目难度。

（2）题目的表述应清晰、准确，排除与题目无关的因素，避免产生歧义。在测试及访谈中，我们发现部分高年级学生在“工厂选址”问题单元中考虑了过多与题目无关的因素，进而导致回答错误。在修改过程中，我们在材料中增加限定“假设除污染的影响和运输成本外其他条件均相同”，使问题的指向更加明确，排除无关因素的影响。

（3）题目及材料中均应确保必要信息的完整性，避免因为信息缺失或不全使答题者产生误解。在关于“网络购物”问题单元的访谈，一名老师的提问引发了我们的思考。该教师提出的问题是“请问这是什么网站的购物界面?”由于材料中的购物界面仅显示商品信息并未展示具体网站名称及网址，因而这一问题直接关系到网站本身的安全性，影响答题结果。我们在修改时将这一截图替换为界面的完整截图，包含网址、网站标识等信息。

（4）适当在题目中补充相关解释说明，尽量减少可能发生的误判，使题目的回答情况切实反映答题者的财经素养水平，而并非由于个别词汇的误读导致判断错误。在“抗癌厨房”问题单元，部分学生对信息中给出的“炒菜仅需 1 元钱”产生疑问，我们在修改过程中补充解释了具体的收费规则。在“刮奖游戏”问题单元，部分学生因为不理解“预期净收益”这一专业名词，尽管能够掌握预期收益的计算方法但依然无法正确回答问题。这一问题主要侧重考查预期收益的计算方法，因此我们在题目中补充了“预期净收益”的解释，帮助答题者理清预期净收益与预期收益的关系。

（5）合理规划和调整试卷的答题时间及难度。在测试及访谈中发现，学生答题时间较长，一般 5 个问题单元大约需要 15 分钟，材料的长度和难度增加均会增加答题时间。整体试卷的安排需要进一步规划和调整，删减过长的材料，适当降低计算量和计算的复杂程度，合理安排不同类型和不同难度的问题。

## 第二节　财经素养教育评价的指标体系

我国财经素养教育已经得到社会的广泛关注与重视，财经素养教育的理论研究与实践探索也在不断推进。与此同时，我们也意识到，当前各地区财经素养教育实践活动的开展还处于不平衡、碎片化、浅层化的状态，多是学校、社会机构基于对财经素养教育的理解与认同，自主选择教学内容，随机采取不同的形式推行财经素养教育，其实施的效果必然参差不齐，质量难以保障。当前，亟待研究构建财经素养教育评价指标体系，及时对学校财经素养教育活动进行评价，并总结经验、发现问题，为更大范围推进财经素养教育提出富有建设性意义的对策建议。

### 一、财经素养教育评价的内涵

财经素养教育评价是教育评价的下位概念。因此，界定财经素养教育评价的概念，首先需要明确什么是教育评价。如何理解、阐释教育评价，是现代教育评价基本理论的重要问题。世界各国学者对教育评价进行了较为丰富的界定和解说，但迄今也未形成统一的、公认的科学定义。教育评价本身的理论体系、指导思想、评价模式和方法技术等都还处于不断完善、不断发展的过程中。[①] 不过，尽管专家学者对教育评价的解释有所不同，但他们的认识却有共同之处，即承认教育评价都是以一定的教育目标为依据，对教育活动及其效果进行价值判断。目前，学者们多从广义和狭义两个层面理解教育评价的概念。广义的教育评价是指根据一定的目的和标准，采用科学的态度和方法，对教育工作中活动、人员、管理和条件的

① 王作亮，张典兵．教育学原理［M］．徐州：中国矿业大学出版社，2015：8.

状态与绩效等教育活动领域，进行质和量的价值判断。[①] 狭义的教育评价是指以学生为对象，对教育促进学生发展的效果进行判断。学校教育的对象是学生，学生发展水平直接反应出教育价值的客观效用。[②]

在教育评价的一般概念基础上，我们仍然从广义层面和狭义层面对财经素养教育评价进行解释。狭义层面的财经素养教育评价是指对财经素养教育促进学生在财经知识、财经技能等财经素养水平获得多大提升的判断。而广义层面的财经素养教育评价则不仅针对学生财经素养水平进行评价，而是进行全面评价财经素养教育全过程。因此，我们将广义层面的财经素养教育评价定义为：采用科学的方法对财经素养教育投入的各要素、各要素的运行状态和效果进行判断。评价的对象涵盖学校开展财经素养教育活动的投入、过程和效果等教育过程的每一个环节。从广义层面以财经素养全过程为评价对象，可以充分了解财经素养教育实施的动态过程，及时发现财经素养教育过程中的问题，便于教育进程中及时调节教育方案。

## 二、财经素养教育评价的理论模式参考

教育评价的理论模式是构建财经素养教育指标体系的理论基础，缺乏理论支撑的指标体系只能是空中楼阁。20 世纪三四十年代泰勒的第一个教育评价模式诞生以来，已经形成了众多的教育评价模式。限于篇幅，这里仅介绍几种主要的评价模式（泰勒模式、CIPP 模式、目标游离模式、应答模式）。

### （一）泰勒模式

泰勒是现代教育评价的创始人。泰勒模式诞生于 20 世纪 30 年代。泰勒模式是一种目标模式，提供了一条简单判别教育成功与否的标准——目标达成度，其评价的对象主要是学生。泰勒模式的评价步骤包括以下几个

① 王汉澜．教育评价学．郑州：河南大学出版社，1998：15.

② 安文铸．学校管理词典［M］．北京：中国科学技术出版社，1991：393.

方面：根据社会的实际需要、学生的实际需要和专家的建议制定教育目标；用教育目标的形式说明学生应养成哪些行为；建立可以使学生产生预期行为的情境；选择或编制满足客观性、有效性、可靠性要求的收集信息的测验手段；运用这些手段检查学生行为的变化，收集学生行为表现的资料，并对学生的行为达到教育目标的程度进行判断；根据判断结果，对学生行为变化的原因进行说明，并提出修改教育方案的意见；修改方案，重复评价过程。泰勒模式以教育目标为导向，把教育目标转化为可测量的学生的行为目标，并先根据这些行为目标开展教育活动，再依据行为目标对教育活动的效果进行评价，判断实际教学活动效果达到预期教育目标的程度。① 所以，泰勒模式也称“行为目标模式”。泰勒模式结构紧凑、逻辑脉络简洁清晰，不仅容易理解而且容易实施，具有较强的可操作性，所以至今依然是运用较为广泛的评价模式。该模式的不足之处在于：评价目标凝固化，把预定的目标作为评价的统一参照系和统一标准，忽视了过程性评价；注重评价的甄别功能，但没有突出形成性功能和为新的决策提供信息的功能等。

**（二）CIPP 模式**

CIPP 模式诞生于 20 世纪 60 年代，是由美国著名教育评价专家斯塔夫比姆提出。该理论倡导过程性评价，主张教育评价不应以佐证教育目标的达成为其最终导向，而应通过教育评价提升教育的总体质量，同时进一步改进教育方法和方式。② CIPP 模型不是以事先确定好的目标系统作为评价的依据，而是系统确立了由四个综合性变量组成的评价模型，包括背景评价（Context）、输入评价（Input）、过程评价（Process）与成果评价

① 陈伟军．教育学［M］．济南：山东人民出版社，2014：304－307.

② 沈南山．数学学业成就评价实证分析［M］．合肥：中国科学技术大学出版社，2017.

(Product)，简称“CIPP 评价模型”。背景评价是指要在全面掌握评价对象主客观背景的前提下，考察教育方案的目标是否与社会需要相一致。输入评价是指对完成教育目标所需投入要素的评价，如实施一个教育计划或教育方案时投入的经费、设备等。过程评价是指对教育动态过程的评价，重点在于发现教育计划或方案实施中的问题。成果评价是指对教育目标达成度的评价，但不局限于学习成绩。例如，对于学生的主动参与情况、学生对学习和学校的满意度等方面的评价都属于结果性评价。相较于泰勒模式，CIPP 模式正好弥补了泰勒模式的不足，其突出的优点在于将评价活动贯穿于教育活动全过程，不仅重视结果评价而且重视过程评价，是对泰勒模式的重要发展。

**（三）目标游离模式**

目标游离模式是 1967 年由美国的斯里文提出的。斯里文在考查了教育活动的实际效果后认为，依据事先确定的目标进行评价往往使评价的范围受到限制，因为实际的教育效果除了预期效果的影响，还会产生许多非预期的效果。这些非预期效果的影响有时甚至是至关重要的，而泰勒将评价局限于衡量达到目标的程度是不全面的。[①] 因此，斯里文强调，在开展评价活动时尽量减少方案、计划制定者的主观意图对评价活动的影响，不应该把方案、计划制定者的主观意图告知评价者，而只是把评价活动的重点由“方案想干什么”转移到“方案实际干了什么”上来，最终使评价成为没有偏见的、自由的评价。由于这种评价模式将评价活动与目标相分离，所以称为“目标游离模式”。目标游离模式突破了目标的限制，重视目标效应以外的非预期效应，拓展了评价的视野，对教育评价的理论和实践产生了较大的影响。然而，目标游离模式的不足之处在于，由于不考虑预定

---

① 胡中锋．教育评价学［M］．北京：中国人民大学出版社，2018：12.

的目标，在评价时就缺少了评判准则，也没有一套完整的程序，因而实际操作起来有一定的难度。

**（四）应答模式**

应答模式是美国学者斯塔克于1973年提出的。之所以命名为应答模式，斯塔克认为，教育评价不必以它要实现的工具性价值为标准，更不必找出某种可测量的结果变量来判断其价值，而只是着重观测事情本身做得怎么样，在评价过程中应该让各方人员都参与进来，让他们各自的价值判断标准和需要在交流与应答中形成共识，应答模式由此产生。斯塔克指出，传统的目标评价模式把预定目标作为评价的标准，首先确定目标，其次依据目标搜集资料，再次判定结果与目标之间的符合程度，最后确定评价等级或写出评价报告。这种评价不能有效反映教育目标本身的合理性及其变化、目标之外的价值。应答模式应通过评价者与同教育活动有关的各个方面人员的接触以了解他们的愿望，并与实际活动进行比较，兼以理论和事实为依据，确定教育活动的真正目标和问题。通过评价者与评价有关的各方面人员之间持续不断地对话，对教育决策作出修改，使活动顺利进行，活动结果满足各种人的需要，使评价结果能真正产生效用。应答模式的优点是：强调价值观的多元性和发散性，坚持价值存异观点，充分尊重所有人的需要；在方法上强调非正式的观察、交流和描述性的定性分析方法；提倡自然的、动态的评价运作方式，在评价过程中，评价者与其他参与者能反复沟通、及时反馈，随时调整评价的计划。应答模式在理论上构建了优于泰勒模式、CIPP模式的价值判断模式，但在评价活动中耗费大量的人力、物力和财力，且评价也很难全面关照到所有相关者的需求，因而实施难度较大。

以上呈现了四种教育评价的理论模式。这四种教育评价模式各有利弊。在选择何种理论模式作为我们的理论基础前，需要考虑我们的研究目的和意义，再基于研究基础和可行性，选择适宜的模式或综合几种评价模式作为构建教育评价指标体系的理论基础。

## 三、财经素养教育评价的指标体系设计

前文已述，我们要进行的财经素养教育评价不只是对财经素养教育实施效果的评价，还是对财经素养教育进行全过程评价。因此，基于 CIPP 模式构建财经素养教育评价指标体系具有一定的合理性。

### （一）基于 CIPP 模式构建财经素养教育体系的依据

综合考虑上文所述的评价模型优缺点，我们选取 CIPP 评价模式作为学校财经素养教育评价指标设计的理论依据，其原因如下。首先，CIPP 模型突破了泰勒模型的行为目标导向和总结性定位，突出了教育评价的决策导向和形成性定位。为决策者提供有用信息、改进教育教学服务是模型最鲜明的特征和优势。此外，CIPP 模型对非预期目标和难量化目标的考量，使其对教育的价值判断过程更为全面而深刻。其次，CIPP 模型适应学校财经素养教育评价的客观要求，注重过程评价和过程改进，强调反馈作用。CIPP 模型着眼于教育评价与教学过程的有机融合，把教育评价视为教学过程的重要组成部分，把教育评价视为教学质量的改进工具而非鉴定工具。最后，CIPP 模型整合背景、输入、过程、成果四个方面评价阶段，兼顾计划、组织、实施和再循环四个方面决策类型，教育评价富于科学性、全面性和系统性。此外，整个评价流程清晰、策略灵活、可操作性强。

此外，以 CIPP 模式作为理论基础，也因为该模式具有的普遍适用性、国际性和权威性。OECD 教育委员会每年发布的《教育概览》向从事教育的专业人员提供全面客观的全球教育发展指标，其框架也是参照了 CIPP 模型。例如，背景维度涉及人口规模、成人受教育程度等指标，输入维度涉及教育经费和人力资源等指标，过程维度涉及教育参与、学习环境和学

校组织等指标，成果维度涉及学习成果、社会与劳动力市场成果等指标。[①]联合国教科文组织发布的《世界教育报告》中的世界教育指标系统也同样遵循了CIPP模式的四个基本指标维度。该指标体系已引导全球多个国家科学地评估本国的教育，为全球各地区和国家教育发展规划和发展方向提供了有力的指标引导和基础支撑。[②] 借鉴CIPP评价模式构建学校财经素养教育评价体系，重视评价的改进功能，强化教育教学动态监控，可以为学校推进财经素养教育提供符合财经素养教育实情的优化方案。

### （二）指标的设计过程

1. 指标的初步设计

参照CIPP模式的背景评价、输入评价、过程评价与成果评价四个维度设计财经素养教育评价指标。背景评价是在特定的环境下评定其需要、问题、资源和机会。输入评价是在背景评价的基础上，对达到目标所需的条件、资源以及各备选方案的相对优点所作的评价。过程评价是对方案实施过程作连续不断地监督、检查和反馈。结果评价是对目标达成程度所做的评价，包括判断、解释方案的成就，确认人们的需要满足程度等。[③] 对应CIPP对四维指标的释义，我们将财经素养教育视为一个动态的系统，在分析财经素养教育全过程基础上将财经素养教育评价的一级指标确定为财经素养教育环境评价、财经素养教育投入评价、财经素养教育过程评价与财经素养教育效果评价，并对这4个一级指标进行逐次分解，构建更为具体的二级指标，进而结合财经素养教育过程中的关键要素，拟定出指标观测点，以形成初步的指标池。

---

① OECD. Education at a Glance 2015 [R]. Paris: OECD, 2015: 8.

② UNESCO. World Education Report 2000 [R]. Paris: UNESCO, 2000: 16.

③ 高振强. CIPP教育评价模式述评 [J]. 教学与管理, 1998 (01): 57-59.

2. 指标的修订

为了保证指标选取和权重分配的科学性和合理性，我们采用专家评分法对学校财经素养教育评价指标体系进行进一步优化。专家评议法是一种向专家发函、征求意见的调研方法，即根据评价目标及评价对象的特征在所设计的调查表中列出一系列的评价指标，分别征询专家对所设立评价指标的意见，进行统计处理，反馈咨询结果，经过几轮咨询后，如果专家意见趋于集中，则根据最后一次咨询结果确定出具体的评价指标。

参照专家意见，将评价指标进一步整合，最终形成新的指标体系，包含环境评价、输入评价、过程评价、结果评价 4 项一级指标、12 项二级指标和 28 项三级指标（施测层）。一级指标财经素养教育环境包括观念认同、制度环境、外部支持，下设 7 项施测层；财经素养教育投入中包括师资队伍建设、经费投入现状、实践平台建设 3 项指标，下设 5 项施测层；财经素养教育过程包括教学目标、教学内容与教学方式 3 项指标，下设 8 项施测层；财经素养教育结果包括学生成效与教师成效和社会认同 3 项指标，下设 8 项施测层。财经素养教育评价指标体系如表 7 -3 所示。

**表 7 -3　财经素养教育评价指标体系**

| 一级指标 | 二级指标 | 三级指标（施测层） |
|---|---|---|
| 环境评价（C） | 观念认同（C1） | ①校领导对财经素养教育重要性的认同 |
| | | ②教师对财经素养教育重要性的认同 |
| | 制度环境（C2） | ③学校制定了财经素养教育的实施方案 |
| | | ④校领导亲自参与、指导财经素养教育教学活动 |
| | | ⑤学校财经素养教研制度建设 |
| | 外部支持（C3） | ⑥地方教育行政机构或研究机构对学校推进财经素养教育的支持 |
| | | ⑦学校财经素养教育与社区等校外资源的协同 |

续表

| 一级指标 | 二级指标 | 三级指标（施测层） |
|---|---|---|
| 投入评价（I） | 师资保障（I1） | ⑧财经素养教育的师资配置 |
| | | ⑨教师开展财经素养教育的积极性 |
| | | ⑩学校开展财经素养教学的教师们的财经知识胜任力 |
| | 经费保障（I2） | ⑪学校开展财经素养教育活动的经费保障 |
| | 平台建设（I3） | ⑫学校为开展财经素养教育搭建的实践场地或平台 |
| 过程评价（P） | 教学目标（P1） | ⑬教师进行财经素养教学设计时非常清楚教学目标 |
| | 教学内容（P2） | ⑭财经素养教学内容体现财经味 |
| | | ⑮财经素养教学内容与生活的关联 |
| | | ⑯财经素养教学内容中的德育或思想政治教育价值的发掘 |
| | 教学方式（P3） | ⑰学校财经素养教学团队共同研讨教学设计的情况 |
| | | ⑱学校财经素养教育的时间保障 |
| | | ⑲财经素养教育的教学形式 |
| | | ⑳财经素养教育多学科融合，实现学科整合育人 |
| 结果评价（P*） | 学生成效（P*1） | ㉑财经素养教学过程中学生学习积极性与参与度 |
| | | ㉒财经素养教学的课堂氛围 |
| | | ㉓学校开展财经素养教育后对学生认识、理解和分析财经问题能力的提升 |
| | 教师成效（P*2） | ㉔学校开展财经素养教育的教师在教学中提升了自身的财经素养 |
| | | ㉕学校开展财经素养教育的教师发表相关学术论文或出版专著 |
| | | ㉖学校开展财经素养教育的教师对财经素养教育的认同感提升 |
| | 社会认同（P*3） | ㉗学校实施财经素养教育后，家长对学校财经素养教育的认同度增加 |
| | | ㉘学校实施财经素养教育的社会知名度 |

### （三）指标释义

1. 财经素养教育背景评价

财经素养教育背景评价是考查财经素养教育的生长环境。财经素养教育观念认同、制度环境、社会支持是财经素养教育的成长土壤。财经素养教育观念认同是指学校校长和教师是否能认识到财经素养教育的重要性，认同在学校开展财经素养教育；制度环境是学校制定的推进财经素养教育的相关制度等；社会支持是指财经素养教育获得的地方教育行政机构提供的政策支持、与社区等校外资源的协同等。

2. 财经素养教育输入评价

财经素养教育输入评价是考察财经素养教育的投入，主要从师资队伍、经费投入、平台建设三个维度进行评价。在师资队伍方面，可以从学校为开展财经素养教育配置的教师资源情况考察，包括从事财经素养教育的教师人数、胜任力等；经费投入即开展财经素养教育投入的经费保障等；在平台建设方面，主要考查学校为开展财经素养教育搭建的实践场地或平台等。

3. 财经素养教育过程评价

财经素养教育过程评价是考察财经素养教育的实施过程，主要包括教学目标、教学内容和教学方式三个指标。课程目标考查教师是否对财经素养教学目标非常清晰；教学内容指标可以考查教师的教学内容是否体现生活化、财经味；教学方式则可以考查教学方式是否多样化、是否体现学科融合。

4. 财经素养教育效果评价

财经素养教育效果评价考查学生的学习过程、教师的教学成效和社会效应三个层面。学生学习效果的评价可以从学生财经知识和财经技能提升、学生学习积极性等方面考察；教师教学效果的考查可以通过教师自身财经能力提升、教师对财经素养教育的认同感提升等方面进行；社会效应通过家长认同、社会关注等方面进行考察。

以上我们只是基于 CIPP 模式，并结合专家评分法构建的财经素养教育评价指标体系。需要强调的是，我们所构建的财经素养教育评价指标体系的关注点在于发现财经素养教育实践中现存的问题，其目的不只是评价学校开展财经素养教育后学生的财经素养水平，还是在更广义的层面通过评价发现问题，以评促改、以评促建，在更大的范围内推进财经素养教育实践。

### （四）指标的评分标准

财经素养教育评价各指标采用 5 分制，即各项评价指标满分为 5 分，相应可将财经素养教育实施评价效果设定为“非常好”“比较好”“一般”“较差”“非常差”5 个等级。也即，“非常好”的分值设定为 4. 1—5 分，“比较好”的分值设定为 3. 1—4 分，“一般”的分值设定为 2. 1—3 分，“较差”的分值设定为 1. 1—2 分，“非常差”的分值设定为 0. 1—2 分。

## 四、评价的测试结果及分析

为了探究目前开展学校财经素养教育实施现状，我们基于构建的财经素养教育评价指标体系设计了《学校财经素养教育实施现状评价调查问卷》，并通过问卷和访谈形式开展调研。研究从北京、广州、南京、成都、山东地区选取具有代表性的财经素养教育实验小学共 8 所作为样本学校，调研对象包括学校领导、学校财经素养教育团队教师及其他学科教师，调研方式包括向调查对象发放电子问卷和线上线下访谈。通过对选取的样本学校进行评价，一方面可以总结现有的推进财经素养教育的经验，另一方面可以基于发现的问题有针对性地制定政策。

### （一）评价的总体结果

利用构建的学校财经素养教育评价模型对调研的数据进行分析整理，得出8所学校各个层次的各级指标评分与综合评分等具体数据（见表7-4）。

**表7-4　财经素养教育评价结果（一级指标）**　单位：分

| 案例学校 | 综合评分 | 一级指标 | | | |
|---|---|---|---|---|---|
| | | C | I | P | P* |
| A学校 | 3.888 | 3.592 | 3.484 | 4.199 | 4.230 |
| B学校 | 4.195 | 4.289 | 3.755 | 4.306 | 4.410 |
| C学校 | 3.921 | 4.113 | 3.533 | 4.138 | 3.862 |
| D学校 | 4.153 | 4.289 | 3.727 | 4.267 | 4.285 |
| E学校 | 4.121 | 4.159 | 3.721 | 4.326 | 4.236 |
| F学校 | 2.845 | 2.269 | 2.964 | 3.444 | 2.703 |
| G学校 | 2.909 | 2.965 | 3.373 | 3.076 | 2.979 |
| H学校 | 4.822 | 4.812 | 3.961 | 4.930 | 4.929 |
| 均值 | 3.857 | 3.811 | 3.565 | 4.086 | 3.954 |

从评分结果均值看，学校财经素养教育总体水平良好，均值得分为3.857分。具体来看，在4项一级指标中，财经素养过程处于优秀水平，得分为4.086分，说明在财经素养教育过程中，老师们对财经素养教学目标较为清晰，教师的教学内容较好地体现了生活化、财经味，课堂教学方式体现了学科融合，实现了教学方式的多样化；财经素养的总体效果良好，得分为3.954分；财经素养教育环境评价结果良好，得分为3.811分；财经素养教育投入评价结果相对落后，得分为3.565分，说明财经素养教育投入力度还有待提高，其中特别是师资配置不足问题较为突出。由于篇幅有限，因而下文对数据和访谈结果的分析过程不作赘述，仅将分析结果进行描述。

### （二）学校财经素养教育的现有经验

结合对8所样本学校的问卷和访谈结果分析，将学校财经素养教育取得的成效总结如下。

1. 财经素养教育的重要性得到更多认同

目前，财经素养教育还并没有成为正式课程纳入教学中，其推进需要得到学校领导和教师对财经素养教育重要性的高度认同。从我们的统计结果看，环境投入对应的二级指标观念认同这一项得分的均值为4.171分，处于优秀水平。这说明在样本学校，财经素养教育的重要性得到学校领导和教师的高度认同。从财经素养教育实验学校的规模看，伴随财经素养教育影响力的不断扩大，越来越多的学校加入实施财经素养教育。2016年以来，开展财经素养教育的学校数量不断增加。同时，各学校组建的财经素养教育团队人员规模也不断扩大，这都说明财经素养教育的重要性得到了更多的认同。

2. 财经素养教育教学内容与生活紧密关联

财经素养教育并不局限于传授财经知识、解读经济现象、培训理财技能、增长财富数量等，而是致力于结合不同群体和不同学段学生的身心发展特点、个体认知能力、参与社会经济生活的广度和深度以及未来发展目标，逐步培养他们理解和参与宏观经济政策、国民经济运行、社会财富积累和价值创造的视野、情怀和能力，从知识灌输、能力培养升华为劳动观、金钱观、财富观塑造。可见，财经素养教育教学内容的选择必须源于真实的经济生活，通过财经素养教育映射到真实的经济生活体验，以与生活产生共鸣。与生活相脱离的素材必定不属于财经素养教育的内容，财经素养教育应该实现生活化、财经味。从统计结果看，二级指标教学内容一项对应的指标观察点“财经素养教学内容与生活的关联”一项得分均值为4.31分，处于优秀水平。这说明样本学校在教学中较为重视财经素养教育的内容选择，能够将教学内容与生活紧密关联。这种源于生活的教学内容，既丰富了学科教学的内容，也通过教学完成了财经素养教育的目标。

3. 财经素养教育多学科融合教学趋势明显

21 世纪是知识经济的时代，其特点是知识密集。这就意味着知识与知识之间的联系愈加紧密，学科与学科之间的联系愈加紧密。具体到财经素养教育，其教学内容多与人们经济生活相关、涉及的知识面广。财经素养教育内容的丰富性决定了财经素养教育与学科融合的方式是推进财经素养教育的重要形式。在教学过程中，教师需要综合运用多学科知识内容，既可以在语文、数学、科学、政治、历史、美术等任何一门学科教学中渗透财经素养教育，也可以通过融合多学科知识整合到一堂课中进行。目前，把财经素养教育作为一门正式课程开设的学校不多，更多的学校是通过学科融合的形式进行。采用学科融合教学既可以提升学生综合运用知识的能力，也可以暂时缓解财经素养教育课时数量不足的问题。从调研数据来看，与财经素养教育融合的学科主要有语文、数学、美术、科学、道德与法治、品德与社会、信息技术、综合实践、英语等，8 所学校开展财经素养教育进行多学科融合育人的情况良好，均值为 3.960 分。

4. 财经素养教育教学形式丰富多样

财经素养教育内容的丰富性决定了其教学形式的丰富多样。在学校财经素养教育教学中，如果单一地采用教师教、学生学的知识授受型教学形式，必然导致课堂教学枯燥乏味，学生学习积极性不高。同时，因为各学段学生的年龄和心理特征存在差异，财经素养教育的主题与内容也有所不同。要提高学生在财经素养学习过程中的积极性，教师就需要依据教学目标与教学内容、因材施教、综合应用不同的教学形式开展教学。从调研结果看，目前学校采用的教学方式主要有课堂教授、分组学习、综合实践、班会活动、案例教学、社团活动等。丰富的教学形式在很大程度上提高学生的学习积极性。从调研数据看，8 所学校的财经素养教育教学形式都较为丰富，均值为 3.840 分，处于较高水平；学生的学习积极性高，均值为

4.030分。

5. 教师开展财经素养教育实现教学相长

教学知识储备是影响教师教学胜任力的重要因素。然而，由于财经素养教育教学内容涵盖面广，因而认识、理解财经问题需要综合运用经济学、管理学、金融学、财政学等多学科知识。财经素养是一个新兴领域，对于大多数中小学教师，教师本身也没有受过系统的财经素养教育，对财经知识的了解较为有限，对财经素养培养的方式认识不足。这导致财经素养教育胜任力不足，是导致我国财经素养课程难以大范围推广的重要原因之一。学校开展财经素养教育后，通过开展共同研讨学习，线上培训、集体备课等方式，教师在教学设计中不断充实自己的财经知识储备，自身的财经素养也得到提升、可以真正实现教学相长。从调研数据看，8所学校通过开展财经素养教育大力提升了教师自身的财经素养，均值为4.088分。

### （三）学校财经素养教育现存的主要问题

虽然财经素养教育的重要性得到越来越多的学校的认同，财经素养教育得到更大程度的推广。但我们仍然清楚地认识到，学校财经素养教育的基础仍然薄弱。通过前文对学校财经素养教育的综合评价，我们可以将当前财经素养教育的共性问题归纳如下。

1. 学校财经素养教研制度尚不完善

财经素养教研制度是保障学校稳步推进财经素养教育的制度依据。目前，虽然学校在逐步推进财经素养教育、学校领导和教师对财经素养教育的重要性也有深刻的认识，但目前的推进还属于局部范围。财经素养教育更多是来自领导和教师对财经素养教育的热情，缺乏相关制度的有力保障。调研结果显示，建立完善的学校财经素养教研制度指标得分，有3所学校得分高于4.000分，2所学校为3.1—4.0分，有3所学校为2.0—3.0

分，可见，财经素养教研制度建设总体还不完善。与此同时，财经素养教育的实施方案也不够清晰。财经素养教育制度的缺位必然导致学校财经素养教育的推进受到很大程度上的影响。因此，推进财经素养教育，学校亟待完善财经素养教研制度，发挥学校领导亲自参与财经素养教育教学的带头作用，清晰制定财经素养教育的实施方案，确保财经素养教育的有序进行。

2. 学校财经素养教育缺乏外部支持

外部支持是财经素养教育可持续发展的重要条件，但该项评价得分情况较差。总体来看，8 所测试学校，仅有 1 所学校获得的外部支持处于很好的水平，4 所学校处于较高水平，2 所学校处于一般水平，1 所学校处于较差水平。从调研结果看，凡是地方教育行政机构大力支持的地区，其财经素养教育发展就迅速，获得的校外资源也较多。以广州地区为例，广州教育科学研究院对学校推进财经素养教育提供了大力的支持，通过开展课题立项，教学指导、财经知识培训等一系列活动助推学校财经素养教育发展，该地区的财经素养教育发展总体水平较高。反之，财经素养教育缺乏地方教育行政机构支持，学校获取的资源就相对较少。因此，推进财经素养教育，学校可以通过申请课题、邀请专家线上线下指导等方式争取地方教育行政机构或研究机构的支持；地方教育行政机构也应该及时顺应财经素养教育发展之势，为学校财经素养教育发展提供大力支持。

3. 学校财经素养教育师资配置不足

师资配置不足是学校实施财经素养教育面临的较大难题。就目前中小学生师资配置情况看，部分学校在现有的课程安排下师资不足已是现存问题。财经素养教育课程短时间内不可能配置专任教师，只能是由其他课程的教师兼任。从调研情况看，财经素养教育课程多是由语文、数学、计算机、英语、美术、科学、信息技术、品德与社会、道德与法治等课程的教师兼任。前文已述，财经素养教育涉及的知识面要求教师具备一定的财经知识。因此，目前学校财经素养教育师资配置面临的难题：①缺乏专门的财经素养师资，②教师的财经素养教育能力还不足。推进财经素养教育需要学校统筹协调安排好任课教师，在条件许可的情况好配置财经素养教育专任教师；加强财经素养任课教师的财经知识学习，通过线上学习、集体学习等形式提高教师的财经素养教育教学胜任力。

4. 学校财经素养教育课时未能保证

推进财经素养教育必须要有课时的保障。从调研情况看，学校推进财经素养教育多是通过学科融合的形式，调查的 8 所学校中仅有 1 所学校单独开设了一周一课时的财经素养教育课程。虽然学科融合的形式能较好地实现学科整合，但是没有明确的课时安排，很容易导致教育的随意性。我们的调研结果显示，三级指标“学校财经素养教育的时间保障”一项得分的均值为 3.49 分，还有较大的提升空间。缺乏课时保证的财经素养教育难免流于形式而难以实现教学目标。因此，推进财经素养教育，需要学校明确规定财经素养教育以何种形式开展、课时量如何保证、如何评估是否开展等，如此才能保障财经素养教育的教学效果。

5. 教师财经素养教育的科研动力不足

目前，以研究和探索的态度对待自己熟悉和习惯的教育教学工作这一主张还主要停留在理论和宣传层面上，从事教育科研并没有成为广大中小学教师的自觉行为，学校教育科研实际效果比较低，这在财经素养教育教学活动中的情况一致。我们的调研结果显示，财经素养教育科研情况在学校之间存在较大差异，有的学校财经素养教育科研水平处于优秀水平，最高得分为 4.9 分；有的学校处于较低水平，最低的得分为 2 分。从现状来看，财经素养教育实践总体水平较高的学校，其教育科研成果也相对丰富，形成了丰富的财经素养科研成果，对财经素养教育课程实践具有很好的指导意义。因此，推进财经素养教育，学校需要积极调动教师参与教育科研的积极性，为教师教育科研提供充足的经费保障和激励，才能让教师有从事教育科研的动力，也才能发挥教育科研在财经素养教育教学实践及改革中的指导和先导作用。

6. 学校实施财经素养教育的社会知名度不高

社会知名度是从社会维度检验学校实施财经素养教育成效的指标。事实上，社会对财经素养教育的需求强度大。中国教育科学研究院中国财经素养教育协同创新中心于2016年和2017年先后两次共对1万多名高中生进行了问卷调查，深入东、中、西部地区的中小学校对一线教师、教育研究者、学校管理者等不同群体进行了调研。从调研情况看，开展财经素养教育是广大师生的迫切需要，说明实施财经素养教育满足了人民群众的教育需求。然而，由于多数学校的财经素养教育还属于局部范围推进并未实现规模效应，因而学校的财经素养教育社会知名度还不高。从调研数据分析，8所测试学校中，有3所学校实施财经素养教育的社会知名度较高，3所学校处于一般水平，2所学校处于较差水平。因此，推进财经素养教育，学校需要以局部范围带动全校整体推进，让更多的学生接受财经素养教育，通过不断提升财经素养教育教学质量，形成学校财经素养教育的社会知名度，甚至形成以财经素养教育为特色的学校名片。

本部分基于CIPP模型初步构建了环境评价、投入评价、过程评价和结果评价4个维度下的具体指标，通过实践应用，确定该评价指标体系具有一定的适用性和可施测性。虽然我们在后期的应用过程中发现指标体系中的个别指标存在不符合学校发展实际的情况和遗漏了一些关键指标的问题，但整个评价体系仍在一定程度上呈现出了当前实验学校推进财经素养教育的现状。在财经素养教育取得明显成效的同时，我们也要正视学校财经素养教育实践中存在的问题、有针对性地指导学校有序高效开展财经素养教育。

# 第八章

# 教师的财经素养教育能力

财经素养教育在我国是一个相对较新的领域，目前很多学校并没有做好开展财经素养教育的准备。其中，师资力量的严重不足（包括数量规模和专业结构的不足），是当前学校开展财经素养教育的最大障碍。那么，开展财经素养教育对教师的能力有哪些要求？教师的财经素养教育能力的构成及发展模式究竟如何？在实践中应该怎样帮助教师提升和发展这些能力呢？本章理论研究教师财经素养教育能力的内涵、构成及发展模式，构建教师财经素养教育能力框架，在此基础上，通过实践案例总结梳理个体和学校提升教师财经素养教育能力的策略，为财经素养教育的研究者和一线教师提供借鉴。

## 第一节　教师财经素养教育的能力框架设计

本节介绍了 7 种典型的能力模型和教师能力模型，分析这些模型的特点及启示，构建研究的理论基础。在典型模型的基础上，结合财经素养教育的特征及我国开展财经素养教育的实际情况，设计并构建教师财经素养教育能力框架，目的是通过能力框架的构建和阐释厘清教师财经素养教育能力的要素构成、要素间关系及发展模式，更加科学、有效地指导教师提升财经素养教育能力。

### 一、理论依据

一般而言，我们使用能力模型（或能力框架）描述某一特定岗位需要具备的能力要素及这些要素的相互关系，能力要素包括影响个体成功的所有重要的知识、技能和行为等。目前，学术界有代表性的能力模型主要是美国心理学家麦克利兰提出的冰山模型和美国学者查德·博亚特兹构建的洋葱模型。除了基本模型，研究者聚焦教师能力从不同角度出发构建了莫莱纳教学能力模型、教师核心能力齿轮模型、教师核心素养和能力双螺旋结构模型、教师教育实践能力培养模型等理论模型和框架。这些研究为教师财经素养教育能力框架的构建提供了理论依据和设计参考。

### （一）冰山模型①

冰山模型（见图8－1）主要由两个部分组成，“露出水面的冰山一角”代表的知识、技能是职业能力素质的外在表现，属于容易被发现的部分，便于测量和量化，能够在后续的学习和培训中得到发展和提升；“水面以下的冰山”代表的是自我观念特征、动机及个人特质等能力素质的内在表现，不容易发现或难以获取，但可能是最关键的部分。这部分能力素质是属于深层次的，具有相对的稳定性，可以通过培训形成相应的经验，并在培训过程中在一定程度上引导人们行为。

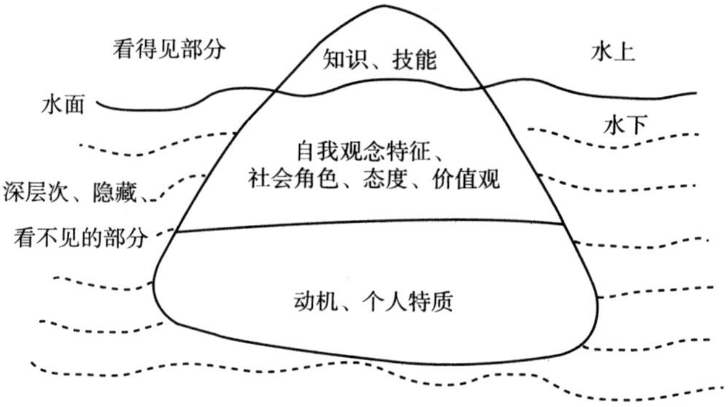


**图8－1　冰山模型**

### （二）洋葱模型②

基于冰山模型，查德·博亚特兹进一步构建了“洋葱模型”（见图

① McClelland, David C. Testing for Competence Rather Than for “Intelligence” [J]. American Psychologist, 1973, 28 (1): 1－14.

② 俞亚萍．高职院校教学名师能力素质模型构建及应用研究［D］．南京：南京师范大学，2020.

8－2)。虽然与冰山模型具有相同的五个职业能力基本要素，但是洋葱模型更加突出了职业能力核心要素的重要作用，强调核心要素是影响职业能力的重要关键，在很大程度上决定技能水平和发挥的效果。同时，洋葱模型更加鲜明地体现除了职业能力各要素间的层次关系，要素间的联系是分析和研究的重点。洋葱模型的中心是动机和特质，中间层是自我观念特征、态度和价值观，最外层是知识和技能。

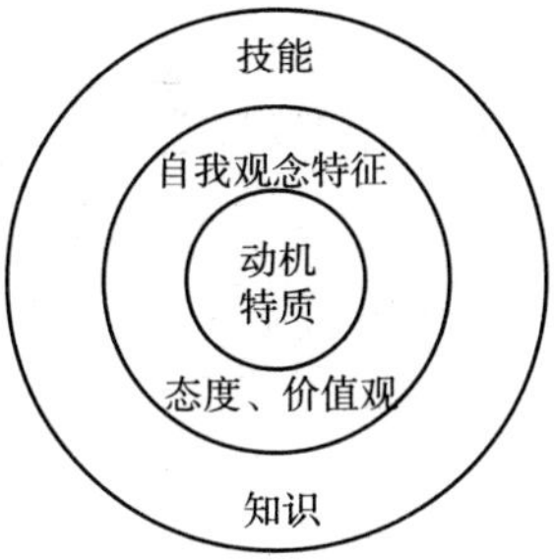


**图 8－2　洋葱模型**

### （三）莫莱纳教学能力框架①

莫莱纳（Molenaar）等学者以医学教师为研究对象，构建了教学能力框架（见图 8－3）。该模型包括三个维度：第一个维度是教学领域，包括开发、组织、执行、培训、评价、评估六个领域；第二个维度是组织层次，分为微观（教学）、中观（合作）、宏观（领导）；第三个维度是能力构成，分为知识、技能和态度三个类别。尽管这一模型针对医学教师设计，但是模型具有综合性强、层次清晰等特征，可以为其他学科教师能力框架的构建提供启示。

① W. M. Molenaar, A. Zanting, P. van Beukelen, et al. A Framework of Teaching Competencies across the Medical Education Continuum [J]. Medical Teacher, 2009, 31 (05): 390－396.

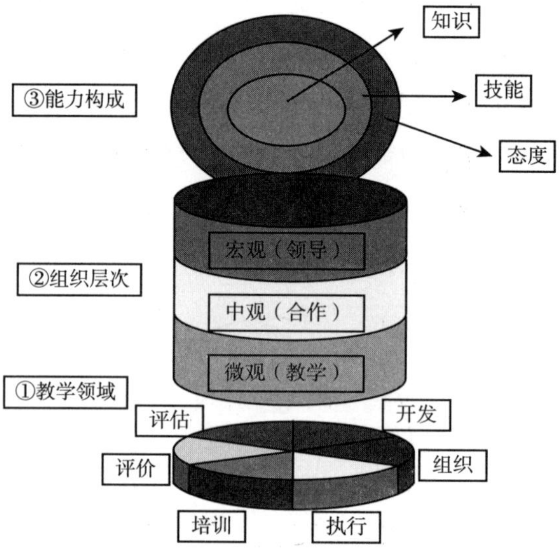


**图 8－3　莫莱纳教学能力框架**

### （四）东南亚教师能力框架[①]

2018 年，东南亚教育部部长组织和泰国教师委员会联合发布了《东南亚教师能力框架》（见图 8－4）。该框架将教师能力定义为能使工作表现有效或更好的技能、知识、行为和特性的组合。这一框架提出教师的能力结构为：关键能力——一般能力—使能能力，其中关键能力包括的 4 项要素分别是了解并理解所教的内容、帮助学生学习、融入社区、每天成为更好的教师。每个关键能力下面包含 3 项一般能力，共计 12 项一般能力。每一项一般能力又包含数量不等的使能能力以及具体的成功行为描述，总计 31 项使能能力和 136 项成功行为描述。

① 方晓湘，柯森．区域教师教育共同体建设背景下的《东南亚教师能力框架》：内容、特点及意义［J］．教师教育学报，2021，8（02）：101－109．

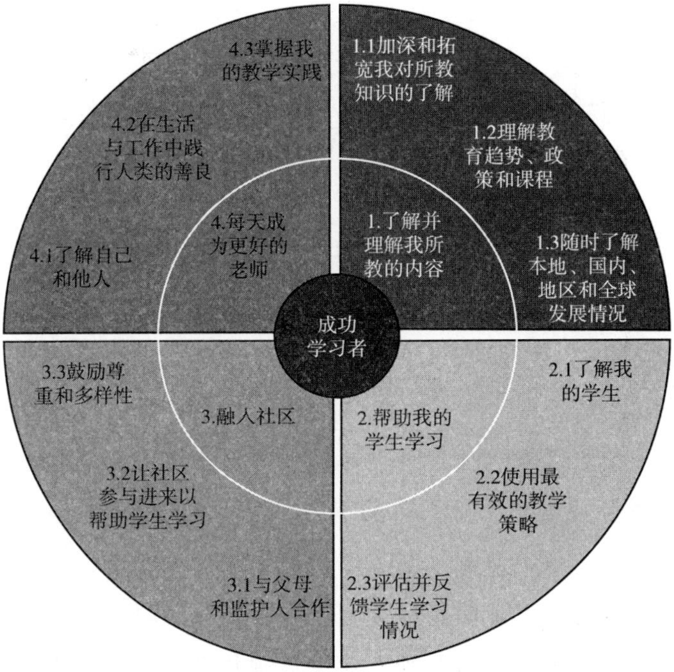


**图 8－4　东南亚教师能力框架关键能力和一般能力结构**

### （五）教师核心能力齿轮模型①

王光明等（2018）学者提出教师的能力涵盖“核心能力”与“非核心能力”。其中，教师核心能力是教师能力的核心组成部分，起着统领作用。他们认为，教师核心能力的构成要素包括教育教学能力、学习创新能力和沟通合作能力。教师核心能力齿轮模型（见图 8－5）包括 3 个啮合齿轮，分别代表上述 3 种能力要素，每个齿轮都可以看作主动轮，带动其他齿轮转动，齿轮间的啮合关系代表 3 种能力要素相互促进、合作

① 王光明，张永健，吴立宝．教师核心能力的内涵、构成要素及其培养［J］．教育科学，2018，34（04）：47－54.

发展的耦合关系。

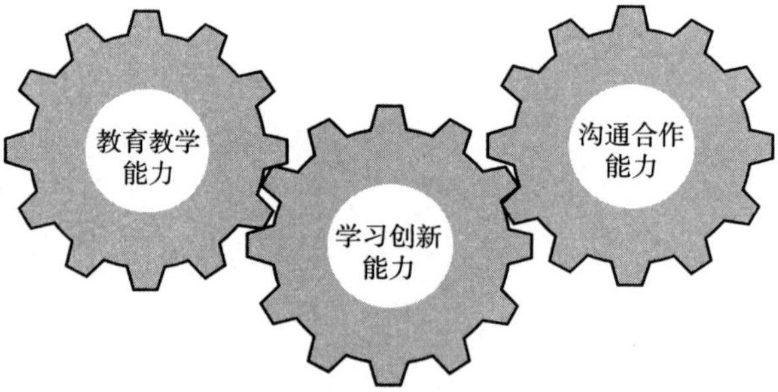


**图 8-5 教师核心能力齿轮模型**

具体而言，教育教学能力回应的是教师与学生关系，是方向类能力，有利于促进教师成为“专业的教育人”。沟通合作能力回应教师与同事、家长及其他人的关系，为教师教育教学能力的提升提供保障，是保障类能力，促使教师成为“共赢的教育者”。学习创新能力回应的是教师与自我的关系，是动力类能力，为教师专业发展提供动力，促使教师不断革新，推动教师超越“教育者”和“教育人”的形象，成为创新型的新时代教育家。

### （六）教师核心素养和能力双螺旋结构模型①

王光明等（2019）将教师核心素养与能力相结合，构建教师核心素养和能力的结构体系。教师核心素养和核心能力的结构要素包括政治素养、道德素养、文化素养、教育精神、教育教学能力、教研和创新能力、沟通和合作能力、学习和反思能力。四大核心素养和四大核心能力类似 DNA 的糖—磷酸和碱基，教师教育、日常教学和教研活动等类似 DNA 的酯键，教

① 王光明，黄蔚，吴立宝，等．教师核心素养和能力双螺旋结构模型［J］．课程．教材．教法，2019，39（09）：132－138.

师核心素养和能力通过这些酯键交替连接而成，互联互通，实现教师核心素养与能力的双重螺旋、多向耦合，围绕“立德树人”这个轴心旋转，形成教师核心素养和能力的双螺旋结构模型（见图8－6）。

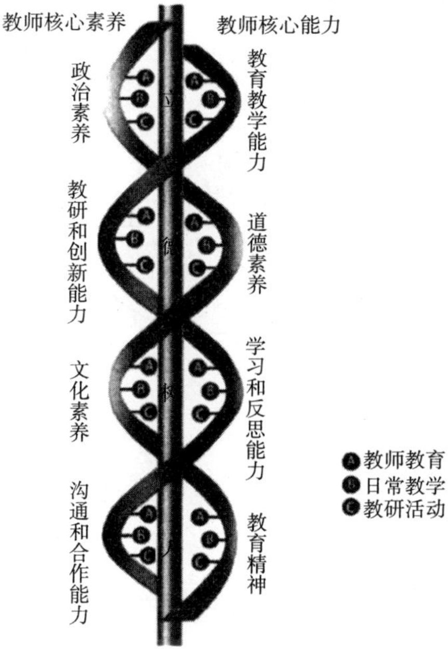


**图8－6　教师核心素养和能力双螺旋结构模型**

## （七）教师教育实践能力培养模型①

教师教育实践能力培养模型（见图8－7）呈现教师教育实践能力循环发展的过程，具体表现为“授课实践—探究实践—反思实践”，再螺旋上升到更有效的授课实践……理想的状态是不断循环上升。当教师在授课实践中面临需要解决的真实问题时，通过探究实践与反思实践不断对授课实

① 高鸾，黄翠红．探究导向培养反思的实践者——教师教育实践能力培养模型［J］．黑龙江高教研究，2014（07）：83－86.

践进行质疑、补充、改进和修正。模型体现了教师学习者在指导教师的帮助下根据实际情况自我调整、自我修正和自我完善的过程。教育实践能力培养方式按照循序渐进、逐步深入的方式推进。

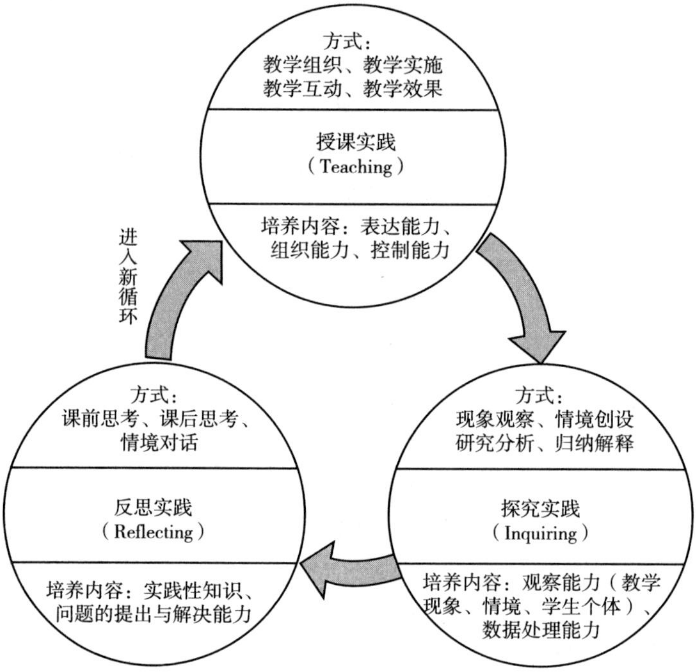


**图 8－7　教师教育实践能力培养模型**

以上 7 种模型从不同角度对教师能力进行了阐释，具有不同的特征和侧重点，对教师财经素养教育能力框架的构建提供了有益启示。其中，冰山模型和洋葱模型是基本模型，并未针对教师这一特定岗位。这两个模型对能力进行了明确层次划分并分析了不同层次之间的相互关系。其他 5 种教师能力模型均是以此为基础进行设计和构建的。莫莱纳教学能力框架是一个综合性较强、较为复杂的模型。该模型向我们展示了一个超出教师个体层面的体系，将教师能力从教学领域延伸到更加宏观的合作和领导能力。东南亚教师能力框架从关注教师“自我”的角度出发，将教师能力细化为可操作的若干要素及行为。教师核心能力齿轮模型强调学习创新能力、沟通合作能力与教育教学能力同等重要，但三种能力发挥的作用有所区别。教师核心素养和能力双螺旋结构模型将素养与能力相结合，模型讨论的能力要素范围更加广泛。此外，这一模型将教研和教学能力区分开，不再归属为同一种能力。教师教育实践能力培养模型并不是单纯关于教师能力本身的模型，而是重点阐释了教师能力的发展过程，为教师能力的培养提供参考。

## 二、教师财经素养教育能力框架

我们在现有教师能力模型的基础上遵循财经素养教育的规律和特点，探索形成教师财经素养教育能力框架（见图 8－8）。它包括 5 种主要能力要素：自我学习、协同研究、资源整合、有效教学、反思改进。这 5 种能力要素相互独立又彼此促进，整体形成教师的财经素养教育能力系统。

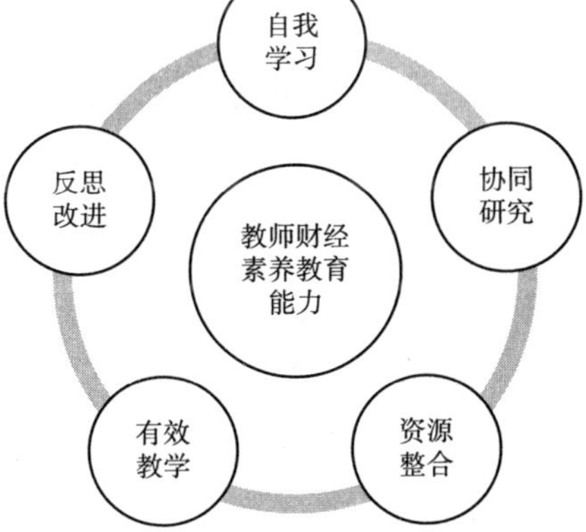


**图 8－8　教师财经素养教育能力框架**

1. 自我学习

自我学习是财经素养教育教师必备的能力要素，教师只有不断更新自己的教育理念、专业知识与技能，才能在快速发展的时代胜任财经素养教育工作。自我学习是以教师个人为主体的能力，为教师开展财经素养教育提供原动力。教师自我学习的内容包括以下三个方面。

（1）财经素养教育基本知识及其相关学科知识，包括有关财经素养教育的概念内涵、理念、目标、方法等基本知识以及与财经素养教育相关的经济学、金融学、会计学、财政学、企业管理、国际贸易学等学科的基础内容。

（2）开展财经素养教育活动和研究所需的教育学科知识和技能，如教育原理、心理学、教学论、学习论、班级管理、现代教育技术等。

（3）与财经素养教育教学相关的实践技巧，如导入、强化、发问、课堂管理、沟通与表达等技巧。苏霍姆林斯基强调教育是创造性的劳动，教师要精通自己所教学科。然而，目前我国基础教育阶段的大多数学校都几乎没有精通财经学科的专业教师，自我学习能力对于财经素养教育教师尤其重要，是开展财经素养教育教学和研究的基础。

2. 协同研究

协同研究是联合其他教师一起研究设计教学的能力。财经素养教育具有较强的综合性和融合性特征。这也决定了开展财经素养教育需要利用不同学科、专业和岗位的优势，发挥团队合力，充分探索财经素养教育相关规律，实现教学和实践活动设计的不断创新。协同研究的主体不仅包括教师个人，还包括从事财经素养教育的其他团队成员，更包括来自不同学科、不同专业背景、不同岗位、甚至不同学校和地区的教师。协同研究的内容主要有：①研究财经素养教育相关知识；②研究并设计财经素养教育教学的具体内容及环节，包括课程设置、教育教学设计、教学的组织与实施、激励与评价等；③研究并解决开展财经素养教育过程中遇到的问题；

④探索进一步提升财经素养教育水平和质量的策略。协同研究需要教师自觉处理好与其他成员的关系，形成团结、互助、友爱、和谐的团队氛围，共同完成财经素养教育的研究工作。

3. 资源整合

资源整合是指教师寻求实施教学的各种场地、设备、信息等多种资源支持的能力。与大多数学科教育不同，财经素养教育不仅需要在学校进行，还需要开展广泛的社会实践活动，联合家庭、社区、金融机构、大学等研究机构、博物馆、政府部门等共同开展相关教学及实践活动。这就要求教师具有一定的资源整合能力，将符合经济社会发展需要的、有利于培养学生财经素养的优质教学资源整合在一起，如寻求大学等研究机构的专业指导，与博物馆、展览馆合作寻求场地支持，与银行等金融机构合作寻求专业人员、资金和设备的支持，与教育科研机构合作寻求财经素养教育研究方面的支持等。资源整合的形式主要有“引入校内”“走出校外”“联合共建”三种类型。教师既可以将校外的专业人员、数字化资源、图书资料、便于运输的设备等资源引入校内应用于教育实践中，也可以带领学生及团队成员走出校外利用合作资源开展教育实践，还可以与校外资源联合共建体验场馆、实训基地等。资源整合要求教师根据教学需要和学校及学生情况恰当选择合作主体，采用适合的方式开展合作，从而有效将校外资源用于财经素养教育实践。

4. 有效教学

有效教学是指教师在课堂内外有效开展财经素养教育教学活动的能力。有效开展财经素养教育教学应体现以下三个方面的结合。

（1）将生活与教育相结合，教师能够有效地将生活中的场景、信息、经历及经验转化为财经素养教育的教学资源。

（2）将课程教学与课外实践相结合，教师能够有意识地将财经素养教育内容以主题的方式合理设计并实施课程教学和课外实践，有效培养学生运用财经知识与技能解决现实问题的能力。

（3）将教师讲授与学生探究相结合，教师能够在讲清、讲透、讲好教学内容的同时充分调动学生的兴趣，创造性地培养和开发学生的自主探究能力，使学生能够在自身现有知识与经验的基础上完成进一步的学习。

有效教学能力的形成是教师不断习得的结果，财经素养教师在教育实践中不断锻炼和提升自己的教学能力，参与有组织、有计划的财经素养教育培训指导有助于快速提升现有教师的有效教学能力。有效教学能力指向教师的教育教学实践，决定着教学效果的优劣。

5. 反思改进

反思改进是指教师在教学实践的基础之上评价反思自己的教学并不断予以改进的能力。反思需要教师将自我和教学活动作为批判对象，辩证认识自我和教学活动，反思的内容包括教育教学中的闪光点、遗憾点、困惑点等。在反思的基础上持续改进，不断对教学实践进行补充、完善和修正，解决教学中遇到的问题，矫正教学中存在的错误，改进教学方法和策略，形成教学智慧，提升教学水平。

教师的财经素养教育能力框架由五种能力要素组成，能力要素之间彼此独立又互相促进。每一种能力要素均可能成为推动教师财经素养教育能力提升的起点。例如，自我学习能够促进协同研究、有效教学等多种能力要素的整体性提升，相似地，有效教学也可以激发自我学习、协同研究等多种能力要素的提升。在实践中应综合考虑各项能力之间的相互关系，针对特定能力进行专门训练和有意识地培养，最终达到整体性提升的目的。教师财经素养教育能力框架包含的能力要素与教育实施过程相关联，形成由低级向高级、由内部向外部、由理论向实践发展的螺旋上升的系统，为教师财经素养教育能力的培养和提升提供理论参考。

## 第二节　教师财经素养教育能力的提升策略

目前，我国财经素养教育仍然处于起步阶段，大多数学校均面临师资队伍严重不足的问题，特别是对于基础教育阶段的学校，现有师资队伍的专业背景与财经素养教育的需要并不匹配。因此，提升教师财经素养教育能力是目前在学校系统开展财经素养教育亟须解决的关键问题。在这样的背景下，应从现实出发，在财经素养教育实践中探索式地培养教师的财经素养教育能力。在这一节中，我们将中国财经素养教育协同创新实验学校的相关经验进行总结和梳理，汇总形成了个体和学校提升教师财经素养教育能力的策略。

### 一、教师自我提升财经素养教育能力的策略

我们基于教师能力相关理论结合财经素养教育特征，研究分析了教师提升自身财经素养教育能力的方法，也通过课堂观摩、行动观察和座谈访谈等途径，总结提炼出能够胜任财经素养教育教学的优秀教师通常具备的一些特质。

#### （一）认同财经素养教育的价值理念

对财经素养教育充满热情、认同财经素养教育的价值观和方向是教师有效开展财经素养教育的前提条件和必备条件，是提升教师财经素养教育能力的基础。教育实践中的优秀的教师对财经素养教育充满热情，能够主动学习财经素养教育的理念和方法，并将这些理念和方法应用于教育教学实践。教师可通过学习和实践提升价值认同感，具体做法有：①自主学习财经素养教育的相关政策、基本理念、目标与方法、国际经验、关联学科知识等，建立对基本价值的认知；②积极参与财经素养教育相关研究和专

门培训，增强对基本价值的理解；③在学校开展教育教学实践探索，深化对基本价值的认可。这种价值认同有利于激发教师参与财经素养教育和推进财经素养教育的信心，包括对财经素养教育发展的信心和个人完成教育教学工作的信心等；有利于提升教师开展财经素养教育的兴趣和动力，促使教师更新教育理念、改善教学方法、关注未来财经素养教育发展等；有利于教师财经素养教育能力的整体提升。

**教学实践案例：**

佛山市三水中学附属初中持续开展财经素养教育相关课题研究，学校财经素养教育团队的教师在工作总结中写道："财经素养教育相关课题的研究，使我焕发了激情、燃起了斗志；让我尝试用新的教育教学理念指引自己的工作，学会角色的转换；树立了终身学习的理念，使我对未来的工作充满了信心和动力。这些对我今后的教育教学工作必将起到很好的指导作用。"教师发自内心的感悟充分体现了其对财经素养教育价值的认同，财经素养教育理念激发了教师的兴趣与动力。

### （二）学习并掌握财经素养教育基本知识与基本技能

财经素养教育具有内容丰富、形式多样、与生活联系紧密等特征，但大多数学校特别是基础教育阶段的学校，目前并无相关专业的专任教师。现有教师在开展财经素养教育过程中需要通过不断学习掌握开展财经素养教育所需的基本知识和基本技能。具体而言，教师学习财经素养教育知识与技能的途径主要有以下四种：①通过阅读专业书籍及资料，前往开设相关课程或讲座的学校、图书馆等公益组织进行线下学习；②利用中国大学慕课（MOOC）、网易公开课等资源平台开展线上学习；③通过参与各级各类与财经素养教育相关的培训有针对性地学习；④在日常生活及教育教学实践中积累相关知识与经验。

**教学实践案例：**

成都七中初中学校教师采用多种方式学习财经素养教育相关知识与技能，教师个人利用闲暇时间阅读与主题教学相关的专业书籍。该校财经素养教育团队定期利用中国大学慕课（MOOC）、超星等网络平台开展集中学习。多位教师进入西南财经大学课堂，长期坚持聆听大学教师授课。此外，该学校还邀请西南财经大学相关学科的专家入校开展讲座和指导活动。

### （三）利用校内外资源开展交流与合作

教师协同研究能力和资源整合能力的提升关键在于交流与合作。教师交流与合作体现在三个层次。

（1）学校内部的合作，教师在学校内应积极与不同学科、不同年级、不同岗位的教师开展密切的合作。

（2）本地区的合作，教师可通过联合家、校、社多方力量调动资源，例如与学生家长、当地的市场部门、金融机构、其他院校、科研院所、政府部门等广泛合作，寻求专业人员、设备、场所、资金、信息等方面的支持。

（3）全国范围内的沟通与合作，教师通过积极参与全国范围内的论坛、展示、交流指导活动等，积极与其他区域的教师和专业人员进行经验交流，吸收其他区域的有效经验。

实践中教师交流与合作的方式和对象有所不同，但有效的交流与合作都体现出积极配合、取长补短、互助互利的合作精神。

**教学实践案例：**

南京市雨花外国语小学花神庙分校教师通过与多个主体沟通合作提升财经素养教育能力。学校组建了财经素养教育团队，不同学科教师通过密切合作开展共同学习、集体研讨活动；教师积极调动家长资源，依托“兰园财经大讲堂”邀请家长进校开展财经素养主题教育，并在暑期实践活动中动员家长与教师密切配合引导学生进行丰富多样的财经实践；学校教师多次分批赴北京、上海、南京等地聆听专家讲座，参与论坛及讨论会，接受专家指导；此外，团队教师还积极与当地的银行等金融机构、博物馆合作开展活动，带领学生参观银行、钱币博物馆等，并邀请专业人员走进校园开展相关知识普及活动。

### （四）在实践中总结经验

由于财经素养教育的内容源于实践，因而财经素养教育理论需要教学实践、财经素养教育的效果也需要实践检验。教师开展财经素养教育不能只停留在理论层面，也不能局限于传授书本知识，而是一定要付诸实践。通过参与财经素养教育教学实践，教师能够发现个人开展教育教学活动中存在的问题，在探索解决方案的过程中不断总结经验，提升自身的财经素养教育能力。具体而言，开展财经素养教育实践主要有以下三种类型。

（1）以研究带动实践。教师可选择与财经素养教育相关的研究主题，自主进行研究或组织学生共同研究探讨相关问题，通过问卷调查、观察访谈、课堂观摩、理论探索等多种形式开展财经素养教育研究，在研究的过程中推进实践。

（2）开展课程教学。教师将财经素养教育的知识、方法、技能、理念等融入课程教学，可以采用单独开展主题教学、与其他学科融合开展教学或利用班会课开展教学等多种方式开展教学活动。

（3）组织课外活动。教师将财经素养教育与暑期实践、社团活动、各类比赛、竞赛等活动相结合，在组织实践活动过程中提升自身能力。

**教学实践案例：**

江苏如东中等专业学校的教师通过多种方式开展实践，在实践中提升教师能力。学校教师进行财经素养教育实践研究，已有多篇研究成果在学术期刊发表；学校教师将财经素养教育与创新创业教育相结合，联合区域其他学校共同设立“创客商学院”，开发了系列课程。此外，该校还组织多名学生参加各类与财经素养相关的技术、技能大赛，鼓励学生获得相关证书等。

### （五）重视反思与改进

教师在开展财经素养教育实践过程中，要积极反思教学效果，善于发现教学过程中的不足之处；积极调整教学行为，不断完善和优化财经素养教育教学实践；主动将新的教学技术、教学方法应用于财经素养教育。我们在研究过程中发现，一些优秀教师在学校开展一段时间的财经素养教育后，对学校开展财经素养教育的情况进行了梳理、总结和反思，发现了目前存在的问题并尝试提出改进的办法。教师针对教育实践的反思是将实践上升为理论的过程，能够促进教师进一步理解财经素养教育理念，改进财经素养教育方法，推进财经素养教育有效开展。

**教学实践案例：**

湖南财经工业职业技术学院的教师针对开展财经素养教育实践情况进行检视和总结，发现学校存在领导重视不够、教学资源不足、教师动力不够等问题，针对这些问题，该校团队教师集中研讨并提出通过建设资源平台、开展书证融通、设置考核项目等方式进行改进和提升。

## 二、学校提升教师财经素养教育能力的策略

教师提升财经素养教育能力不仅需要依靠教师个人的努力，更需要学校支持与培养。教师财经素养教育能力的提升是学校推进财经素养教育的内部动力，学校为教师能力的提升搭建专业平台、构建良好环境，两者相辅相成。为了研究学校层面提升教师财经素养教育能力的策略，我们以中国财经素养教育协同创新中心在全国135所学校推进财经素养教育的实践案例为研究对象，通过研究各学校开展财经素养教育的行动，总结梳理出学校提升教师财经素养教育能力的策略，具体如下。

### （一）校长重视，增强教师参与财经素养教育动力

校长是推进教师财经素养教育能力提升的思想引领者、规划设计者、资源开发者、实践推进者，决定财经素养教育的学校实践方向和效果。一些学校的校长非常重视财经素养教育，与其他学校相比，这些学校的财经素养教育开展情况也相对更好。

例如，广州市番禺区市桥中心小学柯中明校长认为"校长应主动学习财经素养教育知识，成为教师团队的'领跑者'"，并带头亲自授课。东莞外国语学校尹效登校长强调"必须把提升教师财经素养教育能力放在财经素养教育最重要的位置"。湖南省浏阳市新翰高级中学商南花校长的个人定位是"做推进教师财经素养教育能力提升的规划者、领导者和建设者"。四川师范大学附属实验学校黄伟副校长认为"校长要扮演好财经素养教育的'首席教师'和财经素养课程领导的角色"。

学校校长重视对教师财经素养教育能力的提升至关重要，由校长负责牵头推进财经素养教育，能够提升教师对财经素养教育的思想认识，切实增强教师开展教育教学实践的动力。

### （二）组建团队，培育财经素养教育核心骨干力量

缺乏专业师资是制约学校推进财经素养教育的重要因素之一。实验学校采取多种措施培育师资队伍，较为常见的做法是：在全校范围里抽取各学科业务能力强、学习能力强、对财经素养教育认同程度高的教师，组建核心团队，使其成为学校推进财经素养教育的骨干力量，通过组织这些老师开展学习、研究、参加培训交流等途径提高财经素养教育能力，进而在全校范围内影响到更多群体。西南财经大学附属小学构建的“1＋1＋N”项目团队和东莞外国语学校形成的集研究型、学习型、学术型、项目型为一体的财经素养教育团队都是有效的团队建设模式。

此外，各学校的财经素养教育师资培训一般有以下三种做法：①聘请行业企业专业人员作为兼职教师开展财经素养教育，弥补学校专业师资不足的现状；②邀请学界专家和行业企业入校开展财经素养教育培训，通过资源整合提升学校自有师资队伍财经素养教育能力；③鼓励教师充分利用现有线上资源（如中国大学 MOOC 等优质教育资源），采用线上线下相结合的方式学习。

### （三）强化教研，提升教师财经素养教育理论水平

实验学校高度重视教研，以此提升教师财经素养教育理论水平和教学效果。目前，实验学校的做法可以分为以下五种。

（1）各学校积极组织教师参与中心及地区各级各类课题研究，以提升教师的思想认识、夯实教师的理论基础、引导教师的研究与实践。例如，东莞市光大新亚外国语学校、广州市第十六中学等学校组织教师积极参与财经素养教育相关课题研究，并取得了一定的成果。

（2）邀请专家入校指导财经素养教育相关课题研究及教学实践，提升教研水平，推进教学创新。

（3）通过问卷调查掌握学情，提高财经素养教育的针对性和有效性。例如，成都树德西区实验中学、成都财贸职业高级中学等学校均开展了财经素养相关调查。

（4）组建跨学科和跨年级教师教研团队，通过集体备课的形式，促进教师之间的交流与合作，形成思想共通、优势互补的教研氛围。

（5）根据学校及区域特点，整合教学内容，开发校本教材和校本课程，不断使教学内容及方式适合学生发展需求。例如，东莞外国语学校、成都市高新区益州小学、成都市树德中学等学校均自主开发了财经素养教育校本课程。

**（四）创新教学，推动教师探索财经素养教育路径**

课题学校鼓励教师创新财经素养教育路径，形成课程教学与课外实践结合、校内实施与校外推进结合的财经素养教育教学新方式。

（1）创新课程体系。广西财经学院、防城港职业技术学院、广西经贸职业技术学院等学校探索将财经素养教育纳入人才培养方案中，广西梧州商贸学校等学校在相应专业开设财经素养课程，广西中医药大学、广西金融职业技术学院等学校开设了财经素养选修课、大讲堂等。目前，许多学校最普遍的做法是通过学科融合的方式开展财经素养教育。

（2）创新课程教学方式。广州市番禺区市桥中心小学、常州旅游商贸高等职业技术学校等学校采用不同学科教师互相配合同上一门课的方式进行授课；江苏如东中等专科学校探索在游戏中开展财经素养教育课程，将课程教学与“现金流游戏”“沙盘模拟企业经营”等游戏相结合。

（3）开发第二课堂。将财经素养教育与课外实践活动紧密结合，在社团活动、暑期夏令营、研学活动、主题活动周等实践活动中融入财经素养教育元素。例如，威海经济技术开发区曲阜学校、成都市树德实验中学、广州市天河区旭日雅苑幼儿园等学校均开展了校园集市或校园义卖活动，东莞市广大新亚外国语学校组织学生赴日本开展“研学重勤俭”活动，西安外国语大学附属西安外国语学校组织财经素养辩论赛、国际贸易挑战赛等校园比赛等。

**（五）交流展示，促进教师发现问题不断学习提升**

学校应积极创造条件，通过多种途径鼓励教师交流展示其财经素养教育教学成果，有助于激发教师的动力，帮助教师发现教学中存在的问题，在专家的指导和帮助下进一步提升财经素养教育能力，在更大的范围内发挥引领示范作用。具体做法包括如下内容。

（1）组织教师积极参加国内外论坛交流及示范课展示。交流与展示可将学校财经素养教育教学成果进行推广，开阔教师视野，使教师站在更高的层次上审视当前学校的财经素养教育开展情况，充分吸收相关经验和建议，进而更有针对性地促进教师财经素养教育能力的提升。

（2）组织教师参与各类教学能力大赛、专业技能大赛。通过赛前筹备、赛中锻炼和赛后反思，积累教育教学经验，特别是接受专家的点评，认识教师能力现状，明确改进的方向。

（3）指导学生参加相关技能比赛。教师在指导学生的过程中有机会与学生针对财经素养教育相关主题内容进行深入交流，充分了解学生的认知情况，并与学生共同成长。

提升教师财经素养教育能力不仅需要依靠理论的支撑，而且需要在实践中不断探索、创新、反思和总结。本节从 135 所实验学校开展财经素养教育的实践案例中梳理了目前实践中行之有效的策略。然而，这些策略仅是当前有限经验的总结，并不能完全涵盖财经素养教育的全部内容和所有过程。随着财经素养教育在我国的不断推进，越来越多的学校和教师开始进行财经素养教育的实践探索，关于教师财经素养教育能力的研究将会得到进一步完善、丰富和发展。

# 第九章

# 财经素养教育的区域探索

目前，我国财经素养教育尚处于起步探索阶段，开展财经素养教育的资源依然十分有限，基于这样的现状，我国大多数地区以区域为整体统一推进财经素养教育。本章将专门研究财经素养教育的区域探索，从具体案例和做法中梳理总结区域推进财经素养教育的实践特征，并在此基础上结合我国财经素养教育发展的特征和趋势形成区域推进财经素养教育的经验认识。

## 第一节 区域推进财经素养教育的实践特征

本节从实践角度研究区域推进财经素养教育的特征。我们对广东、上海、广西、江苏、山东、四川、浙江、北京等10个区域推进财经素养教育的实践做法进行了研究，并选取广东、广西、四川成都和陕西西安为典型案例区域进行重点分析，发现这些区域在推进财经素养教育实践上体现出一些共性特征和有效经验，具体如下。

### 一、设置区域课题，为学校开展财经素养教育提供抓手

由于目前我国尚未从国家层面出台相关专门政策推进财经素养教育，因而学校开展财经素养教育的动力不足。为了解决这一问题，一些区域采取设置课题的方式为学校开展财经素养教育提供抓手，发现财经素养教育开展及推进过程中的问题，探索有效解决这些问题的方法和途径，以研究带动实践、推动学校开展财经素养教育。目前的基本做法是区域设置课题，组织遴选课题学校，召开开题与结题会，促进不同学段和不同学校教师围绕财经素养教育开展学习、研究和交流。在具体的做法中，不同区域以不同的形式通过课题助推财经素养教育的开展。区域通过设置课题为学校开展财经素养教育提供了动力，打通了财经素养教育的研究和实践，形成研究、学习与实践整体推进的局面。

**教学实践案例：**

广东省教育研究院每年面向全省基础教育学校遴选财经素养教育实践研究课题学校。课题学校创设后，广东省教育研究院组织各种培训，积极引导课题学校加强交流，倡导学校集体开题、结题。此外，广东省教育研究院鼓励课题学校积极与当地金融机构合作，保障活动的专业支撑，拓展教师的学习路径。

广西教育研究院专门设立财经素养教育研究专项项目；同时组织广西教育科学规划2021年度广西财经素养教育研究专项课题的申报工作，鼓励并支持广西各级各类学校以财经素养教育为主题进行课题的申报。

成都市教育科学研究院鼓励学校围绕财经素养教育研究申报各级各类课题。例如，彭州中学申报成都市课题《新课改背景下中学生学习方式的转变》，彭州市2019年立项《新课程背景下思想政治课学习评价的多元化研究》《基于核心素养的高中政治学生活动课程实践研究》等课题。石室天府中学申报中国财经素养教育协同创新中心专项课题《财经素养教育分学段主题活动研究》、区级科研课题《基于培养高中生财经素养的校本课程开发与研究》、高新区项目《中国财经素养教育标准框架下区域财经课程建设的研究与实践》等。

西安市教育科学研究院在全市三级三类课题体系（重大课题、规划课题和小课题）中设计了“青少年财经素养教育理论与实践研究”课题，优先面向国家级财经素养教育实验校（园）开放申报，同时鼓励其他中小学也加入课题研究行列。

## 二、开展业务培训，培育财经素养教育一线师资队伍

财经素养教育在我国是一个相对较新的教育领域，尚没有对应的专门师资供给，特别是基础教育阶段，财经素养教育专业师资匮乏是目前学校

开展财经素养教育面临的共性问题和亟待解决的重要问题之一。从区域层面看，开展业务培训有助于为学校培养能够长期面向全体学生开展财经素养教育的合格师资，转变目前以金融机构以及其他校外机构主导财经素养教育活动的局面。区域的基本做法是定期组织财经素养教育培训，以线上线下相结合的方式开展财经素养教育业务培训、经验分享、专题研讨、专家讲座、课程观摩、区域论坛等多种培训活动。区域通过开展业务培训，对现有教师进行创造式培养，培育财经素养教育一线教师队伍，帮助教师深入理解财经素养教育的概念内涵、基本理念、根本目标、标准框架等相关理论，促进教师共同交流财经素养教育的方式方法，整体性地提高教师财经素养教育能力。

**教学实践案例：**

广东省教育研究院积极开展业务培训，举办全省首届财经素养教育专题业务培训、全省首届财经素养教育实践经验交流暨业务培训活动、“大湾区同一堂课，财经素养教育与德育融合探索”专题网络教研活动等系列培训，切实提升财经素养教育师资队伍专业水平。此外，广东省教育研究院联合多方力量举办财经素养教育教师（志愿者）高级研修班，培育了一批“种子教师”。

广西区域面向全省各级各类学校教师定期开展财经素养教育培训活动；此外，广西财经学院（中国财经素养教育协同创新中心广西分中心）还举办了广西高校财经素养教育教师工作坊活动，促进教师在学习、研究、分享、讨论中提升财经素养教育能力。

西安市教育科学研究院申报了小学教师财经素养能力提升培训项目，将教师财经素养教育能力培训纳入市级培训项目。在中小学教师财经素养能力提升培训项目中，西安市教育科学研究院面向全市中小学校长、教师开展培训，培训设置专家讲座、优质课观摩、专家点评、交流讨论等多个环节，西安市教育科学研究院还通过培训遴选出优质观摩课供全市教师学习。

成都市教育科学研究院组织教师开展线上线下业务培训，依托成都市菜单培训平台培育财经素养教育“种子教师”，组织教师进行《青年财经》课堂展示和专题交流，有效解决教师在财经素养教育教学中遇到的问题。此外，成都市教育科学研究院组织教师参加中国财经素养教育论坛及其他区域的财经素养教育培训活动，在区域交流中拓宽教师视野、提升教师能力。

## 三、推动学校实践，促进财经素养教育理念落地生根

虽然目前我国已有部分学校进行了财经素养教育的实践探索，但是一些学校实施财经素养教育缺乏正确的理论指导及合理的引导规范，部分学校的财经素养教育甚至存在缺位的问题，尚不能满足学生当前及未来应对经济生活的需要。因此，有必要从区域层面推动学校实践，促进财经素养教育理念落地生根。目前，区域通过课题设置、课程开发、入校指导、成果展示等多种方式指导、支持并带动学校全方位、多角度地开展财经素养教育实践，鼓励学校开发校内外教育资源，通过多种形式开展财经素养教育实践探索。目前，学校开展财经素养教育的形式主要有设置选修课、学科融合、组建社团、开展社会实践等。

**教学实践案例：**

广东省教育研究院组织学校开展各类实践探索，教师在深入学习、理解消化教材内容的基础上，采取学科融合、学生社团、专题活动、财经竞赛、行业组织联合等多种形式，设计实施丰富多彩的财经素养教育活动。

此外，广东省教育研究院还为学校提供了多种途径展示财经素养教育实践活动成果。

广西区域依托中国财经素养教育协同创新中心广西分中心组织学校开展财经素养教育实践，学校通过编写教学案例、开设公共课和公开课、探索课外实践活动等多种形式积累了丰富的教育教学经验。广西区域还定期举办微视频大赛等财经素养教育相关比赛，积极指导学生参加财经素养教育相关社会实践。

西安市教育科学研究院面向全市中小学（幼儿园）开展了财经素养教育实验学校征集遴选工作，经过学校自主申报和初步审核拟定实验学校，重点深入指导这些实验学校开展财经素养教育实践探索，充分发挥实验学校对区域其他学校的带动作用，整体推动区域财经素养教育实践。

成都市教育科学研究院组织学校建设富有特色的财经素养课程。例如，石室天府中学开设财经类选修课，成都西藏中学挖掘校内资源、丰富第二课堂，嘉祥外国语锦江小学构建“2 + X”的财经素养课程框架，益州小学打造多维财经素养教育课程等。

## 四、汇聚多方资源，搭建财经素养教育平台

财经素养教育属于跨学科的综合性、实践性教育活动，需要采用大量兼具专业性、教育性和趣味性的教育资源，包括学生用书、教师用书以及各种微视频、课程、实践活动场地、专业设备、信息等资源，才能更有效开展。然而，这些教育资源的开发只依靠学校难以完成，有必要从区域层面汇集多方资源，搭建财经素养教育平台。在具体实践中，区域通过举办高峰论坛、成立分中心、设立区域研究中心等途径促进政、产、学、研多方力量深度合作，聚集整合学校、社会等各方力量，联合开发财经素养教育资源，推动财经素养教育质量提升。

**教学实践案例：**

广东省教育研究院有效整合财经素养教育资源，联合广东省金融消费权益保护联合会、南方都市报、中国人民银行广州分行、中国银保监会广东监管局、广东省地方金融监督管理局、Visa公司等多家机构与学校系统开展合作，举办中国财经素养教育高峰论坛、全省财经素养教育专题业务培训等活动，提高了教师的业务能力，开阔了教师的视野，极大提升了教师开展财经素养教育的兴趣和信心。

广西地区成立中国财经素养教育协同创新中心广西分中心，开拓了资源共享、合作共赢的新局面。该分中心推进教育类院校、机构和财经类院校、机构的深度合作，促进跨界学科合作，加深“政、产、学、研”四个方面力量合作，初步实现了“致力于财经素养教育的创新探索和协同发展，旨在成为服务区域经济发展、提升公民财经素养的学术研究基地和创新型智库机构”的目标，彰显了“跨界合作，协同创新”的智库特色。

西安市教育科学研究院在全市范围深入调查研究，挖掘财经素养教育典型学校，创新设立了全市财经素养教育研究中心，不断推进区域财经素养教育发展。西安市财经素养教育研究中心落户学校，是全市教研力量中心下移，阵地前移创新教科研形式的尝试，解决了目前专职财经素养教育人员比较短缺的问题，同时将研究工作和学校实践结合起来，相互助力，协同发展，带动区域工作稳步推进。

成都市教育科学研究院汇聚政府部门、研究机构、金融机构、学校等多方力量，以“协同育人、协同创新”为指导，以各方金融财经教育研究与金融行业资源优势为依托，构建产学研战略合作和协同发展新模式，打造校企协同创新服务新平台，共聚教育智慧，实现跨界教育资源整合，助力教育改革和发展。

## 第二节　区域推进财经素养教育的经验认识

目前，各区域在实践中逐渐探索形成了财经素养教育的路径、方法和策略，丰富了财经素养教育的开展形式。本节在梳理区域丰富多样的实践探索基础上，结合当前我国财经素养教育的发展特征和趋势，形成区域推进财经素养教育的经验认识。

### 一、探索“五育融合”视域下的财经素养教育

在“培养德智体美劳全面发展的社会主义建设者和接班人”的目标任务下，构建高质量发展的教育体系，必须聚焦德智体美劳全面培养，“五育融合”已经成为新时代中国教育改革与发展的基本趋势，是落实立德树人根本任务的内在机制。财经素养教育以劳动教育为起点和手段，以德育为目标和方向，是劳动教育、生活教育、思想教育和情感教育的集合。把财经素养的培育作为“五育融合”的落脚点与切入口，是当前推进财经素养教育的方向。区域在推进财经素养教育过程中应树立科学的教育观、成才观，在财经素养教育中将德育、智育、体育、美育和劳动教育有机融合，使学校教育、社会教育、家庭教育相互协调、紧密合作，形成全员、全程、全方位育人新格局。

当前，一些区域的已经开始探索“五育融合”的财经素养教育新方向。成都市教育科学研究院将落实立德树人根本任务贯穿于基础教育、职业教育、高等教育所涉及的各领域，在推进学校开展财经素养教育实践过程中强调学科融合，充分发挥财经素养教育融合性和包容性较强的特征，开始探索“五育融合”的财经素养教育实践策略。西安市教育科学研究院指导学校从“五育并举”的高度认识新时代教育发展面临的新机遇和财经素养教育的重要性，鼓励学校在“五育融合”背景下推进财经素养教育。

此外，广东、广西、上海等区域也在积极推进相关研究及实践探索，现有的典型做法包括如下内容。一些学校申请相关课题，重点研究财经素养教育与“五育融合”发展的方法和策略。一些学校将美术课与财经素养教育相结合，鼓励学生在校园集市中售卖自己的书法、绘画、手工作品等。一些学校将劳动实践与财经素养教育相结合，在校园中开发种植区，体验劳动创造财富的全过程。还有一些学校在语文、数学、思想政治、历史等课程教学中融入财经素养教育。从课堂教学到课外实践，区域逐渐重视并开始引导、鼓励、支持学校将财经素养教育作为“五育融合”的切入点，促进学生德智体美劳的全面发展。

## 二、走出校外开展财经素养教育

财经素养教育具有实践性强的特征，开展财经素养教育不能仅局限于书本和课堂，需要组织学生积极参与到社会实践活动中，帮助学生接触经济社会现实、了解经济社会运行规律，把书本知识与社会实践结合起来。让学生在实践中培养创新精神，在创新中提高实践能力，是当前和未来财经素养教育的应有之义。校外是开展财经素养教育的另一个重要空间和主要场所，开展校外活动不仅是对校内活动的延伸与补充，也是学生参与经济社会生活、适应社会的重要途径。新时代财经素养教育要求开展好校外实践活动，充分发挥校外实践活动在培育学生财经素养中的重要作用，对提升财经素养教育有效性、促进学生综合素质发展具有重要的现实意义。

目前，区域开始尝试走出校外开展财经素养教育，使财经素养教育不再局限于课堂，而是融入更广阔的经济社会生活中。区域主要采取的策略有三个。

(1) 利用暑期社会实践开展财经素养教育活动。广东、广西区域依托财经素养教育教材组织各学校开展暑期实践活动，暑期社会实践活动成果研究主题丰富、时代气息浓厚、活动形式多样、呈现方式灵活，是区域开展校外财经素养教育的有效途径。

（2）鼓励学校与家庭、社区等联合举办财经素养教育实践活动。广东、成都、广西、上海等区域鼓励学校构建“家、校、社”协同育人机制，充分调动家长和社区资源，组织学生参加校企合作、校外参观、现场体验等校外实践活动，促进学生在校外真实经济社会生活场景中提升财经素养。

（3）积极为学生提供参与比赛、竞赛等活动的机会。在实践中，广东区域举办暑期社会实践大赛，广西区域举办微视频大赛，西安区域鼓励学校积极选派学生参加财经辩论赛、中国青少年金融素养大赛等，通过这些比赛促进学生主动积极地关注财经知识和技能，提升实践能力。

### 三、将财经素养教育与区域发展紧密结合

财经素养教育与经济社会发展联系密切。在实践中，区域和学校尝试将财经素养教育与区域发展紧密结合，使财经素养教育适应、促进区域的发展，也有助于财经素养教育自身的特色化发展。新时代呼唤我们立足国家需求开展财经素养教育研究和实践，应用财经素养教育成果服务社会，探索将财经素养教育与国家战略的区域落实相结合、与区域协调发展战略相结合、与本地区发展规划相结合，使财经素养教育成为区域和国家经济社会发展的助力，在更大范围内和更高层面上发挥财经素养教育的作用。

目前，一些区域已经开始探索将财经素养教育与区域发展相结合，主要做法有以下三种。

（1）关注国家发展需求，将财经素养教育与国家战略的区域落实相结合。例如，广西区域将财经素养教育研究成果应用于脱贫攻坚和乡村振兴。广西财经学院在靖西市魁圩乡平巷村开展了“服务乡村振兴战略，助力建设‘财智村’”公益服务活动，面向村两委骨干成员及村民开展公益讲座和指导交流，组织专家学者撰写财经素养助力乡村振兴发展丛书《农

村精准扶贫扶志扶智案例评析》。

（2）关注区域发展需求，将财经素养教育与区域协调发展战略相结合。广东省教育研究院响应区域协调发展战略，将财经素养教育作为助力粤港澳大湾区建设的切入点，联合举办粤港澳大湾区财经素养教育教师高级研修班，举办“粤教同上一堂课·走进大湾区”专题网络教研活动等，通过联合举办系列财经素养教育活动增强区域内不同省份之间的对话交流和经验共享，为了进一步整体推进粤港澳大湾区财经素养教育奠定基础。

（3）关注当地发展需求，将财经素养教育与本地区发展规划相结合。例如，苏州市东中市实验小学基于地域文化特征和地区发展规划构建财经素养教育体系，在开展财经素养教育过程中综合考虑当地的历史背景、文化传承、资源开发、经济发展等要素，使财经素养教育体现区域特色，促进并服务区域发展。

**四、汇聚地方力量共同推动财经素养教育**

财经素养教育是综合性极强的教育活动，内容涵盖经济社会发展的诸多方面，形式包括课堂教学和课外实践等多种方式。财经素养教育的这些特征要求区域调动多方力量、汇聚地方资源共同推进。因此，区域要全面系统地推进财经素养教育，打破目前大多数地区仅由教育部门为主导的局面，积极争取其他行政部门、相关机构、社区及家庭的支持，充分调动地方力量与教育部门形成密切配合，整体式地推动财经素养教育的发展。

在实践中，区域汇聚地方力量的做法主要有以下三种。

（1）发挥教育部门及其他行政事业部门的力量推动财经素养教育，有关部门可通过成立专门机构、给予政策支持、培训专业师资、建设资源库、完善评价机制等多种方式支持区域开展财经素养教育。例如，广东地区、四川成都地区、陕西西安地区分别由广东省教育研究院、成都市教育科学研究院、西安市教育科学研究院专门负责在本地区开展财经素养教育；此外，广东省教育研究院邀请中国人民银行金融消费权益保护局、广东省教育厅事务中心、广州市金融工作局等单位共同参与财经素养教育相关论坛和研讨活动，争取行政事业部门的力量支持财经素养教育的开展。

（2）与金融机构、企事业单位、科研院所、研究型大学建立联系，寻求资金、人员、场地、咨询指导等方面的支持。例如，广东、广西、四川成都、陕西西安等地与当地银行、证券公司、Visa 中国、JA 中国等机构建立广泛的联系，共同推动财经素养教育的发展。

（3）利用社区和家长资源开展财经素养教育。区域应鼓励学校积极与社区和家庭联动，例如，可以向学校周边的市场、博物馆、图书馆、其他学校等寻求场地、设备和人员的支持，将财经素养教育与社区活动相结合，还可以调动具有相关专业背景或行业经验的家长积极参与财经素养教育，支持学校开展财经素养教育教学和实践活动。

**五、激发教师团队力量**

与传统学科教学不同，财经素养教育更强调教师以团队的形式开展教育活动。财经素养教育的综合性和实践性特征促使不同学科和岗位的教师互相交流、密切合作，突破自身发展的局限，不再关起门来开展研究和教学活动。教师团队作为一种专业学习共同体能够有效促进团队成员间的交流，提高解决问题的效率。财经素养教育团队中的教师利用自身的知识背景与组织管理经验参与培养方案设计、课程开发、课堂教学、课外实践、考核与评价等财经素养教育全过程，不断提升教学质量水平。在区域层面，应积极探寻科学有效的途径，打造高水平财经素养教育教师团队，不断提升我国财经素养教育的质量和水平。

目前，区域逐渐开始重视在财经素养教育过程中激发教师团队的力量，主要从以下三个方面着手进行财经素养教育教师队伍建设。

（1）为教师自我学习提供机会，增强教师队伍的专业能力。区域通过组织教师参与财经素养教育专题培训会及研讨会、示范课观摩、相关用书编写等活动激发教师兴趣，调动教师积极性，为教师自我学习提供平台支持和专业指导，教师在区域的统一指导下有效开展自主学习、不断提升专业能力。

（2）通过协作科研提升教师队伍的教学水平。陕西西安、广东、广西、四川成都等区域均通过设置课题的方式促进教师协作科研，加强教师之间的沟通与合作，整体提升教师财经素养教育能力。其中，广东省教育研究院在指导学校开展课题研究过程中倡导学校间自主组合集体开题、结题，引导课题学校加强交流，联合开展财经素养教育的专题教研活动，通过彼此间的交流、合作、分享，促进相互学习、共同提高。

（3）通过教学创新优化财经素养教育的质量和效果。在区域的统筹指导下，学校开始尝试创新教研及教学方式，探索培育教师团队的方式和方法。例如：一些学校的财经素养教育团队涵盖多个学科、不同年级的教师；一些学校在团队中纳入学科教师、班主任、少先队辅导员、学校行政人员等不同岗位的教师，以便开展财经素养教育教学及实践拓展活动；还有一些学校组织教师团队集体学习、集体教研，开发了“多位教师共上一堂课”的新形式等。

根据目前我国财经素养教育的实施情况，本章研究发现区域推进财经素养教育的实践特征是通过设置区域课题、开展业务培训、推动学校实践、汇聚多方资源等形式多维度、全方位、系统式综合推进。以区域实践特征为基础，结合目前我国财经素养教育的发展特征和趋势，我们分析发现区域推进财经素养教育的经验认识包括探索“五育融合”视域下的财经素养教育、走出校外开展财经素养教育、将财经素养教育与区域发展紧密结合、汇集地方力量共同推动财经素养教育、激发教师团队力量五个方面。区域层面的财经素养教育探索与个体和学校层面的实践探索不同，能够在更大范围内调动多方力量实现财经素养教育的资源配置，初步构建了我国财经素养教育的空间格局。以上研究均是现有区域探索实践的经验总结，随着未来区域层面的实践探索不断丰富，财经素养教育的经验认识将得到进一步深化并持续推进我国财经素养教育的整体式发展。

# 第十章

# 财经素养教育的国际经验

为了提高公民的财经素养，助力国家经济发展，许多国家积极推动财经素养教育，已经形成了较为丰富的实践经验。本章从国家、社会、学校三个层面梳理一些主要国家财经素养教育的发展情况，在此基础上分析国外开展财经素养教育的特点，总结形成财经素养教育的国际经验，并将这些经验与我国实际相结合，为我国开展财经素养教育提供启示。

## 第一节　国外财经素养教育的推进及策略

目前，一些国际组织和许多国家都高度重视公民的财经素养并大力推进财经素养教育，本节主要对国外财经素养教育的发展情况进行研究，选取美国、加拿大、澳大利亚、新加坡、俄罗斯、马来西亚、日本等国家作为研究对象，从国家、社会、学校三个层面分析财经素养教育的推进举措。①

### 一、国家层面

在国家层面上，主要国家是如何推进财经素养教育的、这些国家采取了哪些具体的举措呢？通过总结、梳理一些主要国家的有关政策文本，我们发现从国家层面推进财经素养教育的主要举措有制定财经素养的国家战略、设置专门机构推进财经素养教育、发布财经素养有关标准、出台财经素养相关法律法规、设立财经素养专项资金或专项计划等，具体做法如下。

#### （一）制定财经素养的国家战略

一些主要国家将提高公民财经素养水平上升至国家战略高度。我们通

① 本节内容主要根据《国外财经素养教育述评》整理。张男星，应望江，王春春，等．国外财经素养教育述评［M］．北京：科学出版社，2020.

过案例研究发现，这些国家通过制定促进财经素养教育发展和公民财经素养提升的国家战略，在国家层面做出努力。不同国家的战略侧重点不同，但均以促进公民财经素养水平的提升作为根本目的，并将这一根本目的细化为多个目标，例如：提供有效的财经素养教育，促使公民能够有效管理资产和债务、进行有计划的存款、防范金融欺诈、掌握自己的财务状况等。国家战略的制定和实施从顶层设计的层面推动了财经素养教育和公民财经素养水平的提升。

1. 美国

2006 年，美国财经素养教育委员会制定了美国首个财经素养国家战略——《掌管未来：财经素养提高之国家战略》，2011 年修改并制定了新的国家战略《促进美国经济的成功：财经素养国家战略》，2016 年和 2020 年，财经素养教育委员会又先后更新了财经素养国家战略。美国财经素养国家战略提出“为美国个体和家庭提供可持续的金融保障”的愿景，确立了四大目标：提高财经教育意识并提供有效的财经教育，确定并整合核心的财经能力，完善财经教育基础设施，确定、推动并分享有效的实践。

2. 加拿大

加拿大于 2015 年发布了《加拿大财经素养国家战略——全民加入》，这一战略提出了“改善加拿大人和家庭的金融状况”的愿景，并提出将动员并吸引公有、私营和非营利机构来提升加拿大人的财经素养，使他们能够实现明智地管理资产和债务、为将来计划存款并预防金融欺诈。加拿大国家战略为社会各阶层的机构、教育工作者、教育系统及个人提供了共同合作的机会。

3. 澳大利亚

澳大利亚先后发布了《财经素养国家战略》、修订后的《2014—2017 年财经素养国家战略》及最新的《财经能力国家战略 2018》。最新的战略指出，财经能力的国家战略是确保所有澳大利亚人民拥有过上最佳生活所需的财务能力，并且支持政府优先发展经济。此外，最新战略认识到单一项目或一次性干预并不能实现公民长期行为改变的目标，只有越来越多地合作发展资源网络，支持公民在日常生活中更好地管理资金并作出明智的决策，才能逐步实现让所有澳大利亚公民掌握自己的财务状况并为未来做好计划的愿景。

4. 马来西亚

在马来西亚《2011—2020 金融领域大蓝图》（以下简称《大蓝图》）中，将财经素养教育纳入促进马来西亚经济发展的建议中。通过将财经素养教育融入正式课程，从小培养本国国民的财经能力，并将财经素养作为一项基本生活技能。《大蓝图》明确提出三项主要内容，包括：支持财经素养教育的总体发展议程，解决财经素养教育的具体需求和当前消费者的脆弱点，支持与鼓励教师向学生提供财经素养教育，并提出财经素养学习是一项终身的学习。

### （二）设置专门机构推进财经素养教育

一些国家在推进财经素养教育过程中，形成了相对成熟、系统的组织机构。从组织形式上看，目前国际上较为常见的组织形式是国家的财经素养教育由一个牵头部门和几个协同部门共同推进，美国、新加坡、韩国等国家均采用这种组织形式。此外，有一部分国家不设主要部门，由多个部门互相配合推进财经素养教育，加拿大和马来西亚等国家采用这种组织形式。从机构组成上看，国外负责推进财经素养教育的机构大体可以分为三类：第一类是负责国家经济金融事务的部门，例如中央银行、金融管理机构、消费者保护机构、公积金局等相关机构；第二类是以教育部为代表的教育部门，在案例国家中，韩国、新加坡、马来西亚等国家的教育部为主要负责部门；第三类是专门的协调部门，例如美国财经素养教育委员会和加拿大财经素养部际委员会等。不同国家的组织机构具有不同的特征和职责分工，具体案例如下。

1. 美国

美国从国家层面推进财经素养教育的机构主要有财经素养教育委员会和消费者金融保护局。美国国会于2003年成立了财经素养教育委员会。该委员会由23个联邦机构的代表组成，由财政部部长担任主席。该委员会旨在协调多个部门共同开展财经素养教育，提高美国人的财经素养，改善美国所有个人和家庭的财务状况，帮助人们作出明智的财务决策。消费者金融保护局成立于2010年，属于美国联邦储备系统（即“美联储”）内的独立局。消费者金融保护局的主要职能是配合财经素养教育委员会来提高消费者的财经素养，消费者金融保护局局长为财经素养教育委员会的副主席。

2. 加拿大

加拿大的国家级财经素养机构主要有国家财经素养指导委员会、加拿大金融消费局、财经素养研究小组委员会和财经素养部际委员会。国家财经素养指导委员会是由来自全国各地具有财经素养专业知识的特定行业的代表组成，为财经素养领导人提供指导和建议，主要负责《加拿大财经素养国家战略——全民加入》的制定。加拿大金融消费局为消费者提供金融方面的信息和建议，是制定《加拿大财经素养国家战略——全民加入》的牵头部门，负责财经素养项目的相关工作，进行相关方面的研究并开发消费者友好型的项目和工具。财经素养研究小组委员会是由来自公有、私营和非营利机构的代表组成，对加拿大财经素养领导人和国家财经素养指导委员会提出建议，并与其他利益相关者合作，共同研究计划和各项举措。财经素养部际委员会由对财经素养感兴趣的联邦政府部门和机构的代表组成，其主席由财经素养领导人担任。财经素养部际委员会每年召开两次会议，以推进国家财经素养战略的实施，进而促进与联邦部门和机构的信息共享、合作协调。

3. 韩国

韩国财经素养教育的推进主要依托于教育改革方案，教育改革方案的制定与实施是由教育部主导。韩国教育部开展财经素养教育的主要任务包括人力资源开发及政策制定、学校教育、终身教育、学术事务、基础科学政策研究、科学技术推广等。韩国财经素养教育政策研究与评价主要是由韩国经济人文社会研究会负责。该研究会成立于2005年，隶属于国务总理室，是政府部门主管的经济和人文领域教育政策研究机构，其下属的韩国课程和评价研究院为教育方案实施尤其是课程教育方案的开发与实施提供了重要保障。

4. 新加坡

新加坡金融管理局、中央公积金局和教育部等机构为财经素养教育的实施提供了保障。新加坡金融管理局成立于1971年，是新加坡推广财经素养教育的主要部门。它是新加坡的中央银行，也是政府部门开展金融业务的机构。新加坡金融管理局主要负责维护金融市场秩序，提供监管制度保障，进行国家金融机制改革，发布金融政策等。中央公积金局是专门负责公积金管理的政府部门，已经发展成为包括退休保障、医疗保障、住房保障和家庭保障在内的综合保障体系。中央公积金局是重要的财经素养教育支持机构。教育部是新加坡全国财经素养教育的核心执行者之一，是新加坡政府的一个下辖部门，主要职责是制定和执行教育政策，教育部通过管理或引导等方式在学校层面全面开展财经素养教育。此外，财政部为新加坡财经素养教育的开展提供财政支持。

5. 马来西亚

马来西亚的财经素养教育是由马来西亚政府提出，具体落实是由马来西亚国家银行和教育部共同牵头推进。马来西亚国家银行的任务是制定关于财经素养教育的国家政策、战略方向，确定财经素养教育的目标群体和优先领域，制定财经素养教育的标准与内容。马来西亚教育部的主要任务是了解财经素养教育对青年的重要性，通过课程学习的形式将财经素养教育纳入学校教育，提供开发财经素养教育所需的教育并开展教师培训等。马来西亚国家银行在财务、技术、师资、教材等方面支持教育部的财经教育工作，协助教育部将财经素养教育推广至各学校。

**（三）发布财经素养有关标准**

为了有效推进财经素养教育，切实提升公民财经素养水平，一些国家发布了财经素养有关的标准，为财经素养教育的实施提供标准依据。我们通过案例研究发现，不同国家制定的标准存在较大差异，大体可分为以下三类：第一，与公民财经素养水平直接相关的标准，这类标准包括美国《K－12 国家财经素养标准》、日本财经素养水平最低标准等；第二，与财经素养教育内容相关的标准，主要包括美国的《K－12 个人财经素养教育国家标准》、澳大利亚的《消费者和财经素养的国家框架》、马来西亚国民财经素养教育内容框架等；第三，与财经素养评估相关的标准，这类标准是以加拿大的《财经素养评估标准框架》为代表，是对财经素养评估进行过程管理的标准。这些标准从不同维度上规范了财经素养教育的实施和运行，为财经素养教育的开展提供了质量保障。

1. 美国

美国经济教育委员会于 2012 年发布了《K－12 国家财经素养标准》，此后不断进行完善和修订，目前已更新至第六版。《K－12 国家财经素养标准（第 6 版）》规定学生应在 6 个方面达到基本要求：赚取收入、购买商品与服务、储蓄、使用信用卡、金融投资、财产保护与保险。经济教育委员会希望这一标准能够指导学校管理者、教师、课程开发者以及其他利益相关者实施财经素养教育。此外，Jump$tart 联盟早在 1998 年就发布了美国财经素养教育领域的第一份国家标准——《个人理财指导原则和基准》，此后对其进行了 3 次修订，2017 年第 2 次印刷的《K－12 个人财经教育国家标准》已是第 4 版。第 4 版的《K－12 个人财经教育国家标准》包括 6 个维度的内容：支出与储蓄、信贷与债务、就业与收入、投资、风险管理与保险、理财决策。

2. 加拿大

为了确保各机构组织的财经素养举措的有效性及资源的充分利用，加拿大金融消费者局制定了《财经素养评估标准框架》。《财经素养评估标准框架》是对财经素养评估进行过程管理的标准，目的是为全国范围内的组织提供有效开展财经素养评估所需的流程；指导各组织机构开发相应的工具与组织培训，以科学合理评估其发起的财经素养项目。《财经素养评估标准框架》分为规划阶段、评估阶段和审查阶段，针对不同阶段的具体过程设置相应的标准指标。《财经素养评估标准框架》建立的评估指标对全国范围内财经素养教育项目评价的有效性至关重要。

3. 澳大利亚

澳大利亚于 2005 年出台了《消费者和财经素养的国家框架》，主要包括四个方面的内容：理解金钱（小学低年级）、消费者素养（小学高年级）、个人财务（初中）和金钱管理（高中）。《消费者和财经素养的国家框架》覆盖的学段从幼儿园到 10 年级，支持将财经素养整合进英语、数学、科学、人文学科等。2011 年澳大利亚对《消费者和财经素养的国家框架》进行了修订，从知识和理解、能力、责任感与进取心 3 个方面对每个年级学生的财经素养提出了具体要求。

4. 马来西亚

马来西亚财经素养教育的对象分为两类：学校的财经素养教育、成人的财经能力项目。马来西亚国家银行作为推动马来西亚财经素养教育的主导部门，制定了关于国民财经素养教育的内容框架，该框架包括6个因素：金钱、收入来源和职业选择，财务责任和决策，资金管理和策划，储蓄和投资，信贷和债务管理，风险管理、财富保护和保险；在这6个因素的基础上又细化分为24项具体内容。这一框架为学校和成人的财经素养教育规定了内容标准。

5. 日本

日本金融厅2013年制定了财经素养水平最低标准供使用方参考，财经素养水平最低标准包括4个方面15项内容：①家庭预算管理；②人生规划；③了解金融知识和财经环境，选择或使用适当的金融产品；④恰当使用外部专业咨询。2015年，日本金融厅对财经素养水平最低标准进行了修订，形成了“财经素养蓝图”，对每个年龄组群体做了详细的要求，制定了不同年龄组的财经素养标准。年龄组分为学生、成年人和老年人3个组别，其中学生根据学段的不同分为四类，即小学生、初中生、高中生和大学生，成年人分为年轻人和中年人。

### （四）出台财经素养相关法律法规

为了推进财经素养教育，国外一些国家出台了相关法律法规，通过立法对财经素养和财经素养教育相关内容进行明确的规定，从制度上、法律上对财经素养教育的实施加以保障。在案例国家中，美国、韩国和马来西亚采取立法手段推进财经素养教育，3个国家的立法形式和侧重点各有不同。美国分别从国家层面和州一级层面进行立法，国家层面的法律涉及的内容主要是专门机构的设立，而州一级层面的法律则对财经素养教育具体内容提出明确的规定；韩国的《经济教育支持法》主要是针对各机构支持经济教育提供法律保障；马来西亚的《金融服务法》《伊斯兰教金融服务法》是在规范金融服务的同时，强调了财经素养教育的重要性。

1. 美国

美国国家层面开展财经素养教育活动的机构都是根据相关法律成立的，如美国财经素养教育委员会是依据《财经素养和教育促进法案》成立的，消费者金融保护局是依据《多德—弗兰克法》成立的。在州一级层面，亚利桑那州、艾奥瓦州、肯塔基州、马萨诸塞州、得克萨斯州等也都通过立法途径来确保财经素养教育在学校有效开展。例如：亚利桑那州立法要求将财经素养纳入本州教育标准规定的毕业条件之一，并要求从2020—2021届毕业生起，作为毕业条件之一，所有公立高中和经认证的私立高中的学生都必须修读半个单元的个人财经素养方面的课程；得克萨斯州州长签署了法案，要求拓展旨在培养青少年生活技能的体验式课程，将财经素养教育纳入进来。

2. 韩国

韩国通过完善立法，为规范推进全国性财经素养教育提供法律保障。2009年1月韩国《经济教育支持法》由国民议会全体会议通过，并于2009年2月正式发布执行。该法案由企划财政部提出，对韩国财经素养教育相关学会、研究机构、区域经济教育研究中心的成立提供了法律保障和功能指导。

3. 马来西亚

马来西亚政府于2013年分别颁布了《金融服务法》《伊斯兰教金融服务法》。这两部法律对马来西亚国家银行提出了明确的任务。马来西亚国家银行有责任制定相关政策保护金融消费者的合法权益，并将其作为促进金融稳定议程的一部分。为了完成该任务，马来西亚国家银行将财经素养教育列为维护金融稳定和提升金融包容性的方法之一。

**（五）设立财经素养专项资金或专项计划**

为了促进居民财经素养水平的提升，一些国家通过设立财经素养专项资金或专项计划的方式推动财经素养教育的发展。在案例国家中，澳大利亚和新加坡为财经素养教育提供了财政资金支持。其中，澳大利亚政府多次设立各项基金用于财经素养教育活动和财经素养教育教师发展，新加坡由财政部为财经素养教育提供专门的财政支持。此外，许多国家均设立了与财经素养相关的专项计划，从整体上看，大多数案例国家的专项计划均以鼓励和支持居民提升财经素养为直接目标，这些计划大体可以分为以下三类：第一，为财经素养相关研究制定的专门计划，如加拿大《2016—2018 年国家财经素养研究计划》；第二，鼓励和支持居民提升财经素养的计划，如新加坡全国财经素养教育计划——“存钱有方、理财有道”、马来西亚“消费者教育计划”；第三，综合性的财经素养专项计划，如俄罗斯的“提升俄罗斯联邦居民财经素养水平和促进财经教育发展”项目等。

1. 加拿大

加拿大政府积极推动财经素养教育，出台专门的财经素养教育政策。除了国家战略外，还制定了其他政策。例如，2016 年加拿大财经素养研究小组委员会研究并制定了《2016—2018 年国家财经素养研究计划》。该计划的目标是集中委员会的研究工作，加强财经素养领域研究人员之间的协调性，鼓励与利益相关者开展试点项目和应用研究的合作，支持国家战略的实施。

2. 澳大利亚

澳大利亚通过设立专项资金推动财经素养教育。2001 年澳大利亚政府从财政拨款中设立“财经素养基金”，作为提高民众财经素养和理财能力的专项资金；2007—2009 年澳大利亚政府在财政预算中划出一部分资金用于财经素养教育教师的专业发展；2011 年澳大利亚联邦银行基金会赞助启动“智慧开启”项目，并在项目发展过程中为其注资。

3. 新加坡

新加坡财政部为国家财经素养教育的开展提供财政支持。除了财政支持，新加坡还设立了财经素养教育专项计划。2003 年新加坡金融管理局、教育部、中央公积金局等部门联合推出一项全国财经素养教育计划——“存钱有方、理财有道”。该计划致力于提升新加坡公民作为消费者的基本财经素养。除了政府，产业商会、社区组织、消费团体等也逐渐加入各种项目活动中。

4. 马来西亚

马来西亚国家银行于 2003 年发起了“消费者教育计划”。这项计划旨在促进消费者对金融产品和服务有更多的理解，使消费者能够做出更明智的财务决策，能够更好地获取可靠的财经信息，能够对其财务问题承担更多责任。根据这一计划，青少年要接受财经素养教育，从而掌握必备的知识和技能以有效地管理财务。

5. 俄罗斯

2011 年起俄罗斯联邦财政部同世界银行一起实施了“提升俄罗斯联邦居民财经素养水平和促进财经教育发展”项目，目的是提升俄罗斯公民（特别是中学生、高等教育机构学生及中低收入水平的成年人群）的财经素养水平，使俄罗斯公民养成良好的金融习惯。该项目包括四大组成部分：①制定提升、监测和评估财经素养水平、消费者保护权益状况的计划；②提高财经素养领域能力建设；③制定和实施提高财经素养的教育计划和宣传活动；④加强金融服务和消费者权益保护。

## 二、社会层面

在这些主要国家中，财经素养及财经素养教育不仅得到政府部门的重视，还受到社会各界的普遍关注。国外一些社会机构、非营利组织和企业积极采取措施推动财经素养教育，研究发现社会层面的推进措施主要有社会机构参与财经素养教育推进、共建财经素养教育资源库、组织财经素养相关活动、推进不同机构和组织间的合作等，具体做法如下。

### （一）社会机构参与财经素养教育推进

在财经素养教育的推进过程中，一些国家的社会机构积极参与推进。根据类型的不同，这些社会机构大体可以分为以下四种。第一，在全国范围内联合成立的综合性社会组织，如美国的经济教育委员会等。第二，针对特定群体开展财经素养教育的社会组织，如加拿大工作场所的财经素养组、原住民财经素养工作组和“富足加拿大”等。第三，经济金融类组织、机构和企业，如 Visa 公司、英国保诚保险有限公司马来西亚分公司、马来西亚德意志银行等。第四，专门从事财经素养教育相关研究的组织机构，如韩国经济教育学会、经济教育研究所和经济教育协会等。

研究发现，不同国家在社会层面上参与财经素养教育推进的机构具有不同的特点。具体而言，美国以综合性社会组织为主；加拿大以针对特定群体开展财经素养教育的社会组织为主；韩国以研究性组织机构、公共部门和企业为主；新加坡依托大学与其他机构合作推进；在马来西亚，金融机构是推进财经素养教育的主要力量。

1. 美国

美国在社会层面上推进财经素养教育的机构主要有经济教育委员会、Jump$tart 联盟和 Visa 公司。美国经济教育委员会是一个全国性的非营利组织，总部设在纽约，主要职能是从政策层面推动 K－12 阶段的学校更好地开展经济教育和财经素养教育活动，并通过培训教师或相关教育工作者，使学生对经济学和个人理财有真实理解，具有更高的财经素养。Jump$tart 联盟是一家非营利性组织，总部设在华盛顿特区。该联盟由 100 多个全国性组织和 51 个独立的各州联盟组成，主要职责是发布及修订美国财经素养教育国家标准并为财经素养教育提供相应的资源。Visa 公司是全球领先的数字支付公司，Visa 的重要工作之一是推进金融普惠和财经教育。Visa 致力于向消费者、教育工作者、银行和政府提供所需的财经教育相关工具和资源，帮助个人和团体学习管理财务的技巧。

2. 加拿大

除了国家层面的机构，加拿大的社会组织和机构也致力于推进财经素养教育，主要有工作场所的财经素养组、原住民财经素养工作组以及“富足加拿大”等。工作场所的财经素养组的目标是加强加拿大从业人员的知识、技能和信心以改善其财务状况。该工作组向国家财经素养指导委员会报告工作内容，为制定最佳实践框架提供专业指导。原住民财经素养工作组由来自原住民组织和非原住民组织的领导人组成，任务是实施社区的财经素养举措，满足加拿大原住民的财经素养教育需求。“富足加拿大”是致力于为贫困的加拿大人服务的国家非营利组织。该组织与加拿大银行家协会、加拿大金融消费者局合作推出了财经素养评估工具仓。

3. 韩国

韩国在社会层面上公共机构、金融机构、学术界和民间团体积极参与各种经济教育活动。私立教育研究机构和学术团体积极参与全国经济教育研究，包括教育评估、课程评价、实践推进等方面。韩国国内较为活跃的致力于经济教育研究的社会团体主要有韩国经济教育学会、经济教育研究所和经济教育协会。参与财经素养教育的银行等公共部门和企业主要有金融监督院、技术保证基金、区域经济教育中心、劳动教育院、小企业支持中心、地方青年就业中心、韩国银行等。此外，韩国倡导“共同经济教育”理念，鼓励社会精英（个人和团队）进入校园，经济、法律、公共医疗等各领域的专家和团队入校开展演讲、培训等公益活动。

4. 新加坡

新加坡社会多方力量共同助力财经素养教育的发展，有代表性的机构主要有财经素养中心和财经素养学院。财经素养中心是在新加坡教育部的协助下由新加坡国立教育学院与花旗银行合作成立的组织。该中心指导学校教师将财经素养融入核心课程当中，提高学生财经能力。财经素养学院是新加坡金融管理局与新加坡理工学院联合创办的。该学院旨在通过演讲和座谈会的形式为工作中的成年人提供“免费的和中立的财经教育服务”。

5. 马来西亚

马来西亚的社会组织中银行、信用机构、投资机构等金融机构成为社会群体财经素养教育的核心力量。目前，得到马来西亚公民认可的财经素养教育机构主要有信贷咨询和债务管理机构、英国保诚保险有限公司马来西亚分公司、马来西亚德意志银行等。信贷咨询和债务管理机构是马来西亚国家银行成立的机构，旨在帮助个人管理他们的财务状况、帮助消费者做出明智的财务决定。英国保诚保险有限公司马来西亚分公司致力于帮助人们实现更加光明和财务安全的未来。该公司提出，让学校和社区中的5万人接触财经素养教育，为他们提升资金管理技能。马来西亚德意志银行聘请了专门从事金融知识普及的马来西亚金钱树公司，为德意志银行的员工提供培训和协助，为134名小学生（1—6年级的学生）提供金融课程。

### （二）共建财经素养教育资源库

资源库是开展财经素养教育的重要保障，主要国家的社会机构积极共建财经素养教育资源库，形成了形式多样的资源。这些资源的载体主要包括三种类型。①随着互联网的普及，国外主要国家财经资源库依托网站构建。例如，美国“经济教育链接网”、加拿大金融消费者局官方网站、马来西亚财经教育互动网站等，这些网站以普及财经知识为主，网站内容丰富多样，包括线上课程、财经数据库、在线工具、财经游戏、活动信息等。②一些国外机构开发了手机App，以方便使用者在手机端学习财经知识和技能。例如Jump$tart联盟开发的手机App、新加坡SPIFL手机应用等。③还有一些国外机构开发了财经素养系列电视节目，通过社交网站和媒体频道传播财经知识与技能，如新加坡理工学院有关财经素养的节目、马来西亚茶清系列的动画片、“小富翁学理财”电视节目等。

1. 美国

美国的社会机构为财经素养教育提供了丰富的资源，如经济教育委员会开发的免费在线门户网站“经济教育链接网”（EconEdLink），专门为教育者提供经济学和个人理财课程等资源。Jump$tart 联盟在其网站上提供了形式多样的资源，包括图书、文章、幻灯片、在线视频、音乐、活动指南、教学计划、在线资源、工具、手机 App 等。Visa 提供英语版和西班牙语版的“实用理财技巧”网站①和在线工具，其中包括信贷知识、免费的信用评分工具、视频、在线游戏和理财计算器。该网站被译成 30 多个国家和地区的语言，包括“学”“教”“玩”“资源”等不同的版块。

2. 加拿大

为了推进加拿大财经素养国家战略与相关项目的实施，加拿大金融消费者局建立了官方网站，提供免费、客观的资源帮助人们学习各种与金融产品和服务相关的知识，包括可在全国范围内查找预算、储蓄、投资等资源和活动的财经素养数据库，学习财经知识与提升专业技能的各类教育材料，帮助人们确认银行账户和信用卡的金融工具与计算器，衡量自身财经素养计划与举措是否有效的标准化财经素养评估框架等相关工具与资源。

3. 新加坡

新加坡财经素养学院为财经素养教育提供了资源，主要包括以下几种类型。①网络课程。为了保障教学质量，新加坡财经素养学院开发了免费的网络课程，学生可以根据自己的时间安排在任何地方学习与财经素养相

① http://www.practicalmoneyskills.com/.

关的知识。②微课视频。财经素养学院收集并制作微课视频，帮助学生获取有用的财经技巧，学生只需选择相应标题的视频即可观看学习。③SPIFL手机应用。这一应用可通过应用商城（App Store）或谷歌播放（Google Play）下载，为用户提供了四种实用的财经计算器，还提供了与“存钱有方，理财有道”项目相关的信息以及新加坡理工学院有关财经素养的节目。

4. 马来西亚

随着信息技术的发展和计算机的日益普及，马来西亚国家银行与教育部合作，创建了财经教育互动网站（Duitsaku. com），以丰富学生的金融知识。学生可以通过网站参与金融互动游戏、内容、测验、财务计算及与个人财务管理相关的其他活动。此外，马来西亚还开发了财经素养教育视频，如茶清系列的动画片、“小富翁学理财”（Cash Ville Kidz）电视节目分别在少儿频道、卫星电视频道（Astro TVIQ）播出。

### （三）组织财经素养相关活动

国外社会机构致力于通过组织相关活动推进不同人群财经素养的提升。各国社会机构在活动组织上各具特色，不同国家的社会机构结合自身优势和特征面向不同群体设计并开发了相应的财经素养教育活动。在案例国家中，美国社会层面的活动类型较为丰富，既包括面向全国甚至国际的财经素养教育主题会议，也包括面向特定群体的财经素养教育活动。澳大利亚和马来西亚社会层面的活动主要以各类计划和培训活动为主，服务对象主要是特定行业和特定人群。韩国社会层面的活动主要是与学校财经素养教育相结合，主要面向的群体为教师和学生。日本社会层面的活动具有鲜明的实用性特征，针对特定人群、为解决特定问题而设计，形式是以讲座、研讨会、知识普及等为主。

1. 美国

美国的社会机构开展了多样性的财经素养相关活动。以 Visa 公司为例，早在 1995 年 Visa 首次在美国推出财经教育计划，并于 1996 年推出面向全球的财经教育计划，其中的旗舰项目——实用理财技巧是一项免费的个人理财教育计划，旨在帮助教育工作者向各个年龄层的学生传授个人理财技巧。Visa 还曾与芝加哥联邦储蓄银行联合举办国际财经教育峰会，邀请来自美国和全球的专家共同讨论财经教育工作有关议题，并分享财经教育的实践案例。除了关注学校教育，Visa 还面向特殊社会群体开展财经教育，如针对运动员开展财经教育、成立“退伍军人金融联盟”、关注退伍军人的财经素养教育等。

2. 澳大利亚

澳大利亚的财经素养教育活动主要有三类：行业财经素养计划、社会团体财经素养计划和工作场所财经素养计划。其中，行业财经素养计划主要是由企业、商业基金会和商业协会为客户和其他人提供基金的计划，例如著名的财经素养教育项目“储蓄 +”等。社会团体财经素养计划是社会团体参与的计划，如新西兰姐妹会的“Dollarsn Sense”计划、澳大利亚国民银行的社区“StepUp”计划、财经基础基金会与昆士兰银行和大天空信贷联盟合作开展的财经素养教育实践活动等。工作场所财经素养计划主要是由企业和其他工作场所为其员工提供的计划，如澳大利亚防空军金融服务消费者委员会、西澳大利亚教育部的“进入您的舒适区”和飞行中心的“全球聪明用钱”等。

3. 韩国

韩国社会层面组织的财经素养教育活动形式多样。例如，经济教育学会每年举办夏季学术大会和冬季学术大会；韩国银行与部分市道教育部门签订合作协议，为相应区域的学生提供职业体验活动，定期派遣在职员工到校内参与经济课程教学，并与学校共同开发经济教育类教材及项目等；企业主动为学生提供实习机会，并且与学校合作共建校外“第二课堂”，开发经济主题演讲比赛等多种形式的教育载体。

4. 马来西亚

马来西亚社会机构组织了系列培训、专项计划和项目等财经素养教育活动。例如，人力资源发展基金会举办了教师培训、财经规划工作室——金钱与我、伊斯兰教法律财务规划意识项目等财经素养教育项目；边缘教育基金会与花旗基金会合作推出了“金钱与我”计划，培养大学生的财经素养；马来西亚国家银行开发了财经素养教育培训项目——“力量”项目，针对年轻人开展财经素养教育活动。

5. 日本

日本社会层面的机构组织在推进财经素养教育时主要是针对成年人和老年人，具体的活动有日本银行家协会、日本证券交易商协会、日本投资信托协会等金融产业集团对金融产品进行解释，举办资产管理和优化投资方面的研讨会、讲座等。消费者事务中心的活动主要是提醒消费者注意多重债务问题，提高防范欺诈性销售及其他犯罪行为的意识。日本理财规划师协会为服务对象提供学习机会，包括对财经素养标准的解释与学习、举办与理财相关的研讨会等。社区中心提供有关金融、保险、税务和消费者事务的讲座等。

### （四）推进不同机构和组织间的合作

在社会层面上推进财经素养教育不仅需要单独机构和组织的努力，更需要不同机构和组织间的合作。国外一些国家的社会机构和组织广泛开展合作，案例国家中机构和组织间的合作具有以下四个方面特征。第一，在社会范围内构建不同层次的合作，如马来西亚的主要合作分为两种层次：国内外财经素养教育机构间的合作和政府与社会组织间的合作。第二，合作模式主要是依托项目或比赛等活动进行，如新加坡依托“存钱有方，理财有道”项目开展合作、俄罗斯依托“提升俄罗斯联邦居民财经素养水平和促进财经素养教育发展”项目和竞赛开展合作。第三，合作机构类型多样，包括政府部门、金融机构、非营利组织、行业企业、科研院所、教育机构等。第四，合作中不同机构间具有明确的分工、各司其职，如政策引导由政府部门承担、资金支持由金融机构和行业企业承担、专业支持由研究机构和金融机构承担等。

1. 新加坡

新加坡依托“存钱有方，理财有道”项目工作组促进不同组织和机构间的交流与合作，项目工作组成员来自不同的财经组织。具体组织成员包括：新加坡消费者协会、新加坡银行协会、三个保险协会（即新加坡保险联合总会、新加坡保险和金融从业者协会、新加坡人寿保险协会）、三个金融管理协会（即金融顾问协会、新加坡金融方案协会、新加坡投资管理协会）、新加坡交易所有限公司。这些组织成员在项目中各司其职，共同推进新加坡公民财经素养提升。

2. 马来西亚

马来西亚不同组织和机构间的合作有两种类型。一种类型是国内外财经素养教育机构间的合作，如新加坡“金钱树”、英国保诚保险有限公司马来西亚分公司等。这些国外财经素养机构主要是为马来西亚的学校及金融机构提供财经素养教育。国内外财经素养教育的合作方式主要是为国内合作机构提供场所和学生，国外机构提供教学材料、师资及进行课堂管理与教学效果评估。另一种类型是马来西亚政府与社会组织间的合作，主要有三种合作类型：①政府指定马来西亚国家银行作为推动财经素养教育的机构，与马来西亚证券委员会、存款保险与雇员公积金公司等其他金融机构一起合作开设各类财经素养教育子机构；②政府直接委托专业的财经素养机构开展财经素养教育；③政府积极与经济合作与发展组织合作，在经济合作与发展组织的帮助下推动本国财经素养教育的开展。

3. 俄罗斯

俄罗斯不同组织间的合作主要是依托项目与奥林匹克竞赛进行。例如，联邦财政部与俄罗斯消费者权益保护和福利监督局、俄罗斯银行、俄罗斯教育与科学部、俄罗斯联邦经济发展部和其他部门及组织共同合作开展“提升俄罗斯联邦居民财经素养水平和促进财经素养教育发展”项目。该项目由专家委员会提供支持。专家委员会与国际组织、联邦权利执行机构、俄罗斯联邦各联邦主体的政府机关及其他有识之士开展合作，共同推进项目的实施。再如，俄罗斯奥林匹克竞赛是针对全俄罗斯中学生举办的财经奥林匹克竞赛，得到了联邦国家机关、银行、科研院所、社会组织和企业的高度重视和大力支持。它的主办方有国家金融市场与管理研究院、金融服务消费者权益保护联盟、俄罗斯联邦中央银行等 8 家机构，合作方有俄罗斯联邦储蓄银行、莫斯科交易所、俄罗斯通信机构协会等 9 家机构。

## 三、学校层面

学校对财经素养教育的开展发挥着重要的作用。目前，国外许多国家非常重视在学校层面推进财经素养教育。研究发现，学校层面的具体做法主要有开发财经素养教育教学资源、开展财经素养教育教学实践、培育财经素养教育教师队伍、完善财经素养相关综合评价体系、推进财经素养教育多方合作等，具体内容如下。

### （一）开发财经素养教育教学资源

为了促进在学校开展财经素养教育，国外一些机构和学校开发了相应的财经素养教育教学资源，支持学校开展相关教学活动。案例国家开发的资源主要有以下几种类型。第一，学校层面的财经素养教育教学资源以课程和教材为主，如加拿大的财经素养教材、俄罗斯的财经素养教育相关教材等。第二，一些国家的机构和学校还关注教师开展财经素养教育需要的教学资源，例如澳大利亚的“智慧理财”教学资源包、加拿大的教师视频和教师指南、俄罗斯的教师用书等。第三，为了确保教育质量，一些国家的学校和机构充分挖掘开展财经素养教育的拓展资源，如加拿大开发了eMe App、韩国将生活中的资源用于财经素养教育、俄罗斯编写了父母教学材料等，这些拓展资源帮助学生更加直观、全面地理解相关内容。

1. 加拿大

加拿大开发了用于学校财经素养教育的多种资源，如安大略省教育部研发了小学和中学的财经素养教材。该教材突出了当前安大略省课程中与财经素养教育相关的期望目标；提供了教师视频、观众指南、课程计划等，为教师开展财经素养教学提供学习示例；此外，还开发了适用于7年级和8年级学生的eMe App，以游戏的方式进行财经素养教育，并随附教师指南（包括注意事项、课程计划、课程目标及课外延伸等内容）。

2. 澳大利亚

为了支持学校财经素养教育的开展和实施，澳大利亚证券和投资委员会开发了“智慧理财”教学资源包，以网站的形式将丰富多样的财经素养教育资源根据接受对象分门别类建立子目录，教学资源包分为小学和中学两套，为基础教育的教师提供帮助，使财经素养在教学过程中作为英语、数学和科学课程的背景。具体而言，某年级的主题课程教学资源包主要包括以下内容：校本资源与国家课程和《消费者和财经素养的国家框架》课程之间的联系，主题课程单元介绍，主题课程单元可以实施的任务或活动，教学过程中会使用到的表格模板、学生答案模板及评分标准。

3. 韩国

韩国开发的教学资源形式多样，具体形式如下。①使用与学生实际生活经历密切相关的案例扩大其对经济现象的兴趣。②收集报纸、杂志和互联网上提供的各类经济信息，特别是经济图表、统计数据、报告和年度数据等经验数据用于培养学生分析经济现象的能力。③挖掘文学作品、广播、电视和历史记录等材料，以便帮助学生了解相关经济现象，并从整体上全面理解这些现象。④开发实体经济类模拟游戏，如供需博弈和模拟投资博弈等游戏，通过模拟游戏激发学生的兴趣，加深学生对实体经济理解。

4. 俄罗斯

2015 年，俄罗斯开始在学校层面开展针对中学生的财经素养实验课程测试。为此，加里宁格勒州的 8 个教育机构和俄罗斯多个州的学校为不同年级的学生专门设计了财经素养教材，覆盖学生群体包括普通学校学生、中等职业学校学生和寄宿制学校学生；还为教师编写了教师参考用书，准备了监测和测试材料，并为父母编写了父母教学材料和个人工作手册等。

**（二）开展财经素养教育教学实践**

当前，许多国家已经在学校开展了财经素养教育教学实践。教学实践主要可以分成两类。第一，开设财经素养教育课程。在案例国家中，大部分国家均开设了财经素养教育课程。这些国家的课程具有鲜明的国别特征，具体如下。美国和加拿大的课程没有全国范围内的统一规定，而是由各州或省来明确学校开设相关课程的具体要求。澳大利亚的财经素养课程根据学段划分，小学和中学主要采用学科融合的方式进行课程教学，而大学阶段的课程则更具专业化。韩国主要集中在高中阶段开展财经素养教育，采用分维度教学与学习方法。第二，开展财经素养教育拓展活动。除了课程学习，为了提升财经素养教育质量和效果，强化学生的实践应用能力，部分国家还开展了相关拓展活动，如美国一些州通过设立的“财经素养月”或“财经素养周”集中开展相关教育活动、日本和俄罗斯的学校通过参与竞赛的方式促进学生财经素养的提升。

1. 美国

美国各州对财经素养教育有不同的规定，大多数州以课程教学为主。截至2018年，22个州明确规定高中必须学习一门经济学课程，17个州要求高中生必须选修一门个人理财方面的课程，16个州在高中的标准化测试中要求考察经济学内容。例如，犹他州早在2004年就立法规定，所有高中生必须学习一门为期半年的、有关个人理财方面的课程，并在期末参加本州的财经素养考试评价；新泽西州要求对从幼儿园到8年级的学生进行财经知识教育；得克萨斯州要求拓展旨在培养青少年生活技能的体验式课程，将财经素养教育纳入其中；内华达州、田纳西州和密歇根州设立了“财经素养月”或“财经素养周”，集中开展财经素养教育活动。

2. 加拿大

加拿大实行教育分权制，国家没有统一要求，部分教育水平较高的地区率先探索在学校开展财经素养教育，特别是与课程之间的融合。例如，不列颠哥伦比亚省通过独立课程开展财经素养教育，2002年该省公办学校将财经素养作为10年级必修课（职业规划课程）的内容；安大略省通过将财经素养教育融入小学教育和初中的多科学教育中，使学生在学习必修科目的同时能够接受财经素养课程的学习。此外，一些学校为中学生提供实习项目，使他们能够将所学的财经素养知识运用到真实的就业环境中。

3. 澳大利亚

澳大利亚各州和地区2012年开始分阶段实施财经素养教育。在小学和中学阶段主要采用的是学科融合的方式开展财经素养教育。财经素养纳入小学课程，主要包含在数学、人文和社会科学的学习领域，内容主要有理解金钱（小学低年级）和消费者素养（小学高年级）等。2010年澳大利亚进行新课程改革，在初中阶段的数学、英语和科学等主修科目中均增加了与财经素养相关的内容，在中学低年级阶段注重培养学生的理财能力，中学高年级阶段注重培养学生的金钱管理能力。大学阶段的财经素养课程更为专业化，很多大学开设了国际贸易与金融、商务、会计学和基金管理等有关个人理财的专业，澳大利亚国立大学率先授予个人理财硕士学位。

4. 韩国

韩国经济教育课程主要集中在高中阶段。2015 年经济教育课程修订方案中第一次提出分维度教学与学习方法，主要内容包括经济生活和经济问题、市场经济活动、国家经济活动、世界市场与贸易、经济生活和金融五个维度。韩国经济教育的方法多样，包括概念学习、案例研究、模拟学习、活用报纸、辩论等方法，具体的评价方法也相应有所不同。

5. 日本

日本学校财经素养教育主要针对基础教育阶段的学生，通过学科融合和参与竞赛等方式开展。2015 年在金融服务信息中央委员会修订的分学段财经素养教育内容中，对在相应科目实施具体的财经素养教育内容做了明确标识，将财经素养教育融入生活环境研究、道德教育、社会研究、家庭经济学、公民教育等科目中。除了课程教学，学校还参与“财经素养教育论文与实践活动报告竞赛”，以赛促学，推动财经素养教育。该项竞赛由金融服务信息中央委员会主办，金融厅、文部科学省、日本银行作为支持单位，已于 2004—2018 年举办了 15 届。

### （三）培育财经素养教育师资队伍

教师在学校教育中扮演着重要的角色。教师对财经素养教育的认识和理解程度对学生财经观念的形成、财经知识与技能的应用等起着关键的作用。国外许多国家在培育财经素养教育师资队伍方面进行了探索。在国外案例中，培育财经素养教育师资队伍主要有以下几种典型做法。

（1）开展师资培训。师资培训是大多数国家普遍采用的、最直接有效的方法。加拿大、澳大利亚、新加坡和日本等国家均采用多种形式进行师资培训，主要包括组织教师参加研讨会、报告会、讲座、在线学习等。

（2）开发教育资源和工具。为了便于教师学习和开展教学，一些国家开发了教学资源和工具，如加拿大为教师开发了财经素养教育资源和“学习地图”工具、澳大利亚建立了“智慧理财”网站等。

（3）鼓励教师参与交流与合作，一些国家为教师搭建平台，促进不同地区、学校和专业的教师互相交流，密切合作。澳大利亚领袖培训计划和新加坡财经素养中心是有代表性的教师交流合作平台。

1. 加拿大

加拿大重视对师资的培训和相关资源的开发。例如，不列颠哥伦比亚省采用面对面的研讨会、网上讨论会、到教师学院为未来教师做报告等多种方式进行财经素养教育教师培训，提升教师的财经素养；安大略省在司法管辖区为教师开发资源，为教师的专业学习提供支持，并鼓励学校参与相关研究项目等；为了便于教师开展教学，马尼托巴省教育部与加拿大经济教育基金会协商绘制了“学习地图”，在“学习地图”中列出了各年级需要学习的财务知识和技能，有助于教师根据上一年所学的课程为学生创建相关学习课程。

2. 澳大利亚

澳大利亚教育部门在教师培训方面做出了许多尝试，具体做法如下。

（1）组织中小学教师培训。澳大利亚证券和投资委员会对全国教授理财相关课程的6000名中小学教师进行培训，培训期间，在线学习、远程教育、研讨会、讲座和讲习班在内的多种授课方式同步进行。

（2）建立专业的财经素养教育网站。“智慧理财”网站为中小学教师和教育工作者提供教学资源和沟通交流的平台。

（3）启动领袖培训计划，该计划让中小学理财课程教师与联邦及各州教育部、非政府教育机构进行合作，以提高教师的教学水平。

3. 新加坡

新加坡成立了专门的教师培训机构促进教师发展。在新加坡教育部协助下，新加坡国立教育学院与花旗银行合作建立了财经素养中心，向广大教师提供培训服务。通过该平台，教师可以参加财经素养教育研讨会，学习开展财经素养教育的理念、方法和模式等。此外，财经素养中心还可以为学校组建特别工作小组，培训他们在校内规划和执行财经教育政策，为教师提供帮助。

4. 日本

日本通过举办教师研讨会、开设公开课等方式加强师资队伍建设。例如，2018 年 8 月金融服务信息中央委员会主办的财经素养教育研讨会在日本东京召开，为小学、初中、高中不同学段教师提供学习研讨的机会；2018 年 10—12 月，金融服务信息中央委员会与地方委员会联合举办的财经素养教育公开课在全国 24 所学校分别开设；此外，教师还可以参与财经素养教育节等活动，提高自身财经素养教育水平。

**（四）构建和完善财经素养评价体系**

财经素养评价体系的构建能够帮助学校掌握学生的财经素养水平，为财经素养教育的改进与完善提供有针对性的建议。一些国家已经探索构建并逐步完善财经素养评价体系，案例国家的财经素养评价体系可分为两类。

（1）对财经素养水平和财经素养教育项目均有较为完善的评价标准。例如，加拿大和澳大利亚的财经素养评价体系。这两国的财经素养评价体系比较完善，均包括国际评估、国家评估、学校评估三个层次，其中国际评估和学校评估是针对学生财经素养水平开展的测试，而国家评估则主要评估财经素养教育项目的有效性。

（2）专门针对学生群体构建财经素养评价体系，以韩国“六位一体”财经素养综合评价体系为代表，这一体系涵盖多样化的评价方式，能够对学生的财经素养水平进行较为全面、多维的评价。

1. 加拿大

加拿大财经素养评价体系主要由国际评估、国家评估及学校评估三个层级的评价构成。国际评估主要是指 PISA 中的财经素养测试模块，2015 年加拿大学生首次参加了 PISA 牵头的国际青年财经素养评估，结果发现加拿大学生的表现远高于 OECD 调查的世界平均水平。国家评估的主要目的是评估各组织机构开发的财经素养教育课程与项目的有效性，加拿大消费者局开发的《财经素养评估标准框架》所建立的评估指标对全国范围内财经素养教育项目的有效性评价至关重要。学校评估旨在对财经素养课程实施的效果进行测评，主要是由教师负责，采用试卷测试、正式与非正式观察、项目评估、同伴评价、自我评价等多种方式进行。

2. 澳大利亚

澳大利亚财经素养评价体系是由横向的四个维度和纵向的三个层次共同构成。横向的四个维度主要从个体财经知识、个体经济行为、个体财经素养和群体财经素养这四个方面对澳大利亚财经素养教育的效果进行评估。纵向的三个层次是指课堂测试、国家考核以及 PISA 财经素养测试。课堂测试主要为了评估学校财经素养教育的教学效果，采用试卷考试和案例分析法。国家考核采用调查评估法，向学生、家长和社会人士发放问卷，根据问卷反馈的结果评估财经素养项目的影响力。此外，与加拿大相似，澳大利亚学生也参加了 PISA 财经素养测试，学生在测试中的平均得分显著高于 OECD 的平均得分。

3. 韩国

韩国构建了“六位一体”财经素养综合评价体系。韩国第七次教育改革之后采用了新的考评方式，在考评中大幅降低了选择题的比例，新增叙述类和论述类题型，鼓励学生做财经报告并观察学生对经济问题的理解程度，同时参考老师评价及同学之间的相互评价。韩国教育评价机构逐渐建立报告类评价、论述类评价、叙述类评价、单答题类评价、选择题类评价及同学相互评价"六位一体"的综合评价体系，多样化的评价方法充分考虑到学生的理解程度与参与程度。

**（五）推进财经素养教育多方合作**

由于财经素养教育具有较强的综合性和实践性特征，因而开展财经素养教育不能只依靠学校的力量。国外主要国家广泛调动资源开展多方合作，共同推进学校层面的财经素养教育。在案例国家中，学校层面的多方合作涉及主体多元，包括学校、政府、金融机构、教育机构、社区、家庭等。合作的方式具有多样性，既有校外组织对校内的支持，又有校内成果向校外的辐射带动。典型做法大体分为以下三类。

（1）广泛开展家校合作。例如，加拿大安大略省专门为财经素养教育开发了家长指南，促进家庭与学校密切合作共同培养学生的财经素养。

（2）重视与政府部门及其他非政府机构的合作。澳大利亚依托"领袖培训计划"促进教师与政府部门和教育机构开展合作，新加坡积极推进学校与银行等金融机构联合开展财经素养教育项目。

（3）与国外从事财经素养教育的专业机构合作。以马来西亚为代表的国家主要采取这种做法进行多方合作，马来西亚国内学校积极与新加坡"金钱树"教育机构及英国保险保诚有限公司合作开展财经素养教育。

（4）将财经素养教育成果惠及更广泛的群体。新加坡管理大学的典型做法是组织学生充分利用培训项目服务周边人群，在社区服务工作中向民众普及财经知识。

1. 加拿大

加拿大财经素养教育以学校为主阵地，同时依赖家庭的支持与合作，构筑了家校共育的财经素养教育网络。加拿大家长普遍认为，财经素养教育是家庭教育的重要内容，家庭是学生接受财经素养教育的起点，是学校财经素养教育的助力与补充。《安大略省 4—12 年级的财经素养家长指南》指出，财经素养可以加强孩子对个人财务、本地经济和全球经济及消费者选择结果的理解。该指南对各学段家庭财经素养教育的内容、方法等进行了详细指导。

2. 澳大利亚

澳大利亚重视学校教师与其他政府部门及非政府机构间的合作。为了保证《消费者和财经素养的国家框架》的实施，澳大利亚教育委员会启动了“领袖培训计划”。该计划推动中小学理财课程教师与联邦及各州教育部、非政府教育机构进行合作，以提高教师的教学水平。此外，澳大利亚证券和投资委员会还与相关教师专业协会合作，考查教师的专业技能是否符合当前理财教育的标准。这项举措有助于理财课程教师及时发现自身存在的问题，更加全面地了解青少年理财教育的教学目标、教学内容和教学方法。

3. 新加坡

新加坡在学校层面的多方合作有以下两个方面具体做法。①学校与银行等金融机构合作联合开展财经素养教育。例如，新加坡管理大学和花旗银行联合实施面向 17—30 岁人群的财经素养教育项目。这一项目的主要合作模式是花旗银行进行资金支持，学校和花旗银行联合开发项目课程，学校挑选部分学生参与项目培训。②学校财经素养教育成果惠及社区及其他群体。接受项目培训的新加坡管理大学的学生与教职员工一起培训更大的群体。此外，学生还可以在社区服务工作中向民众传授财经知识，将财经素养教育的效果进一步扩大。

4. 马来西亚

马来西亚的国内学校与国外的专业财经素养教育机构联合一起推动财经素养教育项目，例如“金钱树”是新加坡的专业财经素养教育机构。该机构在马来西亚已经为多个学校进行财经素养培训；英国保诚保险有限公司马来西亚分公司也为马来西亚的少儿财经教育做出了贡献。

本节选取美国、加拿大、澳大利亚、韩国、新加坡、马来西亚、俄罗斯、日本作为案例国家，我们从国家、社会、学校三个层面梳理总结了这些国家的具体举措。在国家层面上，主要案例国家从制定国家战略、设置专门机构、发布有关标注、出台法律法规、设立专项资金或专项计划五个方面进行整体性推进。在社会层面上，主要案例国家从社会机构参与、共建资源库、组织相关活动和推进机构组织间的合作四个方面支持国家财经素养教育的开展。在学校层面上，主要案例国家的学校和相关机构积极开发教学资源、开展教学实践、培育师资队伍、完善评价体系，推进多方合作，不断探索财经素养教育在学校的实施与推进。总体上看，目前主要国家的具体举措内容全面、层次分明，为我国推进财经素养教育提供了有效的借鉴。

## 第二节　国外财经素养教育的特点及启示

本章第一节从国家、社会、学校三个层面梳理总结了国外推进财经素养教育的举措，并提供了详细的案例供读者参考。这些国家的经验做法内容丰富且具有明显的国别特征，均是在特定经济社会背景下探索产生的实践经验，对我国开展财经素养教育有重要的参考意义。本节将结合我国财经素养教育实际情况，分析国外财经素养教育带来的经验启示。

### 一、细化顶层设计

美国、加拿大、澳大利亚等国家均将财经素养教育提升到国家战略的高度，在组织上由专门的机构具体负责推进本国的相关工作，同时发布了财经素养教育标准、出台相关法律法规保障财经素养教育的实施。我国可借鉴美国、加拿大、澳大利亚等国家的经验做法，组织制定财经素养教育总体规划，加快推进财经素养教育。具体而言，有以下三个方面的启示。

（1）我们可以从国家层面成立由财政部、教育部、中国人民银行、证监会、银保监会等多个部门代表组成的联合领导小组（如加拿大成立了全国财经素养特别工作小组），充分发挥我国集中力量办大事的制度组织优势。

（2）我们可以参考美国、加拿大、澳大利亚等国家的做法，统筹相关部门参与顶层设计，制定有关财经素养教育的国家战略，明确财经素养教育目标、内容、实施主体、经费保障、绩效评估等，为全面开展财经素养教育提供保障和路线图。

（3）我国也可以借鉴美国、韩国、马来西亚等国家的经验，制定加强财经素养教育的专门政策和实施办法，确保各级各类学校开展财经素养教育有法可依、有章可循，广泛实施财经素养教育。

## 二、增强财经素养教育的针对性

美国不同机构开展的财经素养教育针对性都非常强，针对特定群体、特定年龄、特定学段的人群开展财经素养教育。类似地，加拿大针对特定群体量身定制了个性化的干预措施，如针对原住民、老年人、青少年群体和新移民群体设计不同的财经素养方案等。我国可借鉴这些国家的经验做法，增强财经素养教育的针对性，具体内容包括以下两个方面。

（1）重视不同群体对财经素养教育的需求，应尤其关注对特殊群体的财经素养教育，例如残疾人、老年人、失业者、退伍军人、刚毕业大学生等，为其提供教育信息和资源，帮助他们作出有效的财经决策。

（2）在学校层面开展有针对性的财经素养教育，应根据不同地区、不同学校、不同学段的具体情况有针对性地开展财经素养教育，鼓励并支持区域和学校积极探索适合当地或本校的财经素养教育实践路径。

## 三、建设财经素养教育资源库

财经素养教育属于跨学科的综合性、实践性教育活动，需要采用大量兼具专业性、教育性和趣味性的教育资源，才能有效开展财经素养教育活动。国外财经素养教育资源丰富，包括财经素养教材、网站、教学工具、交互软件、手机应用程序、视频课程、电视节目等。相对而言，目前我国的财经素养教育资源依然较少。因而，我国可以参考国际做法，聚集整合学校、社会等各方力量，联合开发财经素养教育资源，建设以财经素养教育为主题的网站，提升财经素养教育教学的质量。尤其是在目前学校专业师资匮乏的情况下，要特别鼓励经济领域的专业性社会机构，在教育价值规范下切实、有效地参与学校的财经素养教育资源研制及教育教学活动。

## 四、逐步将财经素养课程纳入国民教育体系

通过学校系统开展财经素养教育是提高公民财经素养的最公平、最有

效的途径。美国、加拿大、澳大利亚、韩国等国家均开设了专门的财经素养教育课程。其中，澳大利亚的财经素养教育课程覆盖小学、中学、大学不同的学段。我国可以借鉴这些国家的经验，在幼儿、小学、初中、高中、大学学段学校正式实施财经素养教育，充分发挥学校的主阵地功能，使学生接受系统的财经素养教育，为更好融入社会经济生活形成稳定的基础。在实施层面上，我们可以在东部地区发达省份率先开展财经素养教育试点，积累财经素养教育的素材、案例、方法和经验，并逐步向全国推广，逐步将财经素养教育纳入国民教育体系。

## 五、培育财经素养教育师资队伍

主要发达国家均非常重视财经素养教育师资队伍建设，不断探索培养学校财经素养教育师资的多种路径。国际经验带给我国财经素养教育的启示如下。

（1）重视通过培训提高现有教师队伍的财经素养教育能力。可以参考加拿大、澳大利亚、新加坡和日本等国家的做法，通过长效机制和短期培训相结合的方式开展培训。长效机制的建立可通过将财经素养教育师资的培养有序纳入国民培训或职业教育培训计划来实现；短期培训可通过在教师职前培养环节、入职培训环节和在职继续教育环节中都融入财经素养相关内容来实现。

（2）鼓励教师积极参与交流与合作，可以借鉴澳大利亚领袖培训计划和新加坡财经素养中心的做法，为教师搭建平台，促进不同地区、学校和专业的教师互相交流、密切合作。

（3）遴选高质量的财经素养教育公开课。可以参考日本的做法，通过公开课打造优质财经素养教育教学范例，为一线教师提供有效的教学参考。

## 六、建立和完善财经素养评价体系

评价体系是财经素养教育体系建设的重要一环，关乎教育资源的合理分配及财经素养教育的可持续发展。加拿大、澳大利亚和韩国均建立了较为完善的财经素养评价体系，日本和俄罗斯也开展了财经素养方面的调查。我国可以借鉴这些国家的经验，在新评价政策背景下探索构建和完善学校的财经素养评价体系，促进学生的财经素养水平提升和全面发展。具体而言，应基于财经素养的丰富内涵和财经素养教育的目标，设计一套角度多元、方式多样且易于操作的评价体系，保证评价的客观性和可信度。

## 七、营造财经素养教育的协同育人环境

国外主要国家广泛调动资源开展全方位、多层次的合作，在全社会范围内形成共同推进财经素养教育发展的合力。我国可以借鉴国外的经验，从以下三个方面着手营造财经素养教育的协同育人环境。

(1) 建立多元化的资金来源模式。可参考美国、新加坡等国家的做法，设立财经素养教育专项资金；鼓励各类金融机构、企业事业单位、社会组织等通过赞助、捐赠等形式提供资金支持。

(2) 联合相关机构提供专业支持。可以借鉴加拿大的做法，充分发挥具有普及金融知识教育责任的相关机构（如中国人民银行、中国扶贫基金会等）以及银行、证券公司等金融机构的作用，为学校实施财经素养教育提供专业支持。

(3) 组建财经素养教育专家团队。可以参照韩国的做法，广泛吸纳金融界、教育界、学术界、工商企业界、劳工界等各界人士和专家形成高水平专家团队，为财经素养教育储备更多高质量专业化的教育工作者、培训工作者。

## 八、注重缩小区域和群体之间的财经素养差异

澳大利亚证券和投资委员会提倡加强对社会经济弱势背景学生的财经素养教育，通过在学校开展财经素养教育让学生在一定程度上享有公平的教育机会，并开设相关课程减小由于社会经济背景不同而引起的财经素养水平差异。在我国，为所有的学生提供平等接受财经素养教育的机会具有重要的社会意义，如果没有扶助弱势群体学生的政策介入，可能会造成“金融文盲”的代际循环。目前，我国大部分地区的中小学财经素养教育依旧薄弱，尤其是中西部偏远地区。因而，我国可借鉴澳大利亚的经验，在相关政策的制定和落实过程中既要重视中西部地区的财经素养教育，还要特别关注社会弱势群体学生的财经素养教育，以促进我国财经素养教育的均衡发展、提高学生整体的财经素养水平。

本节根据国外财经素养教育的推进策略，结合我国财经素养教育的实际开展情况，分析、提炼了国外财经素养教育对我国财经素养教育的启示。当前，我国财经素养教育已经取得了一些探索性的成果，结合国外的经验，我们还需要进一步细化顶层设计，增强财经素养教育的针对性，建设资源库，逐步将财经素养教育课程纳入国民教育体系，培育师资队伍，建立和完善评价体系，营造协同育人环境。此外，我们还应在开展财经素养教育的过程中重视缩小区域和群体之间的财经素养差异，促进财经素养教育的均衡开展。运用这些经验指导实践的过程不仅要充分考虑我国不同地区的经济和教育发展情况和历史文化背景，而且要充分了解不同人群的财经素养教育需求和目标群体的认知情况及身心发展特征。只有将国外的经验与我国的实际相结合才能确保这些经验的有效性。

# 结　　语

当前，我国财经素养教育的理论研究不断丰富，实践探索不断深化，财经素养教育的“星星之火”正在“燎原”。纵观国外财经素养教育的发展态势，梳理我国财经素养教育发展的轨迹，可以发现我国财经素养教育在21世纪的蓬勃发展并非偶然，而是时代的迫切需求，也是国家、社会和个人发展的迫切需求。新时代财经素养教育生机盎然，呈现出发展性、可能性、生产性、价值性、关系性和学校化等时代特征。

## 一、发展性——财经素养教育是未来必然的趋势

财经素养教育的重要性已经不言而喻。世界上许多国家和地区将财经素养教育上升到国家战略的高度，以凸显财经素养教育的重要性。财经素养也被列为考评一个国家地区教育和公民素养的重要内容之一。伴随中国经济的腾飞，未来的中国将从经济大国迈向经济强国，将面临更加纷繁复杂的国内外经济环境，迫切需要学生更好理解经济社会运行，作出更合理的财经抉择。公民财经素养的培育，已经从个体意义走向了社会意义、国家意义，其整体水平的高低，将在很大程度上影响社会的可持续发展能力和国家的竞争力。提高国民财经素养水平是时代发展的必然要求，推进财经素养教育是社会发展的必然趋势。

## 二、可能性——财经素养教育的目标是丰富学生可能的未来

《国家中长期教育改革和发展规划纲要（2010—2020年）》明确要求：

关心每个学生，促进每个学生主动地、生动活泼地发展，尊重教育规律和学生身心发展规律，为每个学生提供适合的教育（即个性化教育、多样化教育）。个性化教育是引导个体生命独特性发展的教育，它以尊重差异和独特性为前提，以提供多样化教育资源和自主选择为手段，以促进个体生命的自由而充分发展为目的。人的未完成性决定了个体发展具有的无限潜能，教育就是开发、挖掘个体无限潜能的根本方式。新时代财经素养教育的特征之一就是通过系统地、有效地开展财经素养教育，合理挖掘学生的财经潜能，激发学生学习财经知识的兴趣与动机，为培养全面发展的人奠定坚实的基础。

## 三、生产性——财经素养教育是给予人生产性的财富

教育是形成人力资本的基础，是发展人力资本的保障。教育可以通过教给人知识和技能，形成个体的人力资本，进而为个人和社会创造财富。教育形成人力资本体现了教育的生产性，凸显了教育的经济价值。与一般意义的教育相比，财经素养教育与财富的关系更为直接、密切。财经素养教育是更直接地把个体融入社会、参与经济路径中可能涉及的经济知识和技能更集中地传授给学生，使学生不但成为自食其力的劳动者还成为成熟理性的消费者、诚信规范的理财者、保有财富的管理者和财富人生的创造者。劳动者、消费者、理财者、管理者和创造者，无一不凸显财经素养教育的生产性。

## 四、价值性——财经素养教育指引个体追逐精神财富

财经素养教育要让学生理解财富拥有的程度与人生幸福的程度肯定有关联，但不一定是正比关系或至少不总是正比关系。一方面，物质财富的拥有是能带来人生幸福的。这种幸福感源于：当一个人能够赚取和拥有物质财富时，不仅可以为个体及其家庭的生活安全提供保障；也证明了个体

的经济才能，体现了个体的劳动付出得到了有效回报，其自食其力的劳动价值得以展示；还可以减少国家负担、反哺社会，彰显自我的社会价值。为此，财富的不断积累是幸福的。另一方面，以货币为表征的金钱并不是财富的全部，更不是人生幸福的全部。人生的财富包括物质财富和精神财富。通过正当手段获得的物质财富能够为人们的生活提供生存保障，提高人们的生活质量，但物质财富不能成为人生追求的唯一目标，人生还需要基本物质条件满足之后的更多精神财富①。

**五、关系性——财经素养教育关注个体与外界的边界**

财经素养教育要让学生通过财富的获取理解个人与国家的关系。第一，只有国家强大了，才能促进个体财富的快速增长。改革开放四十多年来的巨大成就充分表明，只有国家发展强大了，才能为每个人提供稳定的经济环境和有效的激励机制，激活个人赚取财富的动力，不断累积社会财富。第二，个人赚取财富的活动是推动国家经济可持续发展的过程。国家的经济活动是由众多个体的经济活动集合而成，需要个体在财富赚取的过程中不要损害国家利益以及国家的可持续发展秩序。第三，当个人财富积累到一定程度后，应更能深刻地理解富有、理解贫穷，要通过多种途径来回报社会，反馈国家，兼济天下②。

**六、学校化——学校将成为财经素养教育的重要推动者**

财经素养教育在学校开展才能实现财经素养教育的联系性、连贯性和系统性。2016 年，国务院办公厅发布的《推进普惠金融发展规划（2016—2020 年）》要求教育部将金融知识普及教育纳入国民教育体系，也反映出

①② 张男星，王春春，张运红，等．中国财经素养教育的目标建构及阐释——基于“学生为本，国家为重”的教育本然［J］．大学（研究版），2019（03）：14－25.

国家要求学校在承担财经素养教育方面的责任担当。① 早在2005年经济合作与发展组织委员会就提出“财经教育应从学校开始。人们应该在他们的生活中尽早地了解财经事务……，为了使青少年在变成活跃的金融消费者之前提供给他们关键的生活技能，关注他们非常重要；比起在成人期采取补救措施，在学校时期就对其提供财经教育会相对有效率”。此外，财经素养教育内容的专业性也要求学校成为财经素养教育的主要场地，期待家庭承担起财经素养教育的重要主体可能难以实现，毕竟不是每位家长都具有丰富的财经知识储备。尤其是到中学以后，财经素养教育的开展需要接受过财经专业学习或培训的教师才能胜任。通过学校开展系统的财经素养教育是提高公民财经素养最公平、有效的途径。

加强财经素养教育，培养出具有基本的财经知识和能力、具有财富道德与信仰的社会主义劳动者，有助于促进人的全面发展，有助于促进我国社会经济发展，对于推动共同富裕、促进社会公平，具有战略性、基础性的重大意义。财经素养教育发展的趋势已经势不可挡，但大力推进财经素养教育理论与实践，形成财经素养教育的共识，还需要社会积极支持以形成合力。

---

① 张男星，王春春．全面财经素养比创富能力更重要［N］．光明日报，2019－03－19（014）．

# 后　记

本书全面阐释了中国财经素养教育体系，从财经素养教育的理论基础、实践探索和国际经验等多个角度，论述了中国财经素养教育的理论与实践问题。

本书由张男星（中国教育科学研究院）负责确立主体思路、基本结构、内容重点和写作方法，并撰写前言。第一章由王春春（中国教育科学研究院）撰写；第二章由张男星撰写；第三章第一节、第二节分别由张运红（华南农业大学）、彭博（河南财政金融学院）撰写；第四章由张男星、刘次林（上海师范大学）、王春春、楚晓琳（中国教育科学研究院）、刘文权（中国教育科学研究院）撰写；第五章由张男星、刘琳（中国教育科学研究院）、朱曦（南京师范大学）、楚晓琳、王春春、谭俊英（贵州财经大学）撰写；第六章第一节由谭俊英撰写、第二节由刘琳、楚晓琳撰写；第七章第一节、第二节分别由刘琳、谭俊英撰写；第八章由刘琳撰写；第九章由刘琳撰写；第十章由刘琳、王春春撰写；结语由谭俊英撰写。本书由刘琳统稿、总校对，王春春、楚晓琳参与校对，张男星统稿并定稿。

感谢中国社会科学院王振中教授对本书研究的精心指导！感谢中国财经素养教育协同创新中心所有协同单位及专家的大力支持！感谢区域负责人广东教育研究院许世红研究员、成都教育科学研究院谭文丽研究员、广西财经学院刘红宇研究员、上海徐汇区教育学院秦红教授、南京师范大学朱曦教授、西安教育科学研究院解慧明教授、四川省教育科学研究院卢志研究员、浙江省教育科学研究院庄曼丽教研员、山东教育科学研究院孙维胜研究员、北京师范大学郑葳教授组织地方学校参与课题研究及区域实践，为第八章和第九章提供了许多实践认识及案例素材。

感谢中国财政经济出版社科教分社李昊民社长、张怡然编辑、刘孺泾编辑，感谢他们为本书出版付出的辛苦劳动！

在此，向所有为本书的完成提供支持与帮助的领导、专家、实验校校长和教师们一并致谢！感谢大家为中国财经素养教育的发展作出的努力和贡献！

**作者**

2022 年 8 月